国家自然科学基金（71363015、71503101）资助
湖南省社科规划项目（18YBA358）资助
湖南省社科评审委项目（XSP18YBC344）资助
湖南省"湖湘青年英才计划""湘西特聘专家""121 创新人才培养工程"资助
湖南省应用经济学重点学科资助
湖南省智库"民族地区扶贫与发展研究中心"资助
湖南省民宗委"民族地区特色农业发展研究基地"资助
吉首大学武陵山区发展研究院、湖南乡村振兴战略研究中心资助

农业经济发展与减贫系列丛书

竞合对新创企业绩效的影响机制研究

THE RESEARCH ON THE INFLUENCE MECHANISM OF CO-OPETITION ON NEW VENTURES' PERFORMANCE

张怀英 欧阳胜 蒋 辉◎著

中国财经出版传媒集团
经济科学出版社
Economic Science Press

图书在版编目（CIP）数据

竞合对新创企业绩效的影响机制研究/张怀英，欧阳胜，蒋辉著．—北京：经济科学出版社，2020.8
ISBN 978 - 7 - 5218 - 1804 - 8

Ⅰ.①竞…　Ⅱ.①张…②欧…③蒋…　Ⅲ.①企业绩效 - 企业管理 - 研究　Ⅳ.①F272.5

中国版本图书馆 CIP 数据核字（2020）第 159056 号

责任编辑：于海汛　陈　晨
责任校对：靳玉环
责任印制：李　鹏　范　艳

竞合对新创企业绩效的影响机制研究

张怀英　欧阳胜　蒋　辉　著

经济科学出版社出版、发行　新华书店经销

社址：北京市海淀区阜成路甲 28 号　邮编：100142

总编部电话：010 - 88191217　发行部电话：010 - 88191522

网址：www. esp. com. cn

电子邮箱：esp@ esp. com. cn

天猫网店：经济科学出版社旗舰店

网址：http://jjkxcbs. tmall. com

北京密兴印刷有限公司印装

710×1000　16 开　19 印张　270000 字

2020 年 8 月第 1 版　2020 年 8 月第 1 次印刷

ISBN 978 - 7 - 5218 - 1804 - 8　定价：76. 00 元

（图书出现印装问题，本社负责调换。电话：010 - 88191510）

（版权所有　侵权必究　打击盗版　举报热线：010 - 88191661

QQ: 2242791300　营销中心电话：010 - 88191537

电子邮箱：dbts@ esp. com. cn）

力和资源获取能力的中介作用和以行业类型为调节变量的前提下，竞合对新创企业的影响机理。采用定性与定量方法相结合，通过构建新创企业成长性绩效评价指标体系，实证检验了企业家精神的各维度对企业成长绩效的影响以及创业导向的中介作用，并以三只松鼠、百果园、江小白、韩都衣舍这些新兴企业为案例对象进行阐述，以求清晰展示出新创企业竞合战略实施的具体情况，加深对研究主题的认知。本书主要内容涉及四个方面：

（1）竞合内涵及其测度。构建了一个涵盖新创企业、供方、购方和同业者的四方竞合主体分析框架，据此探讨了纵向竞合（中心企业与供方和购方企业的竞合）和横向竞合（中心企业与同业者的竞合）两类竞合形态的特征和表现形态。在竞合测度方面，参考既有研究，结合新创企业特质，将纵向竞合界定为主要是与上游供应商（主要包括要素供应商和互补品生产商）和下游经销商（主要包括顾客和经销商）发生的关系，在问卷中确定了 14 个测量项，横向竞合主要是与同行业者，即所生产的产品或服务与中心企业产品或服务相同或高度近似企业发生的关系，在问卷中确定了 11 个测量项。随后对问卷调查获得的数据进行相应统计分析，从而获得竞合数据。

（2）新创企业绩效内涵与测度。借鉴既有研究成果，将新创企业的绩效维度划分为生存绩效、成长绩效、创新绩效和市场运营绩效四个维度，在测度时，选择了 7 个测量项。从主观性评价视角，采取李克特（Likert）5 点量表形式，由被调查企业的高管和核心员工按照主观标准赋值填写。

（3）竞合对新创企业绩效驱动机理研究。借鉴既有研究成果，从纵向竞合和横向竞合的直接驱动作用、行业类型的调节作用，资源获取能力、动态能力和组织学习能力的中介作用三个方面构建竞合对新创企业绩效的影响概念模型。通过对上述变量与竞合及新创企业绩效的相互关系分析，主要围绕横向竞合和纵向竞合两个维度对新创企业绩效的影响作用，竞合对资源获取、动态能力和组织学习的影响作用，行业类型在上述影响中所起的调节作用等找出各变量之间的关系趋势，从而提出 7 个主假设和 6 个二级假设。运用问卷调查获得新创企业数据进行实证检验，采用相关分析、多元回归模型、多重中介效应模型、多组回归的调节效应模型对概念模型的假设进行了验证，从而总结出竞合对新创企业绩效的影响机理，并对各种变量在不同竞合维度下的影响强度进行深入分析，从中找出这些中介变量和调节变量在竞合与新创企业绩效关系中的作用规律。

经过实证研究，本书得出以下关键结论：

（1）与供方、购方和同业三方主体的竞合关系均对新创企业绩效有正向影响，但影响的程度不同。其中，与供方、购方、同业竞合中的合作倾向对新创企业绩效有正向的影响。而竞合关系中的竞争倾向（包含与供方、购方、同业的竞争倾向）对新创企业绩效的驱动作用没有显著的统计学意义。不同维度下的合作倾向对新创企业绩效影响程度呈现明显的差异性，影响的因素按强弱程度排序依次是：与购方竞合的合作倾向、与供方竞合的合作倾向、与同业竞合的合作倾向。

（2）组织学习能力、动态能力和资源获取能力在竞合对新创企业绩效的驱动中起中介作用。其中，组织学习能力在与供方竞合的合作倾向和与购方竞合的合作倾向对新创企业绩效影响存在部分中介作用；动态能力在与供方竞合的合作倾向和与同业竞合的合作倾向对企业绩效影响存在部分中介作用；资源获取能力在与供方竞合的合作倾向、与购方竞合的合作倾向和与同业竞合的合作倾向对新创企业绩效影响存在部分中介效应。同时在不同维度的竞合态势下，上述三个中介变量所起的中介效应呈现出差异性，在与供方、同业竞合的合作倾向影响新创企业绩效过程中，都呈现出资源获取能力的中介效应最强，动态能力稍弱，组织学习能力最弱的特征；但在与购方竞合的合作倾向影响新创企业绩效过程中，资源获取能力、组织学习能力和动态能力的中介效应却不存在。

（3）行业类型在竞合对新创企业绩效的驱动中起调节作用。行业类型分别在与供方竞合的合作倾向、与购方竞合的合作倾向、与同业竞合的合作倾向影响新创企业绩效中均有调节作用。同时还发现，在服务业中，与供方、购方、同业的竞合合作倾向对新创企业绩效的影响强度比制造业更大。

构建新创企业成长性绩效评价指标体系，并分析企业家精神、创业导向与新创企业成长性绩效的关系。依据新创企业理论和成长性理论，从财务绩效、市场绩效、企业内部管理绩效和社会影响绩效四个方面来构建新创企业成长性绩效的指标体系。通过选取三家生产类型、所处区域和生产规模均不同的新创企业进行检验，发现在评价指标体系的各个要素中，市场占有率、新产品增长率、应收账款周转率和总资产增长率是决定新创企业成长绩效高低的关键因素。此外，借鉴已有研究成果，将企业家精神划分为四个维度，以创业导向为中介变量，环境不确定性为调节变量去探讨企业家精神对新创企业成长性绩效的影响机理及路径模式，从而提出 3 个主假设和 7 个二级假设。通过在全国范围内 186 家新创企业的问卷调查收集数据，调查相关新创企业的企业家精神、创业导向、环境不确定性以及企业的成长性绩效的相关关系，得到三个结论：一是企业家精神对新创企业的成长性绩效具有正向相关影响。新创企业的企业家精神越强，创新意识越高、冒险精神越强、开创精神以及合作精神越强烈，则企业的成长性绩效越好。二是企业家精神通过创业导向对新创企业的成长性绩效有正向相关影响。三是环境不确定性对企业家精神和新创企业的成长性绩效起到了负向的调节作用。环境的不确定性越强，则新创企业的成长性绩效越差。

本书系统阐释了竞合对新创企业绩效的影响机理，明晰了新创企业权变选择竞合战略的理论标准，在一定程度上为新创企业研究提供了新的理论视野。研究还对新创企业提升绩效和获取竞争优势提出了几个管理建议，即应重视合作倾向对绩效提升的重要作用；灵活运用竞合战略工具，权变平衡竞争与合作倾向；充分认识竞争倾向的价值；着重培养和开发动态能力、组织学习能力和资源获取能力等影响企业绩效的关键能力。

目 录 / Contents

第1章 导论 ················· 1

1.1 研究背景 ················· 1

1.2 问题的提出及研究意义 ·········· 6

1.3 研究方法与技术路线 ·········· 7

1.4 研究内容与结构安排 ·········· 10

1.5 创新之处 ················· 14

第2章 文献综述 ················· 16

2.1 竞合理论研究综述 ·········· 16

2.2 新创企业绩效研究综述 ·········· 29

2.3 新创企业绩效影响因素研究 ·········· 39

2.4 新创企业竞合模式与战略研究 ·········· 47

2.5 文献回顾总结 ·········· 52

第3章 研究构念的界定与维度划分 ·········· 56

3.1 竞合的内涵界定与维度 ·········· 56

3.2 新创企业绩效的内涵 ·········· 73

3.3 组织学习能力内涵及其维度 ·········· 82

3.4 动态能力内涵及其维度 …………………… 88

3.5 资源获取能力内涵及其维度 …………………… 95

第 4 章 理论模型构建与研究假设提出 …………………… 100

4.1 企业竞合关系的产生与演化 …………………… 100

4.2 企业竞合关系分析框架 …………………… 110

4.3 竞合与新创企业绩效的关系 …………………… 119

第 5 章 竞合对新创企业绩效影响机制的实证分析 …………… 131

5.1 变量的测量 …………………… 131

5.2 调查设计与数据收集过程 …………………… 141

5.3 样本特征分析 …………………… 146

5.4 信度与效度分析 …………………… 148

5.5 概念模型各影响变量的相关分析 …………………… 168

5.6 竞合对新创企业绩效影响机制的假设检验 …………… 172

第 6 章 新创企业成长性绩效评价分析 …………………… 199

6.1 新创企业成长性绩效评价研究 …………………… 200

6.2 企业家精神对新创企业成长性绩效的影响 …………… 213

第 7 章 新创企业竞合的案例分析 …………………… 238

7.1 三只松鼠案例 …………………… 238

7.2 江小白案例 …………………… 244

7.3 百果园案例 …………………… 248

7.4 韩都衣舍案例 …………………… 254

第 8 章　研究结论与展望⋯⋯⋯⋯⋯⋯⋯⋯⋯⋯⋯⋯⋯⋯⋯ 259

8.1　主要研究结论 ⋯⋯⋯⋯⋯⋯⋯⋯⋯⋯⋯⋯⋯⋯⋯⋯⋯ 259

8.2　本书的理论贡献 ⋯⋯⋯⋯⋯⋯⋯⋯⋯⋯⋯⋯⋯⋯⋯⋯ 267

8.3　本书的管理启示 ⋯⋯⋯⋯⋯⋯⋯⋯⋯⋯⋯⋯⋯⋯⋯⋯ 269

8.4　研究不足与未来研究展望 ⋯⋯⋯⋯⋯⋯⋯⋯⋯⋯⋯⋯ 271

参考文献 ⋯⋯⋯⋯⋯⋯⋯⋯⋯⋯⋯⋯⋯⋯⋯⋯⋯⋯⋯⋯⋯⋯ 273

后记 ⋯⋯⋯⋯⋯⋯⋯⋯⋯⋯⋯⋯⋯⋯⋯⋯⋯⋯⋯⋯⋯⋯⋯⋯ 290

第1章 导　论

本章主要从现实背景和理论背景出发，针对竞合已经成为新创企业面临的一种常态组织关系出发，提出竞合如何影响新创企业绩效这一主体问题，并且简要地阐述了本书中使用的方法、技术路线、内容结构，在此基础上指出本书的主要创新。

1.1　研究背景

1.1.1　实践背景

这是个崇尚创新和创业的时代，我们正经历人类历史上最大的创业浪潮。我国经济由高速增长阶段稳步向高质量发展阶段迈进，经济发展质量持续改善，创业的热情依然高涨、势头持续趋好。截至 2018 年 11 月份，新登记企业数量日均达到 1.81 万户，保持较快增长速度，全年新登记注册的企业预计达到 500 万户。自从 2014 年李克强总理在夏季达沃斯论坛上发出"大众创业、万众创新"的号召后，中国创业数量呈现井喷之势，同时各类创业平台也不断涌现，据统计，2018 年，全国新登记企业 670 万户，全年日均新设企业 1.8 万户，同比分别增长 10.3% 和 8.43%，市场主体数量突破 1 亿大关；全国城镇新增就业 1361 万人①。我国经济正处在转变发展方式、优化经济结构、转换增长动力的攻关期的"三期叠加"，通过推动大众创业，推动经济优化升级，为国民经济注入新的动力无疑是一剂有效的良方。创业环境的持续优化、改革红利不断释放、政策扶持力度不断增强，使得我国创业活动蓬勃发展，并且逐渐成为新常态下推动经济发展的重要"引擎"。根据全球创业观察（GEM）于 2016 年 1 月发布的报告，我国 2014 年的创业活动指数为 15.53，已经超过了美国（13.81）、英国（10.66）、德国（5.27）和日本（3.83）等发达国家②。然而，在高度肯定创业对国内经济做出重要贡献的同时，也不得不正视一个值得我们深思的现实，即在我国创业规模和数量大幅扩张的同时，创业活动的质量和创新含量却并不高，在"产品采用新技术"和开发"新市场"方面的指数远低于美、英等发达国家，在全球的排名分列第 50 位和第 69 位。更为严峻的形势是，中国新创企业的失败率高达 80%，企业一般的寿命不到 3 年，而青年尤其是大学生创业的失败率更是达到了 95%。当前严峻的创业形式下迫切需要理论界对新创企业的竞争环境、成长规律、生存战略、绩效影响因素等重大问题展开深入、透彻的研究，以揭示其中的普遍性问题和障碍性因素，为新创企业日后展开活动制定适宜的发展战略，提供可预见性的理论指引。

随着消费需求多元化和市场全球化的趋势不断显现，企业面临的市场环境是多个竞争对手长期并存，过去物质匮乏条件下某些企业凭借产品或技术"一家独大、赢家通吃"的局面很难再出现，对于新创企业而言，拥有雄厚实力或垄断性技术能完全通过竞争战略掌控市场的可能性更是微乎其微，而且过度的竞争还可能导致其他企业做出"鱼死网破"的竞争

---

① 王晨曦：《发改委：截至 2018 年创投机构管理资本量约 2.4 万亿居世界第二》，载于《中国网财经报道》2019 年 5 月 27 日。

② 罗桦琳：《数据显示中国每分钟诞生 8 家公司创业企业失败率 80%》，载于《广州日报》2015 年 12 月 6 日。

策略，反而使自己处于被动状态。四川长虹电子控股集团有限公司（以下
简称"长虹"）当年推动的一系列竞争就是典型的案例。20 世纪 90 年代
初期开始，长虹在国内彩电市场掀起了多次白热化的价格竞争，其实施的
竞争战略四面树敌，一方面想给经销商施加压力，迫使其降低利润空间；
另一方面通过价格从根本上打压竞争对手，持续的价格战不仅使自身企
业形象受到严重负面影响，同时还激发出竞争对手更强势的报复性竞
争。在 1998 年底开始的第三次价格战中，面对全国彩电市场需求不断疲
软萎缩的颓势，长虹一方面要有效消化库存回笼资金，另一方面要重新树
立起价格优势地位，长虹通过垄断彩色显像管这一彩电关键原材料的方式
掀起新的竞争，几个月后长虹又重回价格战轨道，降价幅度达到 16%，
此举招致其他国产品牌强力反击，康佳、创维、TCL、厦华、海尔等知名
厂家纷纷宣布应战，康佳的降幅甚至超过长虹 80 ~ 300 元，此次恶性竞争
不仅让长虹承担了 70 亿元囤积彩色显像管的库存压力，还使其当年的主
营利润由上年度的 31.6 亿元直线下降到 1999 年的 15.7 亿元，康佳、创
维、TCL 之间形成的对抗长虹的联盟更加牢固，康佳等九大国内彩电巨头
还于 2000 年 6 月联手组成价格联盟，准备共同抗击长虹的竞争，同年 5
月，长虹总经理倪润峰选择去职离任。至此，长虹元气大伤。① 现实中，
单一的合作战略也是无法有效保证企业能在动荡环境中持续生存和发展，过
于强调竞争或过分关注合作对于企业而言都是有危险的，竞争与合作并存和
相互转化是企业同一行为的两个方面（Bengtsson & Kock，2000），更是新
创企业有效应对内外部环境变化和实现发展战略的重要权变选择。为获得
关键资源、形成核心能力，最终实现较好的绩效，企业更加注重有效的战
略实施和组织关系的调整来实现双赢或多赢。传统的竞争战略导向和合作
战略导向逐渐转向竞争与合作并存的战略态势，企业已经进入竞合战略时
代。自从布兰登勃格和内勒巴夫（Brandenburger & Nalebuff，1996）在

---

① 笔者根据"长虹价格战"相关报道整理所得。

"*Co – Opetition*"（常译作《竞合战略》或《合作竞争》）一书中最早提出竞合战略以来，企业越来越多的学者和企业家开始关注竞合这种全新的战略态势的优势，一些研究表明，竞合确实能让企业通过战略实施与调整获得显著绩效，世界著名的三星、苹果、英特尔、微软等企业均通过有效实施该战略获得了卓越的绩效，位列世界前列的 2000 家公司，因为实施竞合战略获得了超过一般企业投资回报率 50% 的超高绩效（宿伟玲，2004）。

1.1.2　理论背景

新创企业一经成立，就步入了新创期，现有研究普遍认为处于新创阶段的企业最明显的特征是一个从无到有、由小到大的演进过程，与那些成熟的企业相比，新创企业存在新进入缺陷（Stinchcombe，1965），缺乏品牌、经验、技术、市场、资金等重要资源禀赋，其经营规模小，管理水平低、人才匮乏、信用资质较差、资本运作能力欠缺等，在此种情况下却要与众多老牌企业竞争，新创企业在成立之初就不得不面临严峻的生存考验（孙中博，2014）。一方面受到资源有限性的约束，另一方面又没有过去的经验和经营数据作为决策参考，这就是众多新创企业被淹没在滚滚竞争浪潮中的重要原因。面对严峻形势，新创企业必须对企业成长性绩效问题做出战略性思考，而深入研究企业的持续经营优势、探究企业成长性绩效来源、解释企业最终业绩差异的原因（项保华，2001）就显得尤为重要。传统的战略管理研究中，对企业成长性绩效优势来源的经典探索通常来自两个领域：一领域是企业之间的竞争行为，企业通过资源和能力的优势取得超越对手的绩效（Penrose，1959；Porter，1980）；另一个领域是企业之间的合作行为。该观点认为，企业能够通过与一个或多个第三方伙伴进行互惠性的合作，实现双赢或多赢局面（Nielsen，1988；Hamel & Prahalad，1989）。

竞争为导向的战略逻辑是竭尽所能在产业链条中占据有利态势，如此才能获取到那些关键的资源以形成竞争优势，只有充分的竞争可以保证企业在生产经营中实现高效率（Chamberlin，1929），围绕着资源、能力方面开展的竞争可以使企业在产品、市场和内部结构等方面做出更为有效的创新（Quintana，Garcia & Benavides Velasco，2002）。根据这种观点，企业往往强调通过规模化、差异化和价格战等方式来战胜竞争对手。不可否认的是，竞争是有效推动经济社会发展的不竭动力，在降低成本、促进资源优化配置、激发创新意识、提升经济效率方面具有显著的优势，通过充分、有序的竞争，可以引导要素和资源流向高效的企业和行业，从而将"看不见的手"的作用发挥到极致。虽然竞争在社会经济发展的某些方面作用显著，但有关竞争可以明显推动新创企业绩效的结论却很少得到权威研究的证实，对此，鲍威尔（Powell，2001）明确地指出，竞争优势并不是带来持续卓越绩效的充分条件，即便是那些较早关注企业竞争问题的学者，其本意也并不是将竞争作为新创企业获取高绩效的可取途径。

　　合作为导向的战略逻辑最早在尼尔森（Nielsen，1988）的研究中体现，他认为通过与其他商业伙伴建立良好的关系以实现多赢或双赢的局面，并总结出了合作战略的四种基本模式，即合作经营、交易、缩减和偶然性合作。为了适应快速变动的市场、激烈的竞争环境和技术创新的需要，企业开始寻求与其他组织的合作以实现资源、技术、能力的共享。更多的学者倾向于支持企业采用这种战略，他们认为合作往往比竞争更加有效（Ring & Van de Ven，1992），合作可以降低企业进入市场的成本，同时可使合作各方通过资源互补和知识的交流促进各方自我完善，这种良性的关系可以持续发挥作用从而实现市场优化资源配置的功能，促进企业乃至整个行业的发展（朱永中和宗刚，2014）。尽管合作给企业提供了更多战略选择的可能，使得企业能够以更低成本、更快效率和更敏捷的方式获取信息资源、开发产品，但它仍存在一定局限性（张卫国和青雪梅，2012）。一些研究表明，直接竞争对手之间的合作不仅失败率更高（Kogut，1988），而且不利于激发创新。同时合作也会引发核心技术、商业机密的外泄，合作过程中也常常出现机会主义、"搭便车"等行为。而对这些行为进行有效防范，在实践中往往困难重重。

在新创企业战略研究中，按照非竞争即合作这种"二分法"式的研究取向已越来越背离新创企业面临的真实情境。更多学者开始认识到，企业之间的竞合是复杂的互动影响关系，正是二者的共同作用与相互影响，形成了企业成长性绩效的差异化（任新建，2006）。随着环境的不确定性和现代商业模式的创新，人们发现现代企业之间已经形成了一种相互依存的关系，竞争对手之间甚至也存在一定的利益共同点（Padula & Dagnino，2007），尤其是在创造市场和分享价值的过程中都会涉及利益一致的地方，在这种互动结构中，竞争与合作同时存在且相互交融，这就是所谓的竞合。竞合已经成为现代商业社会一种正常且无法回避的态势，企业逐渐对竞争导向的战略进行反思，认为应该通过有效的运用竞合战略来实现本企业的发展目标。随着研究的深入，学者发现竞合战略是一种可以有效地避免传统竞争战略所强调固有的对抗性弊端，从而实现双赢的非零和博弈（Brandenburger & Nalebuff，1996）。罗等（Luo et al.，2006）以中国内地163个企业数据为样本，通过其设计的跨部门合作能力、合作强度和跨部门竞争三个变量重点分析了企业内部各部门之间的竞合关系对绩效的影响作用，研究表明这种组织内跨职能部门的竞合关系主要通过组织学习这一变量来提升企业绩效。沃雷（Walley，2007）也指出，竞合关系能实现信息共享，可以形成良好的企业间关系，从而改进企业绩效。徐亮等（2009）对重庆制造企业进行的实证研究发现，竞合战略比那种单一的竞争或合作战略更能有效地推动企业技术创新绩效，企业之间的竞争与合作不是相互对立的，而是动态均衡、有机统一于创新活动中。

1.2　问题的提出及研究意义

竞合不是简单地对竞争战略和合作战略的加总，而是建立在利益导向下的共生关系或战略权变。由于先天的资源劣势，新创企业在创设之初往往无法拥有足够的资源，为了获得生存与发展的机会，企业需要借助合作获得核心优势和创造价值，也需要通过竞争获取资源和分享价值。通过竞合战略的效用，根据对内外部环境观察，适时促进竞争与合作的相互演化，是新创企业有效提升绩效的理性选择。从理论与实践层面突破过去那种非此即彼的思维束缚，充分探讨竞合的内涵、类型、维度，并将其用于企业核心优势建构和绩效驱动中，这对于新创企业的健康、持续发展具有重要意义。众多新创企业越来越倾向于将竞合战略作为构建自身成长性绩效优势的常态性战略选择，以更好地适应经营环境的复杂变化。但就新创企业微观层面而言，竞合对企业绩效究竟产生了什么影响？影响的路径和机理如何？影响程度会受到哪些因素干扰？如何有效发挥竞合的作用以最大限度地提升绩效？为系统回应上述重大问题，本书拟将竞合与新创企业绩效做匹配研究，选择动态能力、组织学习、资源获取作为中介变量，将行业类型作为研究模型的调节变量，探讨竞合行为在企业新创阶段发挥最主要作用的内在机制，深入剖析竞合对处于新创期的企业绩效的作用路径、形式、程度及影响因素，研究构建了竞合及其维度与动态能力、组织学习、资源获取相互作用进而影响绩效的系统模型，力图从理论上解释新创企业绩效产生差异的竞合原因。这将为寻找新创企业绩效优势驱动源以及为基于多要素互动行为视角探索新创企业绩效的形成机制提供有价值的理论参考，在一定程度上丰富了新创企业成活率的研究思路。相关研究对于创业者如何应用竞合模式、新创企业如何选择成长战略提供了更加具体、更有针对性的方向。

1.3 研究方法与技术路线

1.3.1 研究方法

规范地设计问卷和数据收集，是验证本书中所提出的研究假设的基础，而选择合适的研究方法和分析工具则关系到是否能够正确地对各变量统计数据进行测度，影响到数据分析结果，即相关研究假设检验的科学性。本书主要选择以下研究方法：

（1）理论研究方面主要运用文献分析和规范分析方法。研究将针对竞合、新创企业绩效、竞合对新创企业绩效的影响作用等问题查阅大量国内外相关文献。由于竞合的研究起源于西方，研究的理论基础与西方企业面临的产业环境、社会环境、文化环境有着很强的关联性，因此对我国竞合及其与企业成长性关系的研究，不能照搬西方相关理论，而是要在前人研究的基础上，结合我国全面深化改革战略实施的宏观背景、全面推进新创企业的现实，提出竞合的内涵、维度、竞合影响新创企业绩效的基本理论框架，并对该框架中变量间的相互关系进行一一剖析，相关量表着重参考已经成为学界公认的测项，结合前期探索性研究的成果和新创企业实际进行开发。

（2）采用相关分析初步判断各变量之间的关系。通过相关分析以验证不同变量之间的关联程度，以测量两个或多个变量之间的关系，也可以得到处理其他类型数据的相关系数。确定变量间的相关关系是进行下一步统计分析的前提，考虑企业所在行业、年龄、规模等可能对企业绩效的影响，本书利用 Pearson 相关分析方法考察各变量间的相关关系，同时依据 Pearson 相关系数来比较相关性的大小。这样，既直观地归纳了各变量之间的两两相关程度，又为进一步进行直接影响模型、中介效应模型和调节效应模型的验证和模型调整提供方向。

（3）采用多元回归分析法确定竞合对新创企业绩效的影响作用，并检测中介变量和调节变量的作用，将新创企业绩效作为因变量，分别与供方、购方和同业之间的竞合作为自变量，采用多元回归方法并借助 SPSS 19.0 软件验证所提出的系列假设。多元回归中的因变量和自变量都使用对应关键概念因子得分，通过探索性因子分析得到具体数据。为了减少自变量之间的多重共线性问题，采用逐步回归方法验证变量关系，通过分析回归系数和概率 P 值以确定影响的程度、方向是否具有显著统计意义。

1.3.2 技术路线

本书采用了文献分析与实地调研相结合；理论研究与实证研究、案例研究相结合；定性与定量研究相结合的研究方法。研究基于"竞合对新创企业绩效的影响已经常态化"这一现实背景以及竞合对新创企业绩效影响仍存在研究不足的理论背景，提出竞合对新创企业成长性绩效影响机制这一研究主题，综合运用企业绩效理论、动态能力理论、组织学习理论和资源优势理论对该影响机制进行分析，在相关研究假设的基础上构建了竞合（纵向竞合和横向竞合）在组织学习、资源获取、动态能力等中介变量以及行业类型这一调节变量的作用下对新创企业绩效影响机制研究的理论模型。本书的技术路线如图 1-1 所示。

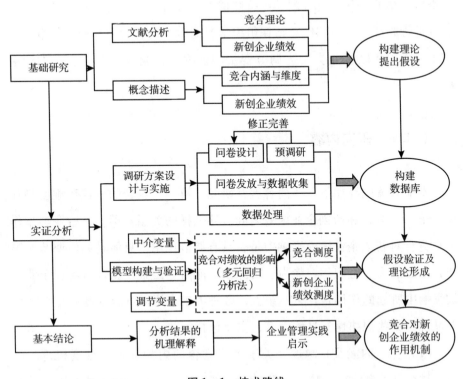

图 1-1 技术路线

1.4 研究内容与结构安排

本书采用综合运用资源观理论、组织学习理论、动态能力理论，围绕"竞合对新创企业绩效的影响机制"这一核心问题展开研究，既要分析透彻竞合对新创企业绩效影响的"果"，也要知晓其"因"。在既有理论研究和实践探索基础上，采用规范研究与实证研究相结合的研究方法，首先对竞合、新创企业绩效、动态能力、组织学习能力、资源获取能力等核心概念的内涵进行清晰的界定和维度梳理，然后构建竞合与新创企业绩效关系之间概念模型，并就组织学习、资源获取、动态能力、行业类型等因素的作用机理提出相关假设，进而通过对随机选取的新创企业核心工作人员调查所获得的310份有效问卷进行数据整理分析，随后对所提出的模型和假设进行验证，最后归纳总结在组织学习能力、动态能力和资源获取能力的中介作用和以行业类型为调节变量的前提下，竞合对新创企业的影响机理。

1.4.1 研究内容

本书着重围绕如下一些内容展开研究：第一，竞合的内涵和维度是什么？第二，竞合和新创企业绩效之间有什么样的关系？第三，行业类型作为在竞合对新创企业绩效影响中是否具有调节作用，具体是如何调节？第四，动态能力、组织学习能力、资源获取能力等因素在竞合对新创企业绩效影响中所起的作用是什么？第五，各种因素在不同竞合维度和竞合态势下呈现出哪些规律性？具体而言，主要包括：

（1）竞合内涵及其测度。关于企业竞合的内涵界定与维度梳理。第一，对竞合的概念、本质、起源进行基本的界定，对竞合的基本原理及其研究方法进行总结，借鉴竞合测量研究成果，确定竞合的量表。第二，借鉴五力模型（Porter，1985）、价值网理论布兰登勃格和内勒巴夫（1996）以及六力互动模型（项保华，2009）等经典竞合分析模型来探讨纵向竞合（中心企业与供方和购方企业的竞合）和横向竞合（中心企业与同业者的竞合）两类竞合形态的特征和表现形态，进而提出一个涵盖中心企业、供方、购方和同业者的三方竞合参与主体分析模型。关于竞合的测度。一是运用经典的经济学理论分析竞合的诱发机制、内在动力、影响因素等。二是借鉴布兰登勃格和内勒巴夫（1995）的竞合主体分析框架，分别从纵向和横向角度对竞合进行测量项的设计。参考一些学者研究中设计的竞合量表（Jorde et al.，1989；Wilkinson et al.，1994；Brandenburger et al.，1996；Bengtsson et al.，2000；Tsai，2002；Garcia et al.，2002；Kotzab，2003；Levy，2003；Zineldin，2004；Luo，2005）等，将纵向竞合界定为主要是与上游供应商（主要包括要素供应商和互补品生产商）和下游经销商（主要包括顾客和经销商）发生的关系，在问卷中确定了14 个测量项，横向竞合主要是与同行业者，即所生产的产品或服务与中心企业产品或服务相同或高度近似企业发生的关系，在问卷中确定了 11个测量项。上述测量项均是参考了国内外已经公认的竞合测量量表，具有很好的信度和效度。随后对问卷调查获得的数据进行相应统计分析，从而获得竞合数据。

（2）新创企业绩效内涵与测度。首先从新创企业特征入手，借鉴墨菲等（Murphy et al.，1996）、安东尼奇和希斯里奇（Antoncic & Hisrich，2001）、温齐默等（Weinzimmer et al.，1998）、罗和帕克（Luo & Park，2001）等学者的成果，将新创企业的绩效维度划分为生存绩效、成长绩效、创新绩效和市场运营绩效四个维度，在测度时，选择了 7 个测量项。从主观性评价视角，采取李克特（Likert）5 点量表形式，由被调查企业的高管和核心员工按照主观标准赋值填写。

（3）竞合对新创企业绩效驱动机理研究。借鉴既有研究成果，从纵向竞合和横向竞合的直接驱动作用、行业类型的调节作用，资源获取能力、动态能力和组织学习能力的中介作用三个方面构建竞合对新创企业绩效的影响概念模型。通过对上述变量与竞合及新创企业绩效的相互关系分析，主要围绕横向竞合和纵向竞合两个维度对新创企业绩效的影响作用，竞合对资源获取、动态能力和组织学习的影响作用，行业类型在上述影响中所起的调节作用等找出各变量之间的关系趋势，从而提出 7 个主假和 6 个二级假设。运用问卷调查获得新创企业数据进行实证检验，采用相关分析、多元回归模型、多重中介效应模型、多组回归的调节效应模型对概念模型的假设进行了验证，从而总结出竞合对新创企业绩效的影响机理，并对各种变量在不同竞合维度下的影响强度进行深入分析，从中找出这些中介变量和调节变量在竞合与新创企业绩效关系中的作用规律。

1.4.2 结构安排

本书从逻辑层面上可将整体结构共分为 8 章，分别是导论、文献综述、研究构念的界定与维度划分、理论模型构建与研究假设提出、竞合对新创企业绩效影响机制的实证分析、新创企业成长性绩效评价分析、新创企业竞合的案例分析、研究结论与展望。各章主要研究内容如下：

第 1 章为导论。本章主要从现实背景和理论背景出发，针对竞合已经成为新创企业面临的一种常态组织关系出发，提出竞合如何影响新创企业绩效这一主体问题，并且简要地阐述了研究中使用的方法、技术路线、内容结构，在此基础上指出本书的主要创新。

第 2 章为文献综述。主要从竞合理论、新创企业绩效、新创企业绩效影响因素三个方面进行文献梳理，着重对竞合的产生与内涵、竞合测量及其概念模型、竞合与企业绩效的关系来总结竞合理论的最新成果，从新创企业绩效的内涵、新创企业绩效的评价来回顾新创企业绩效，对于新创企业绩效影响因素主要从能力视角、资源视角、创业视角和关系网络视角四个层面来梳理新创企业绩效影响因素相关文献。最后在对上述研究成果进行客观、全面的评价基础上提出进一步研究可拓展的空间。

第3章为研究构念的界定与维度划分。结合前述章节对企业竞合、新创企业绩效、新创企业绩效的影响因素这三个关键问题的国内外研究现状进行了进一步的研究，从其中提炼出与本书主题相契合的主要构念——竞合、新创企业绩效、组织学习能力、动态能力、资源获取能力，并对以上构念进行界定和维度的划分，开发一套符合竞合与新创企业绩效的量表，有助于进一步研究分析竞合对新创企业绩效的影响作用。

第4章为理论模型构建与研究假设提出。首先对企业竞合关系的实质和竞合关系演化进行了探讨，随后提出了"新创企业—同业者—供方—买方"四方竞合参与主体分析框架，基于此可分别从横向产业联系和纵向产业联系两个方面对竞合关系进行分析。最后针对竞合与新创企业绩效的关系，分别就新创企业与供方、购方、同业的竞合行为对绩效的影响提出一系列假设。

第5章为竞合对新创企业绩效影响机制的实证分析。本章将采用实证的方法对概念模型所提出的假设进行验证。实证部分分为五个方面：一是从众多学者的理论与实证研究的基础上，对各关键构念对应的变量进行测量；二是根据研究的目的和内容进行调查设计和数据收集，涉及确定调查对象、调查内容及标准和调查的数据收集；三是基于调查的代表性，对调查的样本特征进行分析；四是基于调查的可信性和有效性，对量表的信度与效度进行分析；五是采用相关分析、多元回归模型、多重中介效应模型、多组回归的调节效应模型对概念模型的假设进行了验证。

第6章为新创企业成长性绩效评价分析。本章着重选择新创企业成长性绩效评价研究和企业家精神对新创企业绩效的影响两部分内容作为实证分析对象，重点分析了新创企业成长性绩效指标体系的构建以及影响新创企业成长性绩效的各类因素，旨在为企业发展提供政策建议。

第7章为新创企业竞合的案例分析。本章在理论阐析和定量研究的基础上，主要对不同新创企业发展中竞合关系的应用进行总结描述，选取三只松鼠、江小白、百果园和韩都衣舍四个案例，重点分析新创企业发展中竞合关系的应用。

第8章为研究结论与展望。着重对前述章节验证的竞合驱动新创企业绩效的机理进行阐释，重点就与供方、购方和同业三方主体的竞合关系对新创企业绩效的影响方向和影响程度进行分析，同时对组织学习能力、动态能力和资源获取能力在上述驱动过程中所起的中介作用以及行业类型所起的调节作用进行全面分析，对各种因素在不同竞合态势和竞合维度下的影响程度和作用规律进行探讨。在此基础上，总结本书理论贡献和相关管理启示，并指出研究的不足与未来研究展望，从而为实践中运用该战略和后续深入研究提供借鉴。

1.5 创新之处

（1）清晰界定了新创企业竞合的内涵和维度，对竞合进行了具体测量。以往对于企业竞合行为的研究大多限于概念性阐释，对竞合行为的研究基本上停留在定性阶段，而且不同学者均是从不同的视角展开研究，这种孤立的、缺乏系统联系的界定方式造成了对竞合基本内涵认识的片面性，未能就企业竞合行为的内涵及维度进行深入研究，尤其是没有提出有效的竞合参与主体分析框架。本书针对新创企业生产经营的特质，对竞合的内涵、维度进行了界定，同时按照各相关主体在产业链上的位势，从产业联系角度将竞合划分为纵向和横向两个维度，其中纵向竞合主要包括新创企业与供方（要素供应方、资源提供方、互补品供应方）和购方（经销商、消费者）的竞合，横向竞合主要包括新创企业与同业之间的竞合，针对每个维度开发和完善了有关量表，使得竞合的测量更加切合新创企业的实际情况。

（2）建立新的模型检验了竞合对新创企业绩效的作用机理。研究提出了"新创企业—同业者—供方—买方"四方竞合参与主体分析框架，基于此构建了竞合对新创企业绩效的影响概念模型，以及组织学习、资源获取、动态能力和行业类型在上述影响过程中所起中介和调节作用。在获取第一手调研数据的基础上，就纵向竞合维度和横向竞合维度在上述各变量共同作用之下如何影响新创企业绩效的机理进行了实证研究，验证了一系列假设，验证了不同竞合维度和不同竞合倾向下新创企业绩效的形成机理和绩效差异的竞合原因，对各因素在竞合驱动企业绩效过程中的作用属性和影响规律进行了客观分析，从而比较清晰、明确地揭示了竞合对新创企业绩效的影响机理。

（3）初步构建了新创企业战略研究的分析框架。竞合和企业绩效一直以来都是企业战略管理研究的热点，但在新创企业范畴下进行竞合与绩效关系的研究则较少见。同时在当前大力推进"大众创业、万众创新"的背景下如何通过有效发挥竞合战略推动新创企业快速成长已真正成为我国新常态下经济增长的重要引擎，更是一个值得学界重点关注的重大现实问题。本书的分析视角置于新创企业，着重探讨竞合在此类企业绩效中形成的竞合机理及相关影响因素。根据在上述过程中发挥作用的机制，对竞合内涵界定与维度划分、竞合参与主体分析框架、竞合与新创企业绩效测度、竞合对绩效的驱动作用、关键变量和因素在竞合影响新创企业绩效过程中的作用等一些关键问题进行深入的实证分析和理论研究，尤其是研究中采用了中国情境的企业实证分析，开发并通过规范检验后提出了基于中国情境的竞合测度量表和新创企业绩效量表，相关研究拓展了新创企业战略与组织关系研究的理论视野，这对于强化新创企业战略研究基础具有显著的现实意义。

第2章 文献综述

　　本章主要从竞合理论、新创企业绩效、新创企业绩效影响因素三个方面进行文献梳理，着重对竞合的产生与内涵、竞合测量及其概念模型、竞合与企业绩效的关系来总结竞合理论的最新成果，从新创企业绩效的内涵、新创企业绩效的评价来回顾新创企业绩效，对于新创企业绩效影响因素主要从能力视角、资源视角、创业视角和关系网络视角四个层面来梳理新创企业绩效影响因素相关文献。最后在对上述研究成果进行客观、全面的评价基础上提出进一步研究可拓展的空间。

2.1　竞合理论研究综述

2.1.1　竞合的产生与内涵

　　企业战略管理理论和实践中一个重要的问题是如何获得以及保持企业竞争优势。20 世纪 80 年代以来企业竞争战略理论划分为三大理论学派：行业结构学派、核心能力学派和战略资源学派。以竞争为主的战略管理理论的前提是资源的稀缺性，在此观念下企业要想获得发展的机会和形成核心能力必须通过竞争才能获取相应的资源，波特（Porter）的产业竞争模型、巴尼（Barney）的资源基础观和普拉哈拉德（Prahalad）和哈默尔（Hamel）的核心能力观、艾森哈特和马丁（Eisenhardt & Martin）的动态能力观便蕴含了"竞争导向"的战略管理理念。作为最经典的竞争战略理论，波特（1980）建立的竞争战略分析框架中明确指出了竞争的几种主要来源，并且根据竞争优势归纳了三种企业可运用的竞争战略，即成本领先战略（overall cost leadership）、差异化战略（differentiation）和集中化战略（focus）。成本领先战略强调企业通过各种途径使自身产品成本低于竞争对手的成本从而获得明显竞争优势。差异化战略则强调生产的产品或提供的服务需具备明显的差异化特征，其核心在于产生某种独特的价值特性，从而在消费者心中树立起与众不同的认识。集中化战略则注重几种力量服务好某个特殊顾客群、某个产品细分区或某个区域性市场，通过高效、更优的服务特定的对象从而实现差别化。从本质上看，波特的集中化战略实际上是前两种竞争战略的延伸，是成本领先和差异化战略在更为集中的小范围内发挥作用的表现。随着市场态势的发展，竞争更为激烈、环境动荡程度明显，商业竞争中越来越强调能力和资源的重要性，围绕快速反应能力和有价值的资源这些新的竞争战略要素，竞争战略进一步发展、完善和创新。结合波特提出的三种竞争战略，企业想要迅速获得发展机会必须结合核心能力通过竞争才能获得独具价值的资源、形成知识积累和创新从而助推企业成长。一些研究对于波特的战略实现形式及其效果进行了进一步探讨，大部分学者都认同竞争战略对企业绩效的促进作用，但也发现不同战略影响企业绩效的机理各不相同，低成本战略对绩效既有直接效应又有间接效应，其间接效应主要通过渐进式创新来实现，而差异化战略主要是通过突破式创新间接地对企业绩效产生影响（郑兵云和李邃，2011）。

竞争战略对企业绩效的影响一直是战略管理领域的重要问题，对于竞争战略的分类，波特的基本竞争战略分类框架仍是最广泛应用的、最著名的演绎逻辑模型之一。波特认为采取三种基本战略中的任何一种都可以给企业带来竞争优势。大量研究认为集中战略是将差异化和低成本战略综合运用到某一个特定目标市场的结果，因此大量学者在实际应用中将波特的三种基本竞争战略归纳为低成本和差异化。王铁男（2000）通过对沃尔玛与邯钢保持竞争优势的比较分析得出成本优势可以带来竞争优势：当企业进行所有价值活动的累计成本低于竞争者的成本时，企业就具有成本优势；当企业成本优势的来源独一无二难以超越时，该竞争优势具有持久性。塔吉（Tyagi，2001）在文中指出，成本领先者不需要制定出比竞争对手定价低的策略，尤其是当企业具有选择产品位置的优势时，利用横向差异，成本优势公司就可以获得比竞争对手更高的定价。曾凡琴和霍国庆（2006）研究低成本战略与差异化战略的整合，提出两战略并行的管理策略以使企业获得竞争优势。差异化战略是企业在顾客广泛重视的领域里，如产品性能、技术特点、性价比、售后服务等独树一帜，在其所属同行业竞争中为企业带来竞争优势和绩效增长，因此，学术界普遍认为差异化战略的实施与企业绩效增长呈正相关关系。戴斯和戴维斯（Dess & Davis，1984）通过利用因子分析法和聚类分析法实证支持在企业确实存在波特提出的竞争战略类型，并且企业盈利能力和发展与竞争战略的选择息息相关，差异化战略与绩效的相关性更高，采用至少一种竞争战略的企业要比不采用任何竞争战略的企业更具有优越性。金恩秀、代尔南和斯廷波特（E. Kim，D. I. Nam & J. L. Stimpert，2004）认为波特的竞争战略仍适用数字时代的竞争，通过研究韩国网上购物中心的样本解释了企业间业绩差异性，成本领先战略表现出最低的性能，追求混合成本领先和差异化战略的公司表现最高。国内也有学者探讨竞争战略对企业绩效的影响，刘睿智和胥朝阳（2007）应用中国上市公司财务数据，采用验证性因子分析技术分析竞争战略类型的优劣，研究发现：低成本战略和差异化战略均能在短时间内给上市公司带来竞争优势，但低成本战略难以维持已有的竞争优势，而差异化战略建立起来的竞争优势具有较强持续性。差异化战略在创造竞争优势方面优于低成本战略。鲍新中（2014）结合影响企业竞争战略的因素，通过分析竞争战略、创新研发投入与企业绩效三者之间的关系，得出差异化战略下创新研发投入对企业绩效产生积极影响，成本领先战略下创新研发投入对企业绩效产生消极影响。张珂莹和李竹梅（2015）采用层序聚类分析法，以沪深两市 A 股 489 家上市公司年报数据为基础，对企业竞争战略进行分类，实证研究结果发现实施产品差异化战略企业比实施成本领战略企业具有更高比例的绩效薪酬。从上述有关竞争战略理论的研究可以看出，学者们关注的点各不相同，从不同的视角出发阐释了竞争战略的特征和作用，企业利用低成本战略和差异化战略实施竞争，通过竞争捕捉到市场机遇、消费者需求及国家政策，促使企业基于市场需求制定市场导向的战略规划。

竞争导向的企业战略观念虽然可以在短期内为企业带来一定经济租金，但作为一种零和博弈却无法形成持续的竞争优势（Hanlon，1997）。竞争战略以击败并消灭竞争对手为目标会引发企业战略上的问题，难以看到自身不足、忽视团队组织文化、无法满足消费需求（项保华，1999）。随后一些学者开始对竞争导向的负面作用进行反思，他们提出合作战略可以使企业快速应对环境动荡，分析合作战略在企业创建及发展过程中的作用（Nielsen，1988），在一定程度上能够实现资源与能力的互补，通过学习和共享以共同应对风险和开拓新的市场。企业发展的内在要求和资源能力的瓶颈约束始终是一对难以调和的矛盾，通过合作的方式来弥补资源短缺和能力的不足成为企业较为明智的选择，任何一家超级企业都不可能拥有自身发展所需的全部资源，专属性资源虽然可以筑起一道抵御其他企业进攻的屏障，但由此产生的成本是巨大的，在强调分工合作和共享的当今社会，这种抉择既不经济也无必要，通过各种形式来交流、互补、共享，合作比单干更加有效也更实惠。通过合作经营、分工、缩减和偶然性合作等形式可以为企业提供一个低成本、高效率获取竞争对手知识和技能的机会，可为企业树立一个学习赶超的目标，同时为自身的决策找到一个有效的参考标准（Hamel，Doz & Prahalad，1989）。其他一些学者的研究表明，合作的领域比较广泛，尤其是在研发、开拓市场、共同防御新进入者、新价值创造等领域，长期、稳定的合作关系有利于建立信任、互惠的机制。乔德和蒂斯（Jorde & Teece，1989）的研究表明，合作可以降低和分摊研发制造成本，从而克服技术外溢。安德森和纳鲁斯（J. C. Anderson & J. A. Narus，1990）认为合作促进企业间生产、销售环节的效率，提高组织绩效。通过建立稳定持久的合作关系还有助于快速应对技术变革、动荡的竞争环境以及其他压力性因素（Ring，2000）。范诺维梅尔（C. Vanovermeire，2014）提出物流公司通过合作联盟实现降低成本的目的，通过协作增益，使得个人收益的范围从 19.01% 到 37.56%。武志伟、茅宁和陈莹（2005）利用结构方程模型对企业间合作绩效的影响机制进行了实证研究，指出与合作质量持久性和公平灵活性相关的变量直接影响企业绩效的提高，认知变量中的资源互补性和文化相容性指标间接促进了绩效的提升。廖成林和仇明全（2007）通过因子分析和结构方程模型实证研究了企业合作关系与企业绩效的关系，认为良好的企业合作关系有利于企业绩效的增长。在现代社会，企业的合作战略常常比竞争更有效果，甚至这种战略选择还优于内部组织和纯粹的市场交易（张卫国和青雪梅，2012）。

现代市场竞争让人们开始认识到，竞争与合作都是企业同一行为的两个方面，任何时候都不存在单纯的竞争或者单纯的合作（Bengtsson，M. & Kock，S.，2000）。过分强调竞争或过分强调合作对企业来说都是危险的，企业要在复杂多变的环境中更好地生存发展，必须同时强调竞争与合作，实施既竞争又合作、有机融合竞争与合作两种行为的竞合战略。至此，竞合作为一种有效获取企业竞争优势的战略选择逐渐进入理论界和企业界的视野。具有计算机局域网之父称号的努尔达（Ray Noorda）首先提出竞合，用来描述企业间既竞争又合作的现象。虽然组织间的竞合现象很早就已经出现，但是真正对该领域展开系统研究的学者应该是亚当·布兰登勃格和内勒巴夫（1995，1996），他们在《竞合战略》一书中最早提出竞合战略这一概念，用以描述企业间建立在合作竞争基础上的既竞争又合作的一种新型的动态战略关系。"没有永久的敌人，只有永久的利益"也体现出竞合的含义，竞争和合作是同时相伴发生的。随着企业发展实践的丰富，人们逐渐认识到企业的利益来自同时进行竞争和合作，竞合可以为企业获取经营优势（马浩，2004）。一方面，为了增强自身的经营优势，企业需要通过促进彼此间的合作和信任；另一方面，为了有效地进行合作，企业之间也必须通过战略联盟、产业集群等手段进行能力的竞争（Lado, Boyd & Hanlon, 1997）。帕杜拉和达尼诺（Padula & Dagnino, 2007）则认为，竞合观念来源于这样一种认识：在企业与其他企业通过竞争和合作创造价值及分享价值的过程涉及了众多的利益关系，而蕴含其中最为重要的一对关系便是竞合关系。人们发现竞合这一组织间二元关系现象广泛存在于跨国公司内部子公司间（Luo, 2005）、企业与其主要竞争对手间（Zineldin, 2004）、一家跨国公司与一群竞争对手之间（Luo, 2007）、国内企业与国外客户之间（吴斯丹，2014）、渠道内上下游伙伴之间（Kotzab & Teller, 2003），以及组织内部不同部门之间（Luo, 2006）。一些学者尝试从冲突管理视角（Xie & Song, 1998）、权力—控制视角（Yan & Gray, 1994）和资源依赖视角（Preffer & Salancik, 2008）对竞合这种基本的二元关系进行深入分析后发现，不管是用于理解组织间关系还是用于创业者个人间的关系，竞合理论都是具有强大理论拓展空间和实践应用价值的。关于竞合的产生原因，罗（Luo, 2007）通过国际企业的竞合研究指出，一些经济和战略因素使得企业在跨国竞争中同时出现了竞合。跨国公司之间的相互依赖性从来没有像今天这样值得注意和必要，跨国企业之间在经济、技术和公司业务之间的联系显著增加。竞争的压力和合作的愿望同时产生，最大限度地激发了跨国企业寻求经济租金的行为（Lado et al., 1997）。竞合可以有助于企业实现技术的交流，并将这些技术嵌入到市场开拓、新产品开发和新业务扩展中去，正如哈默尔（1991）所言，竞合不仅使企业了解竞争者技能的有效途径，更是其获得合作方技能的重要机制。在共同的利益和目标市场的驱使下，竞合可使合作企业双方分摊成本、风险和不确定性，竞合也是有效缩短产品研发、创新、变革时间，从而使其更高效、快捷进入市场的有效方式。同时这种战略还能进一步强化竞合联盟成员的地位以有效排斥新进入者。

作为一种新的共赢战略思维，人们对竞合的内涵进行了较为深刻全面的阐释。内勒巴夫和布兰登勃格（Nalebuff & Brandenburger，1996）通过对传统竞争理论的拓展与修订，指出竞合是一种不同于以往单纯的竞争与合作的游戏规则（game rules），他们把竞合理解为在商业运作中的行为表现，当企业共同创造新的市场时，其行为表现为合作，当企业分享市场价值时，其行为表现为竞争。通过其建立的价值网模型（value net），竞合被更为直观的表述为创造价值和分享价值的过程：企业共同创造"蛋糕"时是合作，分享"蛋糕"时则是竞争，这两种行为或战略是同时发生的动态结合，而不是相互对立或割裂的。上述经典研究构成了理解竞合概念的逻辑主线，其后很多研究均是遵循两位学者的研究路径进行的。乔尔·布利克和戴维·厄恩斯特（Joel Bleeke & David Ernst，1998）虽然没有明确的界定竞合概念，但却共同提出了协作性竞合的思想，他们认为传统的单一竞争方式无法保证企业能实现最佳的成本收益和最高效的产品及服务，企业应在竞争的同时开展合作，通过长远的和动态的眼光在竞争与合作间取得一个有效的平衡。阿伏亚（Afuah）将竞合关系定义为企业与其竞合对手之间一种重要的互动关系，并将竞合理解为是创新、组织学习、资源获取、能力互补等的重要来源。瑞纳和安迪文（Ring & Van de Ven，1992）从企业发展目标角度，将竞合定义为以契约为基础的企业间合作管理模式，具体可以通过战略联盟、合作伙伴、特许经营、联合研发、相互授权等形式来实现，李福成和韩文海（2010）等认为竞合关系在产业链和产业集群中比较常见，从集群角度看，企业间的竞合关系有利于生成系统共生单元，使得企业间在产品、技术、信息、社会网络等方面构成物质、信息和能量交流的共生界面，从而可以提升绩效，形成竞争优势。万幼清和王云云（2014）等认为企业竞争和合作的动因在于资源的稀缺性，就是在资源有限的约束下，对资源共享与优势互补的需求。李薇和龙勇（2010）研究认为竞合关系运用的结构模式越紧密，越有利于产业集中度的增强和市场不确定性程度的减少。史密斯和刘易斯（Smith & Lewis，2011）提出竞合现象可以利用悖论的理论来分析：合作和竞争本身就象征着两种对立的力量，这种对立会引发不同的感知体验和行为方式，但是当竞争与合作两者同时发生与从对立关系中获得收益不相上下的事实表明，竞合关系从本质上来说是同时存在且相关并且能不断地提升企业绩效。拉多等（Lado et al.，1997）指出竞合战略可以促进企业整体能力提升，使得企业间的知识积累、市场份额显著提高，技术明显进步，竞争与合作有机融合互为补充，一方面，良性竞争可以激励企业增强知识技能、提高市场影响力和绩效；另一方面，有效的合作能促进知识、技能和信息的分享，从而促进企业利润的提升。

2.1.2 竞合测量及其概念模型

现有的竞合实证研究中，竞合的测量往往是借用传统的有关竞争或合作行为的度量方法（刘衡，2009），虽然没有形成统一或得到公认的竞合测量指标和量表，相关的实证研究也为数较少，但仍有部分研究颇具代表性。罗等（Luo et al.，2006）针对同一组织内部各部门间竞合能否改善绩效这个问题进行了实证研究，研究共选择了163个中国企业，他们在相关研究设计了跨部门合作强度、跨部门合作能力和跨部门竞争三个变量来测量竞合。格耶瓦里等（Gnyawali et al.，2006）基于钢铁业的案例分析和实证研究考察了企业竞合网络的结构特征如何影响企业竞争行为的频度和多样性，并运用竞争行为数量和竞争行为多样性两个指标来测量竞争行为。蔡（Tsai，2002）对同一组织内部各部门间的竞合是否有利于部门间知识分享这个问题进行了实证研究。我国学者任新建（2006）构建了一个竞合基本态势矩阵，根据竞争和合作的程度，将企业的竞合行为划分为弱竞争弱合作型、弱竞争强合作型、强竞争强合作型和强竞争弱合作型四种竞合类型，提出了企业竞合参与主体的两个维度，即纵向供应链上的上下游维度（供应商、购方）和横向维度（同业者、互补品生产商），并对框架中各参与主体之间的竞合关系进行了系统分析，还对中心企业与其他主体间的竞合行为做出了操作性界定，将竞合定义为超过平均竞争程度的合作行为。徐亮等（2009）利用重庆市116家企业与竞争者组建联盟的有效样本数据通过结构方程模型，对竞合战略是否以及如何通过竞争、合作等机制对技术创新产生影响进行实证研究，其研究中将竞合行为划分为竞争和合作两个维度，通过市场共同性和资源相似性来表征竞争程度，通过信任和承诺来表征合作程度，据此分析竞合行为对企业技术创新绩效的影响。国内有关竞合测度的理论研究虽然较多，但很多理论判断都缺乏足够可信的数理模型，其中也不乏一些探索性的定量研究，这些分析多针对供应链企业而言，来自博弈论的思想。如王永平（2004）运用逐鹿模型分析了供应链中企业的竞合机制，构建了一套竞合横向分析的方法。魏学成和李文涛（2010）运用改进的Shapley值法对供应链中的竞合联盟利益分配问题进行了探讨。而李春发等（2013）所做的研究相对更为系统、规范，他们从生态产业链角度出发，综合运用了Shapley值法和动态博弈方法，测算出了竞合度及其取值区间，据此将竞合关系划分为五种类型，同时运用鲁北生态工业园区的案例验证了竞合关系的定量划分方法，该套方法直观、可测，对于动态掌握竞合主体之间的竞合行为及其互动演进比较有效。

多数有关竞合测量的研究都是与竞合概念模型的开发一起进行的（李健和金占明，2009），竞合概念模型旨在厘清竞合与某些重要变量之间的关系，这方面的研究致力于三个方面的问题：一是竞合的前因变量和形成过程。布兰登勃格和内勒巴夫（1996）构建了一个价值网模型，通过博弈分析的方法，探讨了中心企业与同业竞争者、顾客、互补品生产者和供应商通过竞合来创造和分享价值的过程，并为竞合分析勾绘了一个经典的分析逻辑，进而提出可通过改变参与者、附加值、游戏规则、策略和竞合边界等方式来确定不同情景下的竞合行为。罗（2007）针对跨国企业的竞合关系，根据竞争与合作的程度两个维度将企业的竞合类型划分为偏竞争型竞合、偏合作型竞合、隔离保护型竞合和接纳型竞合。张卫国（2012）应用生态系统论的思想，解释企业间竞合关系及竞合战略不稳定性的原因，建立了企业及企业间形成竞合战略的生态系统模型，阐述了竞合战略稳定性的机理和特征，并根据企业合作的紧密程度将竞合战略模式划分为虚拟企业、企业集团、伙伴关系、战略联盟、电子商务和非正式合作几种。韩文海（2011）构造了一个基于隔离机制的竞合效益生成模型，认为通过竞争行为可以产生竞合的实际效果并生产竞合效益，该模型从垂直竞争和水平竞争两个维度对五力竞争模型进行了修正，更加注重企业和产业的价值创造过程，并将企业间的竞合划分为契约性竞合、超契约性竞合和非契约性竞合。项保华（2009）在对波特五力模型改进的基础上系统构建了一个中心企业与供方、购方、替代品厂商、互补品厂商、同业者、潜在进入者的流放互动权变模型，对六方力量的互动依赖和竞合权变关系进行了系统分析，并提出通过改变假设来突破心智模式和思维定势、通过关注目标动态兼顾顾客、股东、员工和社会的利益以构筑企业竞争优势和人的全面发展、通过致力于多赢共生来满足各方需要，增强竞争实力获取发展机会，消解矛盾冲突以实现各方利益，最终寻求各方共同发展之道。鲍丽娜和李萌萌（2013）针对产业集群的内部企业构建了一个涵盖纵向和横向两个维度的企业竞合分析模型，该研究对于纵向维度下的上下游供应商、客户和横向维度下的互补品厂商、同业竞合产生的成因和竞合表现形式进行了分析，重点阐析了产业集群下的竞合关系对企业创新的正向影响作用。此外，阿伏亚（2000）、利维（Levy，2001）、格耶瓦里（2001）等也分别对竞合的参与主体、竞合表现形式、竞合资源的流动等方面提出过相应概念模型。二是竞合的互动和演化，竞合的互动演化即要在适应内外部环境的权变过程中如何找到竞争与合作的平衡。阿伏亚（2000）阐释了合作竞争者（coopetitors）的思想，认为竞合背后蕴含了竞争与合作的思想，这两种战略是互补互融的，金塔娜—加里亚和贝纳维德斯—韦拉塞（quintana - Gareia & Benavides - Velase，2004）则在实证研究的基础上提出了一个竞合主体参与模型，认为企业出于利益考虑会导致竞争关系发生，同时也会为了实现共同目标建立合作关系，竞合的主体主要由直接竞争者、上游合作者和下游合作者三方构成；李良贤（2011）构建了一个中小企业竞合共生模型，认为中小企业竞合共生模式由两个维度构成，即组织维度和行为维度，其中组织维度又分为点共生模式、间歇共生模式、联系共生模式和一体化共生模式，行为维度分为寄生模式、偏利共生模式、非对称互惠共生模式和对称性互惠共生模式；魏江等（2008）从产业集群角度勾绘了基于竞合的技术能力整合机理模型，从集群竞合的内在机制出发，分别从纵向和横向两个维度探讨了技术能力的整合对象、主体、媒体、动力和绩效等要素。张昊（2012）以日本家电行业的流通渠道演化为例，从纵向和横向两个维度分析了渠道主体间的竞合关系及其内在作用机制和外部影响途径，认为上下游企业遵守或违反交易契约决定了渠道竞合冲突出现与否，而横向的竞争结构则是纵向竞合关系改变的直接原因，生产技术、消费环境等外部因素可以通过改变横向关系的方式来推动渠道变革，并提出以反垄断干预为代表的竞争政策可从纵向和横向维度来影响渠道内的竞合演变。三是竞合行为的影响机制及后果。布兰登勃格和内勒巴夫（1996）竞合的组成要素由五个方面构成，即参与者、附加值、规则、策略和范围，只要通过改变上述要素中的任何一个方面都可能导致博弈结果的变化，从而产生新的竞合结果。朱永中和宗刚（2014）分析了不确定性和复杂性下企业竞合行为选择趋势，并构建了企业种群视角下的竞合模型，以中国啤酒企业的竞合关系为案例进行了规范的实证研究，发现竞合战略虽然可以促进企业绩效提升，但是合作行为比竞争行为的效果更为明显。魏文海（2011）认为，竞合效果的产生是由具有竞争关系的企业之间通过所谓的"隔离机制"产生作用的，其作用路径有水平竞争和垂直竞争两个方面，其中水平竞合效益的实现方式有价值战、策略战和嵌入优势，垂直竞合效益的实现方式主要由产业链上下游主体间的"异质共生"实现。项保华（2007）基于其提出的六力互动模型，对企业的多次重复博弈行为进行了模拟，发现企业竞合行为的不同选择会产生差异化的结果，"一报还一报"的策略显然比背叛策略获益更高。国内外学者从不同角度对竞合的测量及模型构建进行了研究，侧重维度各不相同，竞合是具有多重内涵及特定结构的有机整体，而且竞合的测量和构建会伴随着企业的发展而不断变化，要动态分析竞合在企业创建及发展过程中的作用，进一步明确竞合行为的影响机制及后果。

2.1.3　竞合与企业绩效的关系研究

竞合战略的实施虽然被认为是企业获取竞争优势的关键，但竞合战略能够促进企业绩效却少有实证支持（徐亮等，2009），这主要是由于企业竞合结构的复杂性，研究还存在一些量化困难（朱永中和宗刚，2014），也由于理论界对于"竞合"究竟是一种关系还是一种行为抑或一种战略仍未给出明确的回应，这就使得理论界在构建竞合与企业绩效关系模型时采用的视角各不相同，所分析的调节变量和中介变量也迥然不同。江能前和孙静春（2015）在结合竞合战略明确秸秆供应市场的系统边界和作用机制下，运用博弈模型比较竞争战略和竞合战略下市场均衡收益差异，并利用仿真分析进行了理论验证，表明秸秆供应市场内采取竞合战略要优于竞争战略。朱永中（2014）在梳理竞合关系与企业发展关联的基础上，构建了企业种群的竞合模型，并对中国啤酒企业间的竞合关系进行了实证分析，研究表明竞合战略能够促进企业自身发展，但合作产生的效果要大于竞争。张惠琴等（2011）以陶瓷产业集群为例对产业集群中企业竞合行为与技术创新绩效进行了实证分析，运用陶瓷产业集群的 109 份问卷实证检验了产业集群中企业竞合行为对技术创新绩效的影响。徐亮等（2009）的研究表明，企业竞合战略能够显著促进技术创新绩效，合作非常显著地促进企业技术创新，但伙伴间竞争对创新绩效影响并不显著。为了使竞合研究能真正契合企业实时场景，项保华和任新建（2007）的一项研究开创性地引入了行为经济学的研究方法，通过有实际经理人参与的重复囚徒困境对局实验，探索企业间竞合行为的不同选择如何对效益产生影响。高建伟（2010）重点探讨了中小企业的竞合战略及其绩效影响，他们认为竞合战略可使中小企业实现资源互补产生协同效应，可降低交易成本实现规模经济、可降低研发和市场开拓成本以获取更多市场机会、可大为增强管理和技术创新，借由上述途径，竞合行为能显著提升中小企业的运营绩效、市场绩效和财务绩效。由于我国学者对竞合战略的绩效研究尚处于起步阶段，分析工具比较单一，主要采取案例分析和博弈分析方法（刘静波，2004）对合作竞争情况下的决策问题进行理论研究，实证研究相对欠缺（曹文彬，2002；刘春草，2003）。国外学者对于竞合与企业绩效的关系研究视角更为开阔，林德弗莱施和摩尔曼（Rindfleisch & Moorman，2001）认为由竞争者联盟（竞合一种重要形式）由于高度的知识重叠性比上下游联盟更能促进信息利用。加里亚和韦拉塞（Garcia & Velasco，2004）认为在动态合作竞争机制为特点的协作网络下，合作竞争战略对于创新能力有显著的积极影响。本特森和索维尔（Bengtsson & Solvell，2004）认为集群企业间的竞争与合作关系对促进公司创新绩效发挥重要作用，而结构竞争及氛围竞争是创新行为的重要驱动力。莱希纳等（Lechner et al.，2006）的实证研究表明，对于新创企业而言，竞合关系是一种不同于竞争和合作的组织外部关系，在创业初期阶段可能由于技术和资源的外溢而不利于企业绩效，而在创业成熟期因为适度的竞争压力和资源、能力的互补而有利于提升企业绩效。企业与其他企业之间所建立的竞争、合作关系能够有效提高自身的竞争优势（Bengtsson M. & Johansson M.，2014）。学者们在研究竞合关系对企业绩效的影响时，除了分析竞合关系对利润、效率、销售规模、市场地位、服务支持质量等财务绩效方面的影响之外，特别对创新、知识管理和关系等方面绩效的影响进行了研究（周杰和张卫国，2017），均产生了良好的影响。帕克等（Park et al.，2014）对竞合关系类型进行了分类，发现在强竞合平衡状态时，创新因素占据企业间竞争的重要地位，因此，强竞合平衡有利于创新绩效的增长。利维等（Levy et al.，2003）以中小企业为研究背景，研究结果显示，竞合会影响企业间的知识分享，通过合作获得的知识也可以用于竞争，竞合对知识相关绩效均产生影响。刘等（Liu et al.，2014）研究则发现供应链中买卖双方之间的竞争对关系收益有负面影响，对交易成本有积极影响，而买卖双方间的合作则会促进关系收益的提高。总体来说，竞合战略能使企业间实现资源外溢、共享及互补，成功的竞合战略比单纯的竞争或合作战略更有利于提高创新绩效，企业应摒弃单一的竞争或合作战略，秉持相辅相成、各有侧重的双重构念观点，更好地把握竞争与合作之间的平衡。

2.2　新创企业绩效研究综述

2.2.1　新创企业绩效的内涵

企业绩效的重要性受到广泛关注的原因，一方面关系到企业是否得以永续经营与发展；另一方面也涉及企业策略性决策的制定与策略执行的效能等议题。绩效（performance）是组织在一定时期内通过生产经营活动获得的业绩、成效和成果的总称，它常被分为效率（efficiency）和效能（effectiveness）两个层面来理解（Robbins & Coulter，2008）。学界对于企业绩效的理解主要有如下几种导向：

查特吉和普莱斯等（Chatterjee & Price et al.，1991）从三个方面理解

绩效：第一，行为观。这种观点认为绩效可以体现出企业生产经营过程中的态度、品质、方式和方法，是企业行为成熟度的外在表征。第二，结果观。该观点认为绩效是企业通过生产经营活动实现创业目标的最终结果，因此通过企业某些典型、可靠、准确的结果性指标的评价可以有效地衡量其所取得的绩效大小和质量优劣，并且通过适当的转换，不同企业之间的绩效是可以横向比较的（Chandler & Jansen，1992）。第三，综合观。这种观点认为绩效是业绩与效能的综合，是企业内在的行为、态度、方式、品质的外在表现。

福特和舍伦伯格（Ford & Schellenberg，1982）归纳了界定绩效的三种方法：第一，目标法，这种方法埃齐奥尼（Etzioni，1964）提出，主要用实现组织目标的完成度来定义；第二，资源法，这种方法由尤查特曼等（Yuchatman et al.，1967），主要用企业获取有价值的稀缺资源的能力大小来判断绩效；第三，组织行为法，该方法强调用组织及其成员的互动行为来界定绩效。

新创企业绩效是企业创业目标实现程度的量化表现，是对其创业活动的过程和结果的整体评价，更是衡量其创业是否或能否成功的重要参数。虽然企业绩效的内涵随着企业战略目标的变化而不同（Lumpkin & Dess，2001），但对新创企业而言，其创业的结果如何直接关系到企业生存发展的可能性，从此角度看，新创企业的绩效更倾向于表现为创业绩效。这种创业绩效主要体现新创企业完成、执行的行为能力大小，以及实现组织目标或任务的程度（王建中，2011），如果对组织目标和任务的认识不同，则会对企业绩效的界定和内涵做出不同的理解。

新创企业绩效并非一个虚幻的概念，而是一个完整的可以衡量的构念，因此必须首先对其结构维度做出比较全面的界定，但这却是学术界难以达成共识的一个难题（Chakravarthy，1986）。墨菲等（1996）所做的一项以创新绩效为因变量的文献研究发现，多数文献都是采用一维或二维的绩效维度分析，几乎没有文献是从多维度对绩效进行分析的。而现实和理论研究均表明，新创企业在创业初期面临的问题较复杂突出，任何低维度的绩效界定都不能有效地反映出企业创业过程中出现的各种矛盾和问题，多维度的绩效界定才是真实反映商业实际的。根据分类的方式不同，对于新创企业绩效维度的划分也各不相同，主要可分为财务和非财务维度、主观和客观维度、单一和多元维度、绝对和相对维度。财务维度的划分是比较常见和普遍的，因为这种划分更为直观，更易进行纵向和横向比较。在财务维度下对于企业绩效的理解又可以细分为基于会计视角的财务维度和基于市场的财务维度，前者比较注重利润率、现金流、资产负债率、折旧率等指标，后者则比较注重市场占有率、销售增长率、企业成长规模等指标。主观和客观维度的划分主要是根据划分信息来源是主观判断还是客观数据做出的界定。客观维度的一些指标多来自财务领域，但由于企业的财务数据多是保密不公开的，所以很多数据信息无法获取，即使从公开的场合获取到数据其真实性和完整性也备受质疑，因此这种维度的划分存在一定的局限性，当然，在具体操作时可以通过某些方式进行灵活变动将某些本属于财务性质的客观指标转化为主观指标。主观维度在现实中应用比较广泛，常常通过问卷调查的形式设计一系列灵活的问项来获得比较全面、客观和准确的资料信息。最初有关新创企业绩效的研究多是从单一维度介入的，这种观点认为新创企业创业绩效最主要的衡量指标就是利润最大化，因此相应的反应绩效的变量多是销售额、产量、利润率等与生产经营财务业绩有关的指标。随着认识的不断深入，人们发现新创企业发展的目标是多重的，利润最大化只是反映出了新创企业创业活动的一个重要方面，对于其他方面却并未体现，尤其是随着现代商业社会的不断进化，越来越多的企业在创业过程中不但要积极实现其获利的目标，还开始逐渐承担起了更多的社会责任，一些新创企业开始将节能、环保、慈善和可持续发展作为企业发展的重要目标。单一维度越发不能有效地解释现实中企业的创业实践和绩效表现，因此一些多元化的指标也随之出现，如卡普兰和诺顿（Kaplan & Norton，1990）提出了绩效的四维度观点，即顾客、财务、企业内部流程和学习与成长。耿新（2008）则融合了多人的观点，构建了一个"财务—非财务、主观—客观、相对—绝对"新创企业绩效三维分析框架。墨菲等（1996）也发现，新创企业绩效研究中人们使用最多的维度除了利润和效率这两个传统研究中非常关注的维度外还增加了成长性这个新的维度。近年来，企业绩效研究中对于成长性维度的关注更加明显，企业界和学界越来越认识到过去那种只顾财务效益，只顾眼前，忽视企业和人的持续性发展的做法是不可取的（Venkataraman，1989；Covin & Slevin，1991）。新创企业如同一个刚诞生的婴儿，生存是其第一要务，其后才能考虑成长问题，因此学界非常关注新创企业绩效中与财务业绩有关的维度，但也非常注重与其成长性有关的维度（Antonicic，2001；Yusuf，2002）。

2.2.2　新创企业绩效的评价

企业绩效研究起源于对企业成长性的关注（Edith T. Pentose，1959），国外企业成长理论的研究已走过了三个阶段：一是基于规模经济的成长理论；二是基于组织变革的成长理论；三是基于生命周期的成长理论（陈忠卫，2004）。如何衡量新创企业的绩效，有针对性地促进新创企业持续快速成长俨然成为企业、理论工作者关注的焦点（孙养学和吕德宏，2006；Coombs R.，1996）。由于新创企业的特殊性，它逐渐成为学术界和社会关注的焦点。企业绩效是可以进行衡量比较的，因此是可评价的。有关企业绩效评价最主要的环节就是评价指标体系的选择与构建，基于新创企业绩效维度的划分，衍生出了众多的绩效评价指标体系。国内外学者试图探索新创企业的发展模式为关键要素梳理企业绩效评价的指标，以此进行了大量的研究。初期阶段，学者们把企业盈利利润作为评价企业绩效的唯一选项，因此只选用单一的指标进行绩效评价，比如营业收入、企业净利润、销售报酬率、生产效率等。多数学者同时从组织绩效评价方面来展开研究，对于评价指标，可分为财务指标和非财务指标，主观指标和客观指标，单维指标和多维指标，绝对指标和相对指标等（张凤海，2013）。因财务指标通常是解释企业过去的成果，无法显示企业的未来发展，且企业不愿意提供相关数据，而非财务指标体现的是公司运营的过程绩效和未来发展潜力，因此学者们在绩效评价中常运用有效率、成长、规模、流动性等非财务指标（Murphy et al.，1996）。从总体上而言，采用非财务的、多维度的指标体系和主观评价指标更加实用（Kaplan & Norton，2004；Chakravarthy，1986）。随着我国经济社会发展水平的不断提高，我国经济已由高速增长阶段转向高质量发展阶段，这一宏观环境的变化也为新创企业的发展提供了新的机遇和挑战。学者们逐渐意识到，企业绩效评价指标并不是单一的，仅用单一的指标无法衡量企业的多目标绩效。所以，新创企业的绩效测量指标应该是多元的。学者们使用平衡计分卡法将新创企业分为四个维度，分别为财务指标（主要包括销售收入、营业额、生产效率、销售利润率等）、顾客指标（顾客忠诚度、顾客满意度、顾客投诉、顾客回购率、顾客获利率等）、学习与成长指标（员工保持率、员工培训、员工满意度等）、企业内部流程指标（产品的创新、产品质量、产品的成本控制等）。此外，由于新创企业的特殊性，其绩效评价研究虽然渐趋成熟，但也存在一些不足：一是，对于评价新创企业绩效的指标体系较单一；二是，对于绩效评价方法的选取存在滞后性；三是，量化评价体系在反映绩效上仍存在一定的局限性，应当应用定量结果和定性分析相结合的方法进行综合判断，以指导企业决策。

一些研究认为组织绩效实际上是反映组织有效性的一种重要外在表征，组织在满足市场需求的过程中实现组织目标（周思伟，2010），而绩效就是这个过程的结果。因此，组织有效性视角下的企业绩效评价方式概括起来主要分为几类：

（1）战略目标论。该方法是基于"成本—目标"平衡的评估方法，它认为任何组织在发展过程中都会针对每个阶段制定一个或多个明确的战略目标，为了实现此目标企业进行资源整合、能力重构，并全力实施各种组织行为，此过程中自然会产生相应的成本，这种方法在构建评价指标时一方面会考虑组织最终实现的目标完成程度，另一方面会考虑完成此目标产生的成本多少，毕竟任何一个有责任感的个人和组织都要寻求目标和成本之间的平衡。

（2）人际关系理论。组织绩效是组织成员个人行为的满足感。由此构建的绩效评价体系一方面考察组织内部的交流沟通对组织绩效的影响程度，另一方面衡量组织成员的自我满足感对企业绩效的影响。同时，该理论认为，组织培养潜在创业者、构建关系网络、识别创业机会、嵌入合作网和建立信任分别是新创企业生成的前提和保障。

（3）系统资源理论。基于该理论构建的评价体系着重考察组织在完成既定目标过程中组织内部之间以及组织与外部环境、各利益主体之间的资源协调互动和不断适应的能力，因此，组织应充分运用系统资源理论，进一步加强组织内外部之间的管理工作，更好地运用系统资源理论推动组织绩效，实现内涵式发展。

学界认为新创企业最基本也最重要的任务是实现生存，新创企业应着重体现出对价值机会识别和利用的能力（Venkataraman，2002），因此，最初企业绩效评价体系多是由那些能直观反映盈利状况的经营业绩指标构成，但随着研究的深入，人们逐渐认识到单靠某个维度的指标体系是无法有效反映新创企业绩效的，因此一些研究开始从多维度来构建具体的评价指标体系。学界比较普遍采用如下维度来划分相应的绩效评价体系：

（1）财务指标与非财务指标。自从西方企业开始关注绩效问题，财务指标就一直为实践所重视。理论界认为，作为新创企业，在评价其绩效时首先应该考虑的应该是财务指标，因为财务指标更能直观反映出企业创业过程和结果的好坏，也有利于为企业的战略实施和调整提供可操作的指标。最初比较常用的财务指标由利润、销售额、资产收益率等基于财务会计方面的指标，斯腾恩特（Stern Stewart，2001）认为最重要的是市场增加值（MVA），即把总市值与总资本的差额作为衡量企业绩效的重要指标。罗宾逊（Robinson，1998）认为应从销售增长率、销售收入、净利润、税前收益、销售利润率、资产收益率、投资回报率、股票收益率八个指标来衡量新创企业的绩效。随着研究的深入，学者们也开始将一些可以反映企业市场业绩的财务指标纳入其中，因此诸如市场占有率、市值增长率等一些指标开始流行。珀特斯（Perters，1982）使用了总投资平均报酬率、销售回报率和平均资产报酬率三个反映获利能力的指标，但由于获利指标可能存在失真的现象，学界提出可以使用现金流、流动比率等指标配合使用以客观反映出新创企业的真实情况。李等（Lee et al.，2001）指出新创企业在创建时拥有丰厚的财务资源将会在日后的竞争市场中更具有竞争优势，它比相同状态下缺乏财务资源的新创企业更容易积聚大量的战略性资产。因此，对于新创企业来说，在创建阶段拥有财务资源的数量是获得竞争优势的源泉，它关乎着企业持续盈利、优化发展路径以及更好地实现企业战略目标和资本增值。理论界越来越认识到那些基于市场的财务指标更科学、更全面。

由上可知，财务指标已经成为企业维持自身发展的重要衡量标准，但人们发现单纯地使用财务指标已经无法有效呈现出企业尤其是新创企业的创业绩效，仅仅依靠财务数据不可能反映出新创企业的无形资产价值及其产出的可能性（Huselid，1995），也不能将新创企业总的效能和效率客观反映出来（Qulnn et al.，1983）。现实中，很多新创企业因为处于创业初期，无利润甚至负利润的情况经常出现，因此据此进行的绩效评价常常出现一些意想不到的结果，同时由于这些财务数据涉及了新创企业的一些重要生产经营活动，多数企业都不愿或无法准确全面提供。实践中开始将采用一些非财务性指标与财务指标一起来表征企业绩效，邦德（Bond，2000）提出了质量、交货可靠性、顾客满意度、成本安全和士气等六个方面的评价指标体系。其他一些常用的非财务指标还包括顾客增加量、员工数量、企业形象、组织声誉等。宁丽光（2017）研究认为非财务指标作为一个经济学范畴的概念，其主要包括人力资源指标（即员工满意度、忠诚度等）、市场亲和力（顾客满意度和社会责任履行度等）、市场份额（相对于绝对市场份额）、质量指标等。通常来看，财务指标虽然能在一定程度上反映企业的生产经营状况，但财务指标所涉及的领域有限，而且财务指标只能反映财务运行状况单一的维度，因此，在这一背景下，企业的运营过程中引用非财务指标是非常有必要的。

（2）主观指标与客观指标。这种划分方法主要是根据数据信息的来源做出的。虽然使用诸如财务数据、市场数据等客观指标评价绩效的方法最简单直观，但正如前面分析的那样，客观指标的可得性和准确性无法得到有效保障，因此实践中人们往往倾向于采用一些主观指标进行绩效评价。一些研究表明，通过新创企业的股东、高级管理人员、核心员工对企业相关领域做出比较客观全面的评价获得数据和信息往往能较好地反映新创企业的实际情况，最终得出的结果呈现出一致性（Wall, 2004；Bakos, 2004）。也有些人对主观指标的测量信度和效度有过质疑，但李（Li, 2001）、沃尔（Wall, 2004）、耿新（2008）、任新建（2008）、王建中（2011）等研究说明了只要使用适当，主观评价方法的效度和信度都是比较好的。

（3）绝对指标与相对指标。按照是否可以进行纵向和横向的比较可将绩效测量指标分为绝对指标和相对指标。现有文献多数是采用相对指标来衡量新创企业绩效的，他们认为相对指标一方面可以避免外部不可控因素的干扰，比如可以在绩效评价时排除行业发展的系统风险和宏观政策的影响，而真正可将绩效视为新创企业运营好坏的参照标准。另一方面可以进行跨行业、跨周期的横向和纵向比较，这样更利于检验创业实践与创业理论的外部效度（耿新，2008）。

（4）生存指标与成长指标。作为新创企业，生存是根本要务，对于生存绩效，要么采用纵向数据，根据企业实际的生存年限来确定其生存绩效，要么通过各种方式预测企业持续经营若干年来衡量生存绩效（丁岳枫，2006；耿新，2008）。鲍尔塞米德（Bauersehmidt，1998）、克里斯曼和维克伦（Chrisman & Wiklund，2003）认为成长性是新创企业绩效必须考察的一个重要方面，在指标选择时不仅将财务绩效指标纳入进来，还要考虑企业市场份额和企业规模的增长等因素，因为一些当前盈利状态不突出的企业却有可能具有较好的市场潜力，成长性指标可以比较有效反映企业今后发展态势。

多数研究均认为上述各个维度的评价指标往往会交叉使用，如此得出的评价结果才能真正有效、全面。如周思伟（2010）针对新创企业的特征提出了由运营绩效、生存绩效和满意绩效构成的三维多元化评价体系，每个维度下的具体指标选取又分主观指标和客观指标。生存绩效从客观角度主要选取企业生产年限来衡量，从主观角度选取的则是预测企业未来持续生产 3 ~ 5 年的可能性，运营绩效主要是一些反映企业日常运营的指标，其中客观指标有市场占有率、利润增长率、销售量增长率等，主观指标多是通过评价企业与其他公司的横向比较而产生的，诸如竞争力优势、所拥有的社会资本等。满意度指标主要是对创业者和创业团队满意度，基本上是主观层面的工作和生活方面的满意度。

为获取上述各个维度的数据信息，学者们开发出了大量经过实证验证较为有效的量表、测量项（Murphy，1996；Covin & Slevin，1991；Cooper，1994）。近年来，国内一些学者也开始针对中国商业情境开发相关的新创企业绩效量表，这些量表数是围绕营利性和成长性这两个角度来设计相关测项以测量新创企业绩效。在这方面也有些比较有代表性的成果，如黄胜兰（2015）借鉴维克兰德和谢泼德（Wiklnd & Shepherd，2005）以及李（2001）等的研究开发了一套涵盖成长绩效和财务绩效的量表来测量新创企业绩效；张凤海（2013）从营利性和成长性两个角度开发出了用于测量新创企业绩效的 8 个测项；耿新（2008）分别从创新绩效和经营成长绩效两个维度选取了新业务开发量、市场份额、新业务销售收入占销售总收入比重、销售总额、新业务数量占企业业务总数比例、公司盈利状况、员工数量变化、公司整体竞争能力 8 个测项用于测度新创企业绩效。孙中博（2014）从主观评价角度围绕成长性和营利性构建了针对新创企业绩效的 10 个测项。陈浩和刘春林（2018）选取总资产报酬率（ROA）作为企业绩效测量指标，从战略决策视角研究新创企业创业导向对企业绩效的影响，结果发现创业导向能够确保企业推陈出新、抓住机遇获取先发优势，最终显著提高企业绩效。洪进等（2018）采用新产品或者服务推出速度、使用新技术的速度、产品和服务在市场上的反应、产品所包含的先进技术工艺、新产品开发成功率 5 个测项对新创企业创新绩效进行测度，发现新创企业不同的商业模式对创新绩效产生的影响也各不相同：新颖型和效率型商业模式对创新绩效的促进作用显著；平衡型商业模式对创新绩效产生一定影响但不显著；交互型商业模式对创新绩效产生负向影响。

随着经济发展、金融工具的频繁使用以及市场营销环境的变化莫测，出现了新的绩效评价体系如：卡普兰和诺顿战略平衡计分卡等。目前三个比较成熟的绩效评价体系是经济增加值评价体系、平衡计分卡和国有资本金的形式（侯向农，2015）。动荡的环境对传统战略绩效评价体系产生较大冲击，柔性战略绩效评价体系有较大发展空间，可学者们对其运用较少。施放和王晨（2010）设计了柔性战略绩效评价指标体系，并建立了AHP－模糊综合法柔性战略绩效评价模型。大多学者习惯于从因子分析法、DEA 等方法构建企业财务指标和非财务指标进行企业经营绩效分析。而侯光文，郝添磊（2015）运用熵权法对企业绩效评价进行实证研究，克服现有传统绩效评价方法过多注重利润、指标权重过于主观等不足。当前，已有国外学者开发了一些不仅包含传统的财务指标，还包括其他方面评价指标和内容的整合评价体系，如 SMART 系统、平衡计分卡以及PMQ，这种现象反映了在企业绩效评价方面的研究正发生着重要的变化。

2.3 新创企业绩效影响因素研究

在几十年的研究发展中，新创企业绩效研究层面经历了从宏观层面到微观层面、从个体层面推进到组织层面的演变（谢佩洪，2015），但时至今日，学者们探讨的众多因素与新创企业绩效之间的关系究竟是正向还是负向抑或无影响依然未达成共识。但这也正说明了，各种因素影响新创企业绩效的中间路径是复杂的，因而考虑不同情境下，针对特定的企业群体展开相关研究会更有理论针对性和实践价值。关于新创企业绩效影响因素的研究主要围绕能力、资源、创业过程、关系网络等视角展开。

2.3.1 能力视角下新创企业绩效影响研究

能力视角下的企业绩效影响研究大致可以从纳尔逊、普拉哈拉德、哈默尔、巴尼和蒂斯等（Nelson，Prahalad，Hamel，Barney & Teece et al.）的研究中发现分析的线索。学者们越来越注重组织能力的动态适应性，如此才能快速适应不断变化的市场环境。从学术起源来看，企业能力理论可追溯到史密斯（Smith，1776）的分工理论和马歇尔（Marshall，1925）、彭罗斯（Penrose，1959）等提出的企业成长理论。自 20 世纪 80 年代开始，企业能力理论逐渐成熟，它对企业现实有力的解释使其成为学术界和企业界关注的热点。探寻企业竞争优势及绩效的来源一直是企业理论关注的核心问题，最初关于企业能力的关注来自资源基础观的相关研究，比较有代表性的如安德鲁（Andrew，1967）和洛施（Lorsch，1967）对于独特能力和整合能力的研究，人们认为独特能力强调的是对企业核心技能的关注，那些可以有助于企业高效率获得有价值、稀缺资源并有效开发和利用这些资源的能力可以让新创企业在时间和成本方面形成明显的持续竞争优势（Barney，1995；Verdin & Williamson，1992），韦纳费尔特（Werner-felt，1984）提出了"资源位势屏障""资源—产品矩阵"概念，一些研究也尝试使用这些工具分析新创企业战略选择和绩效影响问题，认为资源位势屏障有助于持续保护企业的资源优势和促进绩效提升。早期的资源能力理论主要是从资源角度来分析企业之间产生差异的原因，其主旨并不是为了探讨企业能力，因此，从这个角度针对新创企业绩效影响因素的研究还比较粗浅，并未提出一些系统的概念和模型（曹红军，2008）。既有文献更多是从核心能力、动态能力、组织学习能力等角度对新创企业绩效影响因素进行研究。普拉哈拉德和哈默尔（1990）提出的核心能力主要是指组织中能有效整合各种技能和技术的累积性学识，也有人将其解释为一系列有形或无形的技能、互补性资产，核心能力以知识为载体，呈现出价值性、独特性、难以复制性和不可替代性的特征，它主要通过影响企业竞争优势进而对新创企业的绩效产生作用。这种影响体现在两个方面：一方面，企业通过核心能力关键要素的建设可以提高市场竞争的位势。另一方面，核心能力可使新创企业以更低的成本和更高的效率推出更具竞争力的产品或服务。维克兰德和谢泼德（2003）等认为核心能力可以直接作用于企业竞争优势进而推动绩效明显提升，张卫国（2014）通过研究后指出，新创企业的核心能力对其竞争优势和绩效产生了显著影响，但这种影响力是通过战略行动才能发挥作用，新创企业要通过正确、及时、有效的战略选择和运用才能把企业的知识和技能用到竞争中以提升绩效。关于动态能力与企业绩效之间的关系，学者们持不同的看法，一种认为动态能力对绩效有直接作用（Teece，1997；Makadok，2001），另一种认为二者之间是间接关系（Zott，2003；Zahra，2006）。从动态能力角度寻找新创企业绩效的来源之道是十分必要的（Li，2001），张凤海（2013）认为动态能力对新创企业绩效具有直接驱动作用，并从四个维度分析了动态能力对新创企业绩效的影响作用，其中洞察环境能力使企业能快速抓住机会获得先发优势；变革创新能力使得新创企业可以通过多形式的创新获得"熊彼特租"；适应能力使得企业更敏捷高效地对外部变化做出快速反应；而学习能力则使企业形成独具一格的知识库。上述关系形成过程中，环境动荡性起到明显的调节作用，而资源管理能力则在上述影响中发挥了显著的中介作用。动态能力对新创企业成长性绩效有明显的推动作用（马鸿佳等，2014），对经营绩效和成长绩效的贡献甚至达到了 68% 和 74%（刘井建，2011），对环境变化做出快速有效的响应是促进新创企业绩效的关键因素，在动荡的环境中会产生更多机遇，如果新创企业能动态地适应和有效应对，将更有利于企业自身的成长（Chena et al.，2008；Tsai et al.，2007）。组织学习与新创企业绩效关系的研究是通过探索组织学习活动的结果和特征进而归纳发现作为"因"的组织学习对作为"果"的新创企业绩效的作用机理（黄国群，2008），如同核心能力和动态能力一样，组织学习能力与绩效之间的关系也是学界争议较多的问题，其焦点在于组织学习和绩效之间的关系是直接发生还是间接发生的，简言之，在组织学习影响新创企业绩效过程中是否存在其他的变量。现有的一些研究表明，一些成功的新创企业可能与更高效、广泛的组织学习相关（Smabrook & Roberts，2005），学者们分别从不同角度就组织学习与新创企业绩效的关系提出了循环模型（Zahra et al.，1999）、实施与反馈模型（Dess et al.，2003）和组织学习与创业的阴阳模型（Sambrook，2005），多数研究都认为新创企业组织学习对绩效有显著正向影响，对此，学术界已经基本达成共识，国内一些学者基于中国情境进行了大量的实证检验，最终结果基本与上述结论相吻合，但同时也可发现，不同的研究视角下组织学习对新创企业绩效发生作用的维度以及各种中介变量、调节变量各不相同（陈国权，2009；黄国群，2008；孟宇宣，2013）。

2.3.2　资源视角下新创企业绩效影响研究

该视角的研究基于资源基础理论，认为新创企业生存发展所需的所有资源不可能从内部自发生成，企业所处的环境被视为一种资源库，企业需有针对性地从资源库中获取资金、人才、技术、信息、市场等各种重要的资源。学者们认为，新创企业在资源获取能力方面的差异性决定了企业的战略选择和战略整合能力，从而导致企业绩效的差异，基于此构建了"资源获取—战略选择—竞争优势—绩效水平"的绩效影响因素分析框架。经典的波特分析范式从企业在行业中所处的竞争位势入手，认为基于环境动态性制定的权变战略可以最大化地提升企业绩效，这是一个"由外及内"的绩效形成过程，与此所不同的是，资源理论认为绩效形成过程是与其所持的战略形成逻辑相一致的，他们认为这是一个"由内及外"的过程，企业的资源获取能力决定了其可以获得资源的多少和质量的高低，而这又可以通过相应的战略选择和实施行为影响企业的竞争优势，进而决定企业绩效的高低（Robert Grant，1991）。学者们认为资源只有通过与战略规划结合才能真正地影响到企业绩效，有些学者认为资源获取过程只有考虑了可用性及其与战略的协调性才能给企业绩效带来正面影响，资源获取只有有长远、全局的战略导向才能真正为企业的发展服务（Romanclli，1989）。克拉里斯克（Claryssc，2004）等也认为企业绩效的差异一般与企业拥有的资源数量、特性有关，异质性程度越高越有可能给企业带来竞争优势，从而其绩效也会更高。扎赫拉（Zahra，2000）、哈尔斯（Habcr，2005）等的研究得出技术资源、人力资源、物质资源等通过各种形式也对新创企业绩效产生了显著的正向影响。余红剑（2009）认为，积极运用外部网络关系，通过外部化或内外结合的方式进行资源获取是新创企业的战略首选，如此可以显著提升企业内部能力从而获取更好的绩效。常冠群（2009）研究表明，资源获取的效率能明显促进新创企业绩效提升，企业获得资源的效率和效能越明显，企业获得的资源价值性越高，企业的绩效越显著，但资源获取的结果对新创企业绩效的影响并不明显，新获得的资源必须与原有资源匹配整合才能发挥真正的效能，否则获得的资源并不能发挥促进绩效的功能。朱秀梅等（2010）通过对 322 家新创企业的实证研究后发现，知识资源能明显提升新创企业绩效，而运营资源与新创企业绩效关系不显著，知识资源通过利用经验和技能等方式提高运营资源的使用效率，进而促进企业绩效。资源基础理论强调企业所拥有的资源和能力是企业的核心竞争力，特定的资源和能力是企业竞争优势的源泉，同时企业的资源状况为企业的成长发展奠定基础（Penrose，1959）。巴尼（Barney，2001）和布拉什等（Brush et al.，2001）通过研究强调组织内部的资源整合过程对新创企业绩效具有重要的影响。博尔奇等（Borch et al.，1999）对新创企业资源的构建和企业竞争战略问题的研究发现，资源和企业战略之间存在着一致性关系。随着研究的深入，学界对于资源与新创企业绩效之间的关系认识更为深刻和全面，更加强调资源获取的效率和价值，对资源的需求由过去的数量导向逐渐转变为质量导向，同时避免"获而不用"，侧重于动态维度进行资源的匹配，只有将资源获取和动态有效利用统一起来，才能真正推动企业绩效（Kliduff & Tsai，2003），通过"干中学"和集体学习机制获取更多技术和专业知识，可以有效弥补资源获取的不足（常冠群，2009）。另外，从资源到企业绩效的确立，中间还存在其他的变量来影响调节二者的关系，吴（Wu，2007）、董保宝（2011）等认为动态能力在其中起到桥梁作用，资源的获取、识别和配用等均会通过动态能力而对企业绩效发挥作用。随着对新创企业绩效相关影响因素的深入研究，有学者提出虽然资源这一因素对于新创企业绩效具有重要影响，但重要的不是资源本身，而是新创企业如何制定适宜的战略从而有效地利用现有资源，将两者结合起来，通过战略的实施，为新创企业成长提供可行性的路径方案。

2.3.3　创业视角下新创企业绩效影响研究

学者们对新创企业绩效的研究起源于创业研究，随着对企业创业研究的深入，人们发现很多因素对于新创企业绩效都有显著影响，有从创业导向展开的研究（Shepherd，2005；Jintong Tang et al.，2008；张骁，2013），有从关系嵌入视角进行的分析（Granovetter，1973；Dyer，1996；Uzzi，1997；Andersson et al.，2002；魏江，2010），也有人认为异质性资源（朱晓红等，2014）、资源整合能力（Simon，Hitt & Ireland，2007；陈小波，2013）、关系管理能力（Coltman，2007；Hooley，2009；常路，2014）等因素对于新创企业绩效都有影响，研究中这些因素对新创企业绩效的影响路径既有直接的，也有通过组织学习、动态能力、技术创新、资源获取等其他变量间接影响的（傅家骥，2004），这些间接变量可能作为中介变量也可能作为调节变量发生作用。王俊娟（2014）认为，创业导向对于提升新创企业绩效具有重要作用，创业导向可以促使企业创新以激发活力和企业的快速行动力，一般而言，创业导向高的新创企业，其绩效也同样较高。在创业导向影响企业绩效过程中，环境动态性和资源整合能力起到正向调节作用，二者的交互作用能共同促进创业导向对新创企业绩效的正向作用。王弘德（2017）从战略层面研究发现，具有较高创业导向的企业通过不断的创新，迅速地抓住市场机会，激发市场的活力，在一定程度上领先竞争对手，为企业带来较高的组织绩效。创业导向在促进企业绩效的过程中同时也会受到很多外部条件和内部因素的影响作用。同时，创业环境是创业企业在开展创新活动时必须考虑的一个重要因素。路易·马里诺、帕特里克·克里瑟和马克·韦弗（Louis Marino，Patrick Kreiser & K. Mark Weaver，2002）研究了创业外部环境对创业导向与创业业绩之间关系的影响，提出环境的动态、宽松性等特征对企业经营导向与企业绩效之间的关系起着调节作用。这将激励企业家从事生产前的创业活动，并加强企业家在企业业绩中的创业风险假设。在动态环境下，企业的技术策略和研发策略与企业的绩效有正相关关系。在高度不确定的环境中，即使是风险承受能力高的企业家也会失去信心。相反，如果你在相对宽松的环境中创业，公司实际上会提高风险承受能力。由于在松散的环境中更容易获得资源，企业的绩效与在松散的环境中承担风险的能力呈正相关。杜海东和李业明（2012）针对深圳硅谷创业园的实证研究表明，创业环境对于新创企业异常重要，内外部环境交织在一起通过影响新创企业获取运营性资源和知识性资源的能力，最终影响到新创企业的绩效，创业环境对新创企业绩效具有正向影响，周思伟（2010）、高小峰（2011）、王建中（2011）等的研究也得出了类似结论。王伟等（2017）基于创新创业视角，以社会网络理论为基础，探讨了创业者动态行为特征方面关系网络构建行为对新创企业绩效的影响作用机制，并采用227家新创企业的样本数据进行了实证研究。结果表明：创业者关系网络建构行为对新创企业绩效具有显著正向影响；商业模式创新部分中介了关系网络建构行为与新创企业绩效之间的正向关系；创业能力正向调节商业模式创新与新创企业绩效之间的关系，创业者创业能力越强，商业模式创新对新创企业绩效的积极影响越大。研究成果丰富了当前创新创业的相关研究，也对致力于取得高企业绩效的创业者具有重要的启示。上述研究结果显示，学者们一致认可创业导向因素能够积极影响新创企业绩效。企业内外部环境对于新创企业的建立起正向调节的作用，创业环境宽松度高，企业更容易获得资源；创业环境动态性强，企业将面临较大外部风险导致企业很难取得较好的创业绩效。

2.3.4 关系网络视角下新创企业绩效影响研究

关系、网络、社会资本等原本属于社会学范畴的一些因素近年来开始成为研究绩效影响因素的新视角。虽然新创企业初期很难掌握足够有效的社会资本和网络关系，但这些因素无疑是企业获取其他重要资源的基础，一旦新创企业能顺利生存并进入正常发展的轨道，此时前期积累的上述力量将会对企业绩效和核心竞争优势的进一步提升产生显著的推动作用。孙中博（2014）指出，创业者的个人网络关系对于新创企业的新进入劣势具有明显的弥补作用，创业网络关系通过技术创新对新创企业绩效产生正向影响作用，其中强关系和弱关系分别通过利用性技术创新和探索性技术创新来促进企业绩效，而环境不确定性则在上述过程中发挥了调节性的作用。李立群和王礼力（2015）通过构建结构方程模型，分析 5 类关系资源对农业企业经营绩效的影响，其研究表明：客户、银行、员工关系资源对经营绩效有正向影响，政府资源、关系资源不仅具有直接影响，还可通过影响银行资源产生间接影响，而供应商关系资源的影响不显著，但不可被农业企业忽视。黄金鑫和陈传名（2015）认为近年创业板企业绩效波动较大与其资源管理有较大关系，对创业板企业冗余资源与企业绩效关系进行实证研究，旨在厘清两者的关系和作用机理。耿新（2008）认为，企业家的社会资本结构对新创企业绩效有显著影响，其中商业性关系资源对新创企业的经营绩效推动作用显著，企业家社会资本的规模和异质性程度对于新创企业经营成长性绩效和创新绩效都有稳定的正向影响。庄晋财等（2012）以温氏集团的发展历程为个案进行实证分析后认为，创业网络的嵌入使新创企业更易获得人力资源、物质资源和知识资源，企业进一步通过学习、积累和创新等过程，可以把这些资源转化为包括战略能力、运营能力、组织管理能力和承诺能力在内的企业能力，从而使新创企业获得良好的绩效。钱育新（2012）在其研究中构建了以信任和契约为调节变量，商业网络与新创企业之间的关系模型，通过对长三角 140 家新创企业的实证分析表明，商业网络的规模和强度对于新创企业绩效产生了明显的促进作用，网络规模越大，企业获取资源的空间和渠道越丰富。任萍（2011）提出，由于市场的不完善性，关系网络可以越过市场这一平台，节省资源成本和信息成本，增加企业利益。关系网络具备以低廉的成本来获取管理、运营新企业所需资源的能力。同时，对于新创企业而言，与政府机构（如工商管理部门）建立稳定的关系是至关重要。企业的发展离不开政府机构的作用，尤其是在当前转型经济背景下，关系网络可以弥补市场信息不对称和政策不稳定而对企业带来的影响或损失。研究认为，企业关系网络可以作为衡量企业绩效的标准之一：关系网络越庞大、关系联络越稳固的企业，其企业绩效越好。但是关系网络并不直接影响新创企业绩效，其作用过程往往是通过资源整合这一中介变量影响企业绩效。尹俣潇等（2019）研究发现社会网络关系为创业者习得储备知识和创业经验提供了大量资料来源，对新创企业的发展有着直接或间接影响，而知识获取来源、方式的各异也对企业成长绩效存在一定影响。由此可知，最大化利用关系网络资源为新创企业创业绩效提升进一步奠定了基础；同时，创业者也逐渐意识到关系网络嵌入的重要性，鼓励新创企业在不同成长环境中获取关于企业成长的优质资源、前沿动态及政策红利，吸收有利于自身发展、有助创业成长的外部资讯，最终提升企业绩效。

2.4 新创企业竞合模式与战略研究

2.4.1 新创企业竞合模式研究

新创企业，顾名思义，就是刚刚成立不久的企业。对新创企业的理解，关键在于对"新"的理解，迄今为止，各学者对于新创企业的界定各执一词，并没有一个准确的界定，但是，总的来看，对于新创企业的界定可以大致分为两种思路（耿新，2008）。一种思路是从企业生命周期的角度来研究，多数学者都认为企业的成长需要经过诞生、成长、成熟、衰退和死亡的过程，不同的企业可能由于其自身的特殊性，经历各阶段的时间上具有明显不同的差异性，但他们均认为新创企业自成立到成熟期间，都要经历一段特殊的成长阶段，处于此阶段的企业均可以称为"新创企业"。另一种思路是从新创企业的成立时间去研究新创企业的概念，这是一种相对较为简单的界定方法，不同的学者对新创企业成立时间的长短持不同的意见，分别为 3.5 年（环球创业观察）、5 年（胡望斌和牛芳）、

6 年（Brush & Shrader）、8 年（Zahra、宋丽红、孟宣宇和杨波）、10 年（Yli - Renko、伍满桂和余红剑）以及 12 年（Covin）等，国外学者通过对新创企业经历的各阶段的研究发现，企业需要经过大概 8 年的时间才能达到盈利的状态（Biggadike，1979），中国学者陈家贵（1995）通过对企业的研究发现，企业需经过 5 ~ 7 年的时间才能生存下来或者才能有一定的发展，结合上述观点以及中国新创企业的特点以及当代的经济形势，为了便于研究，一般将新创企业的成立时间确定为 8 年以下的企业。正是新创企业的发展推动了竞合模式的发展普及并催生了多种企业竞合战略新形态的出现，企业积极探索并运用竞合模式，进行产品创新、品牌服务和商业模式的构建，"企业—创新—竞合"的联动效应。

"竞合"这一概念，最早是由拜瑞·J. 内勒巴夫和亚当·M. 布兰登勃格于 20 世纪 90 年代中期提出的。随后众多学者从不同角度探索竞合模式研究。马莹（2017）分析了一种由政府主导，既合作又竞争的技术创新模式的独特之处。在发展型国家分析框架的基础上，引入新经济社会学制度和认知两大变量，指出制度环境和认知框架通过建构出不同的产业政策范式的方式从而影响创新模式的形成，认为在不同的制度环境和认知框架的作用下，产业在技术创新发展的不同时期分别形成了独立自主、引进消化吸收再创新和全面自主创新三种不同的产业政策范式。金龙（2015）对企业产生竞合的动因以及竞合模式进行了总结归纳，通过构建企业竞合关系二维模型指出在市场重合度指标高，资源互补性指标低的情况下企业会选择竞争；反之企业会选择合作；在市场重合度与资源互补性两项指标都高的情况下企业会选择竞争与合作共存。同时，将竞合模式分为五种类型：资源互换型、能力联结型、分工创新型、风险分摊型以及自我保护型。杜虎（2011）认为企业的竞争环境受经济全球化、全球生产网络、网络经济、技术全球化等影响发生了巨大的改变，传统的零和竞争已经无法适应当前竞争环境的需要，企业只有与竞争者及其他企业达成既竞争又合作的行为，才能提高企业的竞争能力。竞合有利于企业资源的优化配置，进而提高社会的资源配置效率；竞合有利于促进企业的系统竞争，帮助企业实现规模经济和范围经济；竞合有利于促进技术进步；竞合有助于营造诚信的商业环境。

不同产业背景下参与竞合的模式也是不同的，在同一产业中，企业自身所处产业链位置不同，企业自身能力和资源的不同也会影响企业参与竞合的模式。本章将不同的产业按照产品链、价值链和知识链三种不同的产业链形态进行分类，研究不同产业的各类企业所适用的企业竞合模式：资源主导型产业，主导企业所采取的竞合策略应该是以并购为主，股权投资的战略联盟为辅；顾客主导型产业，下游企业可以采取收购的方式增强自己在下游的控制力，而上游企业，需通过战略联盟的形式提高自己的技术创新能力和议价能力；研发主导型产业适宜采取战略联盟，包括技术研发战略联盟和其他各种形式的战略联盟；品牌主导型产业中最为常见的形式是虚拟企业；以知识链为主要特征的产业可以采用技术研发联盟的形式，通过系统竞争提升企业的竞争能力。汪香君（2016）从空间结构的视角提出空间竞合模式，并从竞合主体的角度提出研究地区竞合模式，指出政府、企业、行业协会以及其他利益主体都要各尽其职。周聪聪（2016）基于对供应链横向对称企业间竞合关系以及核心企业对横向对称企业间竞合关系影响的分析，构建横向对称企业规模演化模型，对不同的合作效应、竞争效应进行演化模拟，确定有利于横向对称企业稳定发展的竞合效应取值范围，探究核心企业不同管理策略下如何调整横向对称企业间的竞合关系以实现企业的进一步发展。依据企业性质差异，其竞合关系可分为同质企业竞合关系、异质企业竞合关系。吴斯丹和毛蕴诗（2014）通过对 99 家企业的实证分析，探究国内企业和国外客户间竞合关系与绩效差异，基于聚类分析指出双方的竞合关系分为强合作、强竞争、合作竞争俱强型四类。经过回归认为：合作关系从多个方面对绩效的升级及经营产生正作用；而竞争关系中制造、质量及价格等交易条件对绩效升级产生明显的负向作用，并且同客户建立的合作竞争俱强型的代工企业获得更好的绩效升级。万幼清和王云云（2014）从产业集群协同创新视角，较为详细地剖析了集群中企业间竞合关系，指出资源缺乏是其根源，而市场条件、资源等基础性要素和企业拥有的能力、产业集群属性等关键性要素为竞合关系的影响因素，同时还分别依据企业性质和规模的不同，将其竞合关系各分为同质与异质竞合关系、依附性和共生性竞合关系。

2.4.2　新创企业竞合战略研究

近年来，竞合战略的实施已逐渐成为企业获取竞争优势的关键，企业创始人纷纷意识到战略管理在企业经营活动中的重要作用。但现阶段我国企业在战略管理方面还面临一系列问题，如忽视了对企业竞争环境的分析与选择、缺乏以知识和资源为基础的核心竞争力、缺乏战略实施与控制力度。研究发现，战略导向对企业绩效具有直接影响作用（Wiklund J. & Shepherd D. , 2005）。

封玫和马蔷（2017）通过对现有理论的梳理和对实践案例的分析，分别提炼了伙伴型战略下的互补深耕竞合行为、对抗型战略的边界差异竞合行为、适应型战略的协同差异竞合行为以及孤立型战略的专业深耕竞合行为，对竞合理论在竞合行为决策方面的研究进行了补充与延伸。杨增雄和焦扬（2015）指出在超竞争环境下，竞合战略将成为企业生存和发展的最优战略选择。根据企业间竞争与合作的强度，将竞合战略划分为竞强合强型、竞强合弱型、竞弱合强型、竞弱合弱型四种模式，并指出企业应当结合自身的实际情况以及所处的历史环境选择竞合战略模式，准确衡量竞争与合作的强度，从而维护企业的根本利益，提升企业的核心价值，增强企业的核心竞争力。史潮（2005）认为企业要想获得真正的优势，并且想要获得与技术先进企业竞争的资本，就必须选择技术开发战略，形成独特的、适用的、具有竞争优势的技术能力。廖诺等（2016）认为竞争与合作对企业创新方面的绩效均有显著促进作用，且合作对绩效的影响作用明显大于竞争；竞争与合作两个战略都可以通过信息共享间接作用于企业创新绩效。石小燕（2015）以单个农业公司为研究对象，通过对竞争战略的理论阐述，分析了现阶段我国农业所处的行业环境、竞争形势的变化，针对研究对象深刻剖析了公司的资源状况、面临的挑战和机遇，确定了该农业公司在新形势下采取的竞争战略——集中差异化战略，并用价值链理论确定了竞争战略实施措施。刘妍（2015）以战略管理理论为指导，运用战略管理工具宏观环境 PEST 分析、波特五力模型和 EFE 外部因素评价矩阵对企业的外部宏观环境、行业的竞争环境进行分析，得出中国的宏观政治、经济环境和粮食行业发展环境对企业有利，并得出影响 A 公司发展和获利能力的主要因素是购买者讨价还价能力的结论；通过对内部资源和能力的分析，运用 SWOT 战略组合和 IFE 内部因素评价矩阵对企业进行战略分析，得出内外部优势、劣势、机遇和威胁。同时根据对企业内外环境综合分析得出企业差异化的竞争战略策略，分别是生产产品的差异化、服务的差异化以及市场营销差异化战略，指出竞争战略需要完善的战略实施及保障措施。根据企业演化论观点，不管是农业、工业或是服务业，都需考虑企业的内外部环境制定适宜的发展战略。彭卫东（2005）通过对春宇公司、芒子公司、秋市公司三个小型科技种子企业的相关数据进行分析比较，可以看出各个企业的特点、竞争对手的状况以及他们进入市场时面临的市场环境是完全不同的。不同企业在种子市场发展的不同阶段所采用的竞争战略也不同。笔者根据三个典型企业的相关数据，结合经济学界两大学派对企业竞争战略理论——结构学派和资源学派各自的观点，归纳和总结了企业竞争战略选择的基本类型，并指出在新兴产业时期企业可以采用。战略选择有两种基本类型：资源占有战略和分散战略，成熟产业阶段可以采用两种基本类型的战略选择——核心竞争力和目标集聚战略。

2.5 文献回顾总结

围绕研究主题，本章就竞合、新创企业绩效及其影响因素等关键问题展开了系统、全面的文献回顾，并在回顾过程中对于相关研究做了较为客观的简要评述，先对相关研究做出如下总体判断：

（1）关于竞合的研究。在这个市场经济变幻莫测的时代，竞合已逐渐成为企业之间或企业与个人、组织之间的最优战略选择。虽然竞合已逐渐成为学术界研究热点，可是仍缺乏对新创企业竞合的系统性研究。应清楚认识到，以往有关研究中对于"竞合"概念的内涵仍存在一些错误认识，这种认识将竞争和合作看成两个比较独立的概念，甚至将其作为是竞争和合作的权变解释，因此在一些研究中常常错误地把"竞合"理解为"竞争"与"合作"的语意叠加。对竞合的产生和内涵研究，学者们已经从不同的角度来论述，但他们大多对研究结论各执己见，有时候甚至会相互冲突，并未形成较统一的理论。多学科领域对企业间或组织间的竞合研究有所涉及，并且除了社会网络理论外，生态演化理论、动态能力理论等视角也都运用了竞合分析，可多为竞合行为的单向分析或研究范式构建，不仅角度不同也未发挥科学的有机互补性来形成较成熟的理论。此外，对企业竞合行为的参与主体认识尚未有效统一，也缺乏对竞合行为参与主体的系统分析和规范性认识。总体而言，企业经营和管理战略已基本摆脱传统形式的非合作即竞争、非竞争即合作的做法，而提升到竞合互动的战略态势。在这种趋势下，对新创企业竞合的研究仍较滞后，大多停滞在理论层面的阐释和定性研究阶段，缺乏整体性、系统性、科学性的实证研究，同时对竞合测量方式也没有新的突破。大多数研究竞合测量方法仍是沿用传统的竞争或合作行为的度量或引用国外的分析工具和量表，未形成基于中国新创企业商业情境、国内统一、公认的新型竞合测量方法和量表。此不足应在继承传统度量方法优点的基础上，不断进行尝试创新和研究，制定出新颖、科学可行的、符合要求的竞合测量方法和量表。

（2）关于新创企业绩效的研究。由于对新创企业属性特征研究还有待深入，因此学界对于新创企业绩效的内涵和维度还未形成完全一致的认识，从而导致了在选择和设计绩效评价指标体系时差异较明显。当前对新创企业绩效评价指标研究多以上市公司、大型企业和成熟企业为对象，而对一般新创企业绩效研究较少，众所周知，企业所处的规模、所处的成长阶段和行业属性不同，对其绩效研究结果也存有差异。因此不考虑新创企业的特殊性而照搬一般性的企业绩效评价指标和方法不利于全面深入地了解新创企业绩效的形成机理和影响机制。同时，现有研究中，绩效评价指标和评价方法虽分类较多，但大多为传统的评价方法，且有学者注重单一指标、财务指标或多重指标、非财务指标，对主客观指标相结合的选择研究较少。财务指标评价方法、经济增加值法、平衡计分卡等传统绩效评价方法存在权重分配的主观性，产生评价结果的可信度不高。目前，虽已有国内外学者提出层次分析法、主成分分析法、模糊综合评价法、数据包络分析法及层次分析法同沃尔评价方法结合等其他综合应用新的现代的评价方法，这些推动了评价内容范围的完善，为评价指标体系提供了新的视野，但是如何更加全面、客观地选择企业相关指标，来进行绩效的评价仍需进一步深入研究。

（3）关于新创企业绩效影响因素的研究。虽对新创企业绩效的研究较充分，但只是针对其影响因素、评价体系，而对各影响因素之间的关系和影响机制的研究较少。一些研究已经表明，影响新创企业绩效的变量之间可能会存在相关性，若控制大多因素只研究个别因素对绩效的影响，其结论的可信度将降低。同时，由于影响因素对企业绩效尤其是新创企业绩效发挥其作用需要一定的时间差，对解释两者间动态关系和长期性影响的研究较困难，现在大多是研究同一时期的。并且，有些学者习惯注重绩效维度的划分，但现有各影响因素对不同维度绩效的影响结果或程度是否一致未有深度的研究，应适当的考虑选择的评价内容、设计的评价方法、评价机制和环境的内在联系。

（4）关于竞合模式对新创企业绩效影响的研究。虽然有关新创企业的研究重点已经由早期的创业者"特质论"转向"过程论"和"结果论"，但目前主流的研究仍将关注的重点置于新创企业创建前的前因变量，而对创建初期的价值创造和价值分享过程中影响企业绩效的关键要素的作用机理以及这些关键要素间的互动关系尚缺乏系统规范的实证研究，在竞合背景下新创企业的竞争优势和绩效是如何形成和转化的这一"黑箱"仍未得到很好解释。

上述成果对本书具有重要的借鉴作用和参考价值。但是，有关竞合对新创企业绩效影响的研究还有待于进一步深化。第一，现有研究鲜有涉及新创企业竞争优势及其绩效的，不少学者片面地认为企业成长与企业所在的产业领域无关，只需要研究一般企业的成长理论和方法即可解决所有问题，但实践表明，新创企业与成熟企业面临的内外部环境完全不同，所掌握的资源和具备的能力也几无可比性，若将一般共性的竞合与企业绩效关系的理论框架和研究方法套用在新创企业上，则对我国新创企业成长毫无裨益。第二，既有研究的视角、分析方法、概念界定和逻辑框架各不相同，一些研究甚至完全脱离了现代企业面临的竞争与合作交叉融合的现实情境，没有按照竞合背景下新创企业成长的规律性去构建研究体系，使得研究呈现出乱象丛生的"丛林现象"，没有形成一个学术界比较公认的分析框架。第三，对竞合与新创企业绩效两者的关系研究大部分还停留在一些定性的描述上，即使国外有少量的定量研究，也是将竞合如何影响新创企业绩效作为一个"黑箱"来处理，并没有对其影响机理进行分析，学者们在谈及新创企业的竞合时，往往更多地讨论了它的"果"，即竞合对新创企业的影响，而较少述及它的"因"，即哪些因素会影响以及如何影响新创企业，在当前企业经营已经演变为竞合互动态势下，深层次的案例研究和定量化的实证分析比较欠缺，相关结论的说服力因此也就大打折扣。第四，对新创企业绩效进行科学的评价是非常重要的，但现有企业绩效评价指标大多是单一指标或多重指标、财务指标或非财务指标，并未有较系统、科学的研究指标，应在今后研究中进一步完善绩效评价指标体系和评价方法，从利益相关者角度，应用适当数量的研究方法，从主观绩效和客观绩效两个方面对新创企业绩效进行全方位综合评价，提升研究的科学性和可行性。

第 3 章　研究构念的界定与维度划分

前面的理论回顾和文献综述为本书的后续研究奠定了坚实基础，结合前述章节对企业竞合、新创企业绩效、新创企业绩效影响因素这三个关键问题的国内外研究现状进行了进一步研究，从其中提炼出与本书研究主题相契合的构念——竞合、新创企业绩效、组织学习能力、动态能力、资源获取能力，并对以上构念进行界定和维度的划分。

3.1　竞合的内涵界定与维度

3.1.1　竞争与合作的界定

新经济时代，社会生产分工日渐精细，企业的专业化水平不断提高，具有异质性资源和能力优势的企业一方面希望通过自身竞争选择进入有吸引力的产业（Porter，1985），发挥在某个分工领域中的比较优势，以寻求与自身资源和能力相匹配的、竞争对手不能获取的抑或超越竞争对手（马刚，2006）的利益分配、地位归属和客户认同，从而在产业中获得优势的竞争地位（Porter，1985）和独特的竞争位势（Hofer & Schendel，1978），企业通过竞争获得了效率、推动了企业绩效的提升，就企业外部而言，基于客户需求的产品或服务的推陈出新，极大地提高了消费者的福利水平，也改变着世界的面貌。就企业内部而言，基于市场响应的灵敏性和企业管理的低成本化，多种创新的企业组织管理方法涌现，极大地增加了企业管理的溢出租金。另一方面这些已经通过竞争将优势资源配置到优势环节的企业又往往需要依靠与其他企业的良性联结和互惠合作（Hamel & Prahalad，1989）或将自身创造的价值经由一层层的价值链传递给目标客户和最终消费者，或弥补自身在生产、技术、品牌、投资、销售等某方面的缺陷，以共同促成最大化价值的实现。这种合作更能让企业获取高度分工和深度专业化而不能获得的必要资源和能力，以实现企业之间的资源和要素的互补（Barney，1991）。通过合作以及企业内和企业间的学习，使得信息和知识在企业间流动、修正、整合和创新，从而获取应对不确定市场环境风险的动态应对能力（Elsenhardt & Martin，2000），加强企业对外部环境的应变性，企业的生产效率提高和报酬递增，进一步形成和巩固了企业的竞争优势，企业通过合作弥补了自身资源和能力的不足，保持了在整个产业链条上的稳定性，消除了应对多变市场环境下的不确定性风险，对企业绩效的提升有一定的促进作用。因此对于企业而言，竞争和合作都是有所裨益的。

1. 企业竞争的内涵

在经济学和企业管理学理论的发展历程中，竞争理论一直居于主流统治地位。亚当·斯密提出了"经济人假设"、市场资源配置的"看不见的手"和利用契约维护自身自然权利的"自然秩序"三大规则引出"自发竞争"或"自由竞争"的相关理论，穆勒、李嘉图和西尼尔等补充和丰富了这一理论，形成了著名的古典竞争理论；杰文斯、瓦尔拉斯、阿罗、德布勒和马歇尔从不同的角度发展了完全竞争理论，张伯伦总结前述学者的观点，于1933年在《垄断竞争理论》一书中从市场结构的角度提出纯粹竞争的概念，纯粹竞争是任何人不能对供给与价格进行控制，因为市场上有大量买者和卖者，他们对价格不会产生影响，另外厂商所提供的产品是完全标准化的，不存在任何差别，厂商和分销商本身也是标准化的，不存在自身声誉等其他影响产品附加价值的差别，然而这种纯粹竞争中产品的完全标准化在现实商业环境下不可能存在，普遍存在的是有差别化的产品，这构成了垄断竞争的前提，于是就衍生出企业为了在某些方面的垄断或者说是差别而形成的独特的竞争优势。乔治·斯蒂格勒（George Stigler）则认为："竞争是个人（或集团或国家）间的角逐；凡是两方或多方力图取得并非各方均能获得的某些东西时，就会有竞争。"想要获得的目标物是稀缺或不足的，就要靠争夺来获取，这便产生了竞争，有优势的一方往往能够获得稀缺的目标物，所谓企业的竞争优势就是在获取稀缺性资源、能力和市场的过程中，相对于其他企业在竞争过程中所表现出来的"人无我有、人有我优"的状态。

对于企业竞争优势的获得，管理学界的众多学者从不同角度给出了相应的论述。1971 年美国哈佛大学商学院教授安德鲁斯在《公司战略概念》一书中首次提出了 SWOT 战略分析框架，通过分析企业内部的弱项、强项和企业所处环境的机会、威胁来寻求公司可以做的（might do）与公司能够做的（can do）之间的匹配，其本质就是要从企业所处的环境和企业所拥有的资源和能力方面寻求竞争优势。1978 年，霍佛和申德尔在《战略管理：公司政策和规划的新思路》一书中认为企业的竞争优势就是基于企业资源配置与企业环境相互作用而产生的相对于竞争对手独特性的市场位势。迈克尔·波特（Porter，1980；1985）在《竞争战略》《竞争优势》两本名著中从产业结构的角度探讨了如何评价有竞争优势的行业，而后进入该行业应居于怎么的竞争地位以及获取和保持竞争优势应采取的方法。一是行业是否有竞争优势，是否是高于行业平均利润的，主要依赖五种竞争压力的强弱，竞争压力强则此行业平均利润低，竞争优势小，行业吸引力小，竞争压力弱则此行业平均利润高，竞争优势大，行业吸引力大；二是根据企业目前所在或将来拟进入行业的战略集团分析，明确企业当前所处的行业竞争地位和将来将要选择的竞争定位；三是依据行业的五力竞争压力结构、战略集团地图、产业价值链和企业价值链特点，提出获取和维持长期竞争优势的三种基本竞争战略——成本领先战略、差异化战略、集中化战略。波特的竞争理论分别提出了企业外部的行业环境分析的框架，然后提出了企业的内部运营环境分析框架，得出了统一和匹配内外部环境的三大竞争战略，以顾客价值创造为基础，存活于激烈竞争环境为前提，实现优于竞争对手的持久的企业竞争绩效。彭罗斯（Penrose，1959）在《企业成长理论》中率先提出了的企业资源观理论，认为企业是众多资源的集合体，各企业资源不同，所以企业之间是异质性的，在彭罗斯的基础之上，韦纳费尔特于 1984 年在《企业资源基础》中提出了企业资源基础观（RBV），巴尼等学者将该理论进一步发扬光大，从企业资源基础观角度来看，企业内部的资源对企业获得超额利润和持续的竞争优势具有重要意义，企业竞争优势的根源应来自企业内部，即企业的资源，特别是异质性资源，它以资产、组织流程、人力资源、能力、信息、知识、企业特性等形式存在（Daft，1983），企业所拥有的资源和能力在"看不见的手"的市场配置力之下，在企业间的分配存在不同，构成了异质性的客观前提，加之企业与企业之间由于产权和利益的不同，存在进入和退出壁垒，必然导致资源的供给是缺乏弹性的（Wernerfelt，1984；Barney，1986，1991；Peteraf，1999），使得资源和能力不可能在不同企业之间交易和流动，这更加剧了异质性，资源和能力的不同必定会使企业寻求适应外部环境的不同战略和策略。而企业异质性资源和能力若是具备了价值性、稀缺性就构成了竞争优势，若是还兼具不可模仿性和不可替代性，则构成了持续竞争优势，持续竞争优势能保证企业在市场竞争中持续地获取高于行业平均利润的市场绩效。普拉哈拉德和哈默尔（Prahalad & Hamel，1990）在哈佛商业评论上发表了《企业核心竞争力》一文，首次提出企业核心能力的概念，认为企业的竞争优势是来源于企业的核心能力，核心能力是指组织发展过程中所沉淀的积累性学识，核心能力特别强调整合和协调，突出协调不同的生产技能和有机结合多种技术流派的学识对竞争优势有本质性影响。核心能力发挥作用依赖于对企业资源集合体的有效利用和操控，这种利用力和操控力就是核心能力。利用力和操控力具象为企业的组织结构，组织结构连接了企业内部组织资本和企业外部的社会资本，经由核心产品传递给终端产品，满足顾客看重的核心需求和价值，并且竞争对手又不能模仿，对企业竞争优势的获取和维持起了非常重要的作用，并且这种能力不会随着使用而磨损，反而因应用和分享而逐渐增强，这种增强效应反映了核心竞争力的延展性，能够延展到更广阔产品、服务市场的可能性，体现了范围经济效应。

竞争可以概括为一种市场状态，经济学强调各个厂商或企业在市场中在"看不见的手"的作用力下，资源配置将会达到帕累托最优，单个厂商不能对价格产生作用和影响，即不能支配价格，社会福利水平达到最优；管理学强调市场竞争会使企业优胜劣汰，所以企业必须从企业内部和企业外部寻找竞争优势，以获得高于行业平均利润市场绩效的状态，经济学看重的是均衡，管理学看重的是生存和占优。管理学还强调竞争是一种方式方法，说明如何获得竞争优势，无论是适用市场环境、还是选择有利的产业结构或市场位势、抑或铸就企业异质性的资源、能力或核心能力或是采用成本领先、差异化、集中化战略等。竞争理论在与时俱进的商业环境下不断变化和创新，但都存在着稳定一致的逻辑演化本质，其基本理念、具体原则、分析框架都是应不断变化的市场环境而衍生（马刚，2006），如表 3 - 1 所示。

表 3 – 1 　　　　　　　　　　　　　竞争的内涵

分支	代表观点	延伸
经济学	亚当·斯密——"经济人假设""看不见的手""自然秩序"引发"自发竞争"或"自由竞争"	竞争是一种状态，强调均衡
	张伯伦——厂商生产有差别化产品，能够对供给与价格进行控制，形成垄断竞争，通过差别形成独特的竞争优势	
	乔治·斯蒂格勒——想要获得的目标物是稀缺或不足的，要靠争夺来获取，有优势的一方往往能够获得稀缺的目标物	
管理学	安德鲁斯——从企业所处的环境和企业所拥有的资源和能力方面寻求竞争优势	竞争是一种状态、方式、方法，强调生存和占优
	霍佛和申德尔——竞争优势就是基于企业资源配置与企业环境相互作用而产生的相对于竞争对手独特性的市场位势	
	迈克尔·波特——企业外部行业环境分析的框架（五力模型和战略集团）企业的内部运营环境分析框架（价值链模型），得出统一和匹配内外部环境的三大竞争战略（成本领先、差异化、集中化），以顾客价值创造为基础，存活于激烈竞争环境为前提，实现优于竞争对手的持久的企业竞争绩效	
	彭罗斯、韦纳费尔特和巴尼——企业资源基础观认为企业的资源，特别是异质性资源，它以资产、组织流程、人力资源、能力、信息、知识、企业特性等形式存在，具备价值性、稀缺性、不可模仿性和不可替代性，是构成企业持续竞争优势的来源	
	普拉哈拉德和哈默尔——核心能力观认为企业在发展过程中所沉淀的积累性学识，特别是协调和整合不同生产技能和有机结合多种技术流派的学识对竞争优势有本质性影响，核心能力发挥作用依赖于企业组织结构对企业资源集合体的有效利用和操控	

2. 企业合作的内涵

理论界对于合作的关注要晚于竞争，但合作的思想和观念从原始社会就开始萌发，穴地而居、茹毛饮血、时受天气困扰和猛兽侵袭的原始人为了生存，需要合作对抗外来困难，随着社会的不断发展和生产力的提高，出现了大分工，致使畜牧业、手工业、商贸业等逐渐从农业当中分离出来，劳动生产率大幅度提高，由于分工的存在，人们的经济联系越来越频繁，合作成为经济、社会生活中的重要组成部分，合作思想孕育而生，在中国古代大家的思想之中，不乏合作思想的光辉。春秋时期大思想家管仲提出"四民分业"的主张，认为"士之子恒为士，工之子恒为工，商之子恒为商，农之子恒为农"，以便"少而习焉，其心安焉，不见异物而迁焉"。士、工、商、农分业世袭，是分工合作思想的体现，思想家墨翟（约公元前468—前376年）提出的分工合作思想也有异曲同工之处。他指出无论是丈夫从事"耕稼树艺"还是妇人从事"纺绩织纴"都是"各因其力所能而从事焉"。还指出"能谈辩者谈辩，能说书者说书，能从事者从事"，使他们"各从事其所能"，充分发挥他们各自的特长，以收到合作的效果。"辟如筑墙然，能筑者筑，能实壤者实壤，能欣者欣，然后墙成"。① 思想家孟轲（约公元前372—前289年）将社会分工合作的思想引入深处，认为"农家许行自耕而食、自织而衣"是错误的，指出每一个人一身所需要的物品是"百工之所备"，而不可能"自为而后用之"②，说明社会分工合作的重要性。将合作思想应用于实践，中国古代出现了以合作为基础的"井田制""社仓"等合作组织形式③。

国外对于企业合作的系统性研究，可追溯到20世纪80年代，尼尔森（Nielsen）于1988年在《合作战略》一文中，提出了合作战略，它是与竞争战略一样能够给企业带来高于行业内平均利润的战略途径。安德森和纳鲁斯（Anderson & Narus）于1990年在《分销商与制造商合作关系模式》中指出每个企业的成功一定程度地依赖其他企业，各企业通过合作以

---

① 《墨子·节用》《墨子·耕柱》。
② 《孟子·滕文公上》。
③ 据杨德寿的观点，井田制是我国古代的一种合作制度，它是我国殷周时代的一种土地制度，据《孟子·滕文公上》："方里而井，井九百亩，其中为公田，八家皆私百亩，同养公田，公事毕然后治私事"，在一块井田内"乡田同井，出入相友，守望相助，疾病相扶持，则百姓亲睦。"唐代史学家杜佑总结其好处为：生产合作方面，共同购买生产资料、共同劳动、取长补短、节约费用；消费合作方面，在生活上互相帮助，物资上互相借贷，成为合作互助的联盟体。社仓由宋朝的朱熹提出，作为储粮备荒之用，一遇灾年，可以向灾民借贷粮食，以保社会稳定，这是最早的粮食互助合作的形式。

专注于满足共同的客户市场，从制造商和分销商方面，其由合作而产生的满意受几个方面的影响：沟通、相互依赖，双方互相施加的压力，不同合作水平产生的绩效、信任以及双方的冲突。康姆斯和肯特陈（Combs & Kentchen）于 1999 年在《战略管理杂志》上发表了《论企业间的合作与绩效》一文，从资源基础观角度，企业建立与其他企业的合作，分享资源以克服影响企业成长的资源约束，作者又从组织经济学的角度，指出有意义、明智的合作能够减少企业的管理成本（包括监控和控制成本）。企业间密切、高效的合作对于企业应对行业内的竞争，满足顾客需求的多样化，为顾客提供高质量、个性化的产品或服务、及时准确的产品配送，更快地开发新产品寻求优势，企业通过合作，有时可以得到与竞争相同的效果，甚至还可能得到在单纯的竞争下所不能得到的其他收获。企业要获得持久的高于行业平均利润的绩效，并且长期地生存与发展起来，单单依靠竞争已经不合时宜，企业需要通过建立合作关系实现共赢成为管理实践和管理理论的共识。企业为了更好地竞争，必须学会有效地合作。

企业合作是指企业在技术、资金、人力、信息等资源、能力或核心能力上实现优势互补或共享，以并购、互购、合资等不同形式存在的优势相长、风险共担、要素共享、组织灵活的战略形式，当然企业合作也会涉及法律层面产权方面的问题，松散型的企业合作组织，例如，战略联盟就是具有不同产权的企业因某个特定目标或相同的利益而结成的契约关系；紧密型的企业合作组织，例如，企业并购或企业合并就是两个不同产权的企业结合成一个在法律和经济上的统一整体。

以上从企业合作的动机和企业合作的含义等方面阐述了企业的合作，本书认为，企业的合作就是建立在市场经济因竞争而产生高度分工的基础之上，企业通过与其他企业分享技术、信息、能力、资源，实现优势互补、风险共担、利益共享、要素双向的，产权式的或契约式的、松散式的或紧密式的联结行为，如表 3 - 2 所示。

表3-2 合作的内涵

研究的领域	代表观点	本书的观点
合作的动机	尼尔森——合作战略是与竞争战略一样能够给企业带来高于行业内平均利润的战略途径	企业的合作就是建立在市场经济因竞争而产生高度分工的基础之上，企业通过与其他企业分享技术、信息、能力、资源，实现优势互补、风险共担、利益共享、要素双向的，产权式的或契约式的、松散式的或紧密式的联结行为
	安德森和纳鲁斯——每个企业的成功一定程度地依赖其他企业，合作可以专注于满足共同的客户市场、沟通、相互依赖、双方互相施加的压力、不同合作水平产生的绩效、信任以及双方的冲突会影响合作	
	康姆斯和肯钦——企业建立与其他企业的合作，分享资源以克服影响企业成长的资源约束，有意义、明智的合作能够减少企业的管理成本（包括监控和控制成本）	
	迈克尔·特蕾西等（Michael Tracey et al.）——企业通过合作能够应对行业内的竞争，满足顾客需求的多样化，为顾客提供高质量、个性化的产品或服务，及时准确的产品配送，更快地开发新产品寻求优势，合作可以帮助企业得到与竞争相同的效果，甚至还可能得到在单纯的竞争下所不能得到的其他收获	
合作的定义	李新春等——企业合作是指企业在技术、资金、人力、信息等资源、能力或核心能力上实现优势互补或共享，以并购、互购、合资等不同形式存在的优势相长、风险共担、要素共享、组织灵活的战略形式。合作组织包括松散型的企业合作组织和紧密型的企业合作组织	

3.1.2 企业竞合的内涵

1. 企业竞合的原因

（1）企业建立竞合关系的理论动因。传统的企业管理理论把企业的竞争与合作割裂开来，企业的关系不是以竞争形态呈现，就是以合作形态呈现，竞争与合作是两种相互排斥、非此即彼的观念或行为，竞争和合作是企业战略行为的两种对立选择，两者泾渭分明，两者不可能同时存在于企业当中，并且合作派学者（Lack, Boyd & Hanlon, 1997）认为竞争会使企业与企业的利益分配出现零和博弈，出现你有我无、你多我少的结果，在这个结果的导向之下，必然会使企业在各个领域相互争夺和竞争，出现企业与企业之间信息沟通不畅，形成各自保护壁垒，有时为了个体和短期利益，作出非最优化决策，导致整个产业网络的效率和价值损失；在竞争派学者看来，企业与企业的合作极易导致针对消费市场的垄断行为（Kogut，1988），若是产业网络出现强垄断，将会通过产品和服务质量水平的下降或价格的上升，进而损害终端消费者的利益，使整个社会福利水平下降；若是产业网络出现弱垄断，由于机会主义倾向的可能，企业会选择投机行为，合作协议将会被打破，进而最终使"合作—破坏合作—合作"这一循环往复的过程中由合作产出的溢出租金消失殆尽，企业甚至遭遇存活危机。由此看来，企业选择单一的竞争或单一的合作虽然在商业环境相对稳定的情况下对企业有利，然而在相对动荡的环境之下，则会出现不利市场或不利企业的情况存在。在这种情况下，既竞争又合作成为企业应对外部市场激烈竞争和内部资源、能力不足或过剩的战略行为选择。现代商业社会中，企业与企业之间一方面竞争一方面合作比比皆是，三星公司和苹果公司都是耳熟能详的手机制造商，三星公司为苹果公司提供核心技术部件，是苹果公司最重要的器件供应商，两公司在纵向产业链条上是合作的关系，在手机终端市场，两者在高端市场相互竞争，两公司因技术、市场等问题，互有官司诉讼的事常有发生，但两公司的合作没有因为官司而中断，仍然继续着竞合之路，竞合给双方都带来了利益和好处。竞争中渗透着合作，合作中交织着竞争，通过竞争使企业自身的专业能力和效率进一步加强，防止竞合体内成员竞争能力衰退，通过合作弥补企业因过于专业而缺少的资源、禀赋和能力，通过共同目标和共同利益的确立和执行，避免机会主义行为，产生竞合体内良好的绩效。罗（2007）指出竞合关系的建立可以给企业带来益处：降低市场扩张过程中与新产品研发和创新等关联的成本和风险；能够扩大收益范围、共享竞合体内资源、资源和能力优势互补；能够帮助竞合体共同抵御外部威胁；可以使竞合体追求策略的灵活性；联合以抵制技术标准的限制；相互帮助创造和把握市场潜在的机会。

（2）企业建立竞合关系的现实动因。网络经济要求企业间建立竞合关系。20 世纪中期以来，随着信息革命的兴起和发展，以微电子技术革命为核心，形成了以电脑技术、通信技术、无线技术、多媒体技术、互联网技术、数字压缩技术、数字高速实时处理技术等在内的高新技术群，组成了现在日益壮大的网络经济形态，网络经济的智能性、交互性、传播性、开放性、创新性、融入性、迅速性等方面的特性极大地满足了消费者的偏好与需求，实物和虚拟的产品和服务通过网络满足更多消费者的需求，产品和服务的市场疆域以前所未有的速度和范围在扩展，产品和服务的更新换代也以前所未有的速度在进行，这是以往经济形态所未曾预料的，网络经济以其独有的特征要求企业与企业之间必定要建立竞合关系。

第一，网络外部性。网络用户的增加使网络扩大，而使每一个网络用户的价值增加，身处网络中的各个企业之间结成网络，可以调配、分享和交流网络中各个企业的信息，获得信息溢出价值。

第二，消费者的中心地位。在网络经济中，产业链上的供应商、生产商、销售商、消费者的距离迅速缩短，通过网络信息的共享和交流，产业内企业可以详细地了解终端消费者的需求信息，这些需求信息的价值被充分挖掘，众多消费者市场被细分，以消费者为中心的多样化、异质化、个性化、超前化的产品或服务被设计和推向市场，企业需要依靠网络中其他企业的配合和支持。

第三，产品的兼容性和互补性。网络经济环境下，消费者所要求的产品更具个性化和多样化，并且所需数量更多，更新速度更快，让一个企业来生产、设计和制造一个完整的产品已经无法做到高效化，每个企业都需要将自己的产品设计得更为兼容，并且企业与企业之间其产品更具互补性。

第四，生产要素的竞争性减弱，不同于传统经济形态，企业的竞争优势来源于稀缺性、排他性的资源，在网络经济形态下，确定企业成败的是知识和信息，这些资源在某种程度上不是稀缺的，可以实现快速的共享和再生，这在一定程度上减弱了竞争，为了实现知识和信息的价值最大化，更多企业会选择知识和信息共享上的合作和竞争。

第五，劳动力同质化程度降低。网络经济形态下，为适应消费者的需求变化快的特点，产品或服务的更新速度也快，要求企业活力足，反应速度快，公司结构多以扁平化为主，企业员工较少，员工之间所掌握的知识结构不尽相同，能力也不同，劳动力的可替代程度降低，劳动力的"资产专用性"提高，同质化程度降低，服务和产品的价值要得到传递，从劳动力价值效用最大化方面来看，需要企业展开对劳动力人才获取的竞争和劳动力人才使用的合作。

基于网络经济形态的特征，根据企业内部经营和外部环境的特点，需要建立以竞争为基础的多样化契约合作，增加企业的持续竞争力。

2. 企业竞合的内涵

竞合（Co-opetition）的概念首先由耶鲁大学内勒巴夫和布兰登勃格于1996 年在《竞合战略》一书中首次提出竞合的概念，竞合是企业管理中的一种全新思维，是指企业在运营管理的过程中，始终处于竞争和合作的市场氛围，表现为与同业企业或产业链上下游企业同时存在的竞争与合作行为或关系，竞合是一种将竞争和合作合二为一，相辅相成的过程、行动或现象。当然关于竞合的理解，许多学者从不同角度提出了不同的观点。

（1）竞合是一种利己利他的关系。竞合存在于多个组织之间（至少是两个），则竞合探讨更多的是组织与组织之间的关系，这种关系表现为每个组织的利己和利他行为同时存在，从而达到最终利益的行为和关系状态，通过竞争达到利己，通过合作达到利他，通过利他更好地利己。就现实而言，企业与联系紧密的同业竞争者、供应商、上游客户的利他和利己关系成为企业生存与发展的关键。

（2）竞合是一种平衡，竞合是企业寻求商业运作中的竞争与合作的平衡。博弈论中的囚徒困境最为形象地阐明了采用竞争和合作对各自收益的影响，其中"坦白"与"不坦白"两种策略分别对应了竞争与合作两种策略，由于囚徒困境设定了两位囚犯不能互通信息，所以都会选择理性的利己策略——"坦白"，最后使得双方的收益稳定到最低水平，说明了竞争会让企业两败俱伤，但如果让囚犯事前、事中互通信息和建立某种契约以达成共识，也就是建立合作关系，囚徒就会选择对利己和利他的行为——"不坦白"，双方的收益都会达到最高水平，达到帕累托最优。在以信息充分沟通为前提下的相互信任、以符合各自投入的利益产出为基础上的契约达成，以及商业环境中企业竞合行为和关系的重复博弈（重复影响）现实环境背景下，竞争双方会为利益最大化考虑而寻求竞争上的适度合作，实现有效率的双赢，从而实现竞争和合作的平衡。

（3）竞合是一个时间或空间衔接的过程。合作存在于以价值创造为目的的客户获取和市场创建中，而竞争则存在于以个体价值获取为目的价值分配当中。合作意味着将"业务市场饼"做大，而竞争意味着将这个饼分割，竞争与合作存在于不同业务流程和业务领域中（詹姆斯·弗·穆尔，1999）。价值创造和价值分配存在于不同的时间和空间当中，所以从空间和时间的角度来看，竞争和合作是一组相互衔接的过程。

（4）竞合是竞争与合作的折中结果。企业间的竞合关系的强度是存在差异的，于是可以根据合作和竞争强弱程度将竞合关系分为三种典型类型：合作主导关系、对等关系、竞争主导关系。合作主导关系强调合作，竞争主导关系强调竞争，这两种可以近似的看作是单纯的合作和竞争，位于竞争与合作之间的则是对等关系，对等关系是合作弱化和竞争弱化的结果（Bengtsson & Kock，2000）。由此看来竞合是竞争与合作的折中点，是一种非合作非竞争状态。

（5）竞合是一种核心竞争力（田宇和张怀英，2016）。企业的竞合关系是企业的核心竞争力，它不仅能够为企业创造价值，而且这种关系不易为竞合体外的企业模仿和替代，是一种独特的能力，通过竞合体内企业的联结，具有一定的价值延展性，能够为竞合体带来新知识、新思想、新价值，竞合关系是难以模仿、不可替代的，有时又是难以捉摸的。就现实而言，中心企业与供应商、顾客、互补品生产者、联盟伙伴和同业竞争者等间形成的默会的、难以模仿的竞合关系（任新建和项保华，2005）。

国内外学者从多个角度定义了竞合的内涵，竞合被认为是一种过程、现象、活动、关系、平衡、结果或核心竞争力，笔者梳理了前述观点认为：企业竞合是存在于有产业关联、资本关联或价值关联的多个企业间的一种既竞争又合作的关系，企业审视自身所处外部环境和内部条件，与关联企业缔结某种有形或无形的关系契约，关系契约内涵了每个企业竞争与合作的时间环节、空间地域、价值领域、价值环节、投入、产出以及利益分配等机制和模式，这种关系蕴含了相应的现象、过程、行为、结果，企业通过这种关系创造的价值大于单个企业单独能够创造的价值，并且这种关系具有独特性、难以模仿、难以替代、难以默会等特点，形成一种核心竞争力，如表 3 - 3 所示。

表 3 - 3　　　　　　　　　　　　竞合的本质

竞合的本质	本书的观点
竞合是一种利己利他的关系。通过竞争达到利己，通过合作达到利他，通过利他更好地利己	企业竞合是存在于有产业关联、资本关联或价值关联的多个企业间的一种既竞争又合作的关系，企业审视自身所处外部环境和内部条件，与关联企业缔结某种有形或无形的关系契约，关系契约内涵了每个企业竞争与合作的时间环节、空间地域、价值领域、价值环节、投入、产出以及利益分配等机制和模式，这种关系蕴含了相应的现象、过程、行为、结果，企业通过这种关系创造的价值大于单个企业单独能够创造的价值，并且这种关系具有独特性、难以模仿、难以替代、难以默会等特点，形成一种核心竞争力
竞合是一种平衡，企业寻求商业运作中的竞争与合作的平衡。竞争双方会为利益最大化考虑而寻求竞争上的适度合作，实现有效率的双赢，从而实现竞争和合作的平衡	
竞合是一个时间或空间衔接的过程。合作存在于以价值创造为目的的客户获取和市场创建中，竞争则存在于以个体价值获取为目的的价值分配中，价值创造和价值分配存在于不同的时间和空间当中，要将其衔接，必须竞合	
竞合是竞争与合作的折中结果。位于竞争与合作之间是对等关系，对等关系是合作弱化和竞争弱化的结果，是一种非合作非竞争状态	
竞合是一种核心竞争力。它能够为企业创造价值，而且这种关系不易为竞合体外的企业模仿和替代，是一种独特的能力，通过竞合体内企业的联结，具有一定的价值延展性，能够为竞合体带来新知识、新思想、新价值，竞合关系是难以模仿、不可替代的，有时又是难以捉摸的	

3.1.3 企业竞合的维度

在对企业竞合内涵的阐述当中已点明了产生竞合关系企业间的特点，即企业与企业之间可能在产业、资本或价值上存在关联。产业、资本、价值三个概念是统一的，产业是具象的，资本是贯穿于整个产业的投资流动，也是隐象的，而价值则是具象的产业和隐象的资本形成的抽象结果，是所有商业活动存在的本质，所以三者可以用具象的产业来表现，企业竞合中企业间的关联可以表现为纵向和横向产业链的关联。于是对于企业竞合维度的分析可从纵向产业链和横向产业链两个方面展开。

纵向产业链是指若干个以相对独立业务为单元的企业通过供需关系连接在一起，以一种或者几种资源或能力为依托，通过若干个业务层级，连续向下游业务单元的企业转移，共同完成一项面向终端消费者的产品或者服务的链条。纵向产业链内部存在着价值的流动，以业务单元存在的企业经营都是以价值增值为目的，按照社会分工，各自负责一项产品或者服务的某一环节的生产或经营，各个环节上产生的价值是不断增加和累积的。其中，处于上游的业务企业的产出是相邻下游业务企业的投入，经过若干个环节的连接和传递之后，形成一个从原材料供应、产品研发设计、模块化生产和组装集成、品牌经营、仓储运输，到产品营销、售后服务的链条，与此同时，价值也在前后相连的产业环节中畅通地传递。该链条的最终产品可能是面向最终消费者，从而完成一个完整的生产与消费循环；也有可能作为另一个产业的原材料，进入新的生产与消费循环（郁义鸿和管锡展，2006）。另外，互补品是纵向产业链上一个重要的主体，互补品生产商与企业之间的关系密切，两类企业的产品（服务）共同捆绑有助于提升企业产品（服务）在消费者心中的价值，因此互补品可以作为纵向价值流的重要支撑，有些企业可能购买互补品，有些企业可能与互补品生产商结成联盟，共同向客户或终端消费者提供高附加值的产品（服务），因此互补品也可作为纵向产品链的上游因素。纵向产业链上任意层级上的企业都可以作为一个中心企业，其下端产业链涉及的相邻层级企业可以看作是供应商或供方，其上端产业链涉及的相邻层级企业可以看作是客户或购方，由此看来供方、中心企业、购方的设定都是相对的，于是，在纵向产业链上，与中心企业相关的利益主体包括供方和购方。学者对于纵向产业链竞合关系的研究多从供应链方面入手，供应链层级上的企业往往围绕同一目标在价值创造和传递上具有相互依赖性，以构成合作的前提，因而形成了集成化供应链管理环境和无缝隙的伙伴合作关系（马士华和林勇，2010），这可以帮助供应链上的企业降低整个链条上的总体成本，降低库存水平，减小市场需求和供给信息在供应链通道中的损耗和放大，改善企业间沟通交流的深度和广度，通过供应链企业间在新产品、新技术、销售与库存信息的交换与共享，以实现供应链层级上企业的财务状态、质量、产量、交货期、用户满意度和整体业绩的改善和提高，提升整个供应链和产业链的竞争能力，最终实现长期稳定的、信任与合作良性互促、多方共赢的战略合作联盟关系（陈长彬和陈功玉，2006）。供应链层级上的各节点企业力图通过增加提供给最终消费者的价值、减少成本来增强整个供应链的竞争力，从而实现各节点企业的经济利益。供应链层级上的企业实质上是以某种契约相联结，既不同于一体化的科层等级联结，也不同于市场化的以价格为调节的联结，契约建立的目的就是能够获得最大化的利益和效益，当这种最大化的效应和利益受到威胁时，更多的供应链层级上的企业选择游离或脱离供应链，即跳链。波特认为，在纵向产业链上，核心企业的竞争压力来自上游端的供方和下游端的购方。当产业链下游端购方的议价能力强时，购方能够压低价格、要求较高的产品质量或索取更多的服务项目，并且从与核心企业彼此对立状态中获利，所有这些都是以牺牲核心企业的产业利润为代价，核心企业因备受竞争压力，而会适时选择跳链，反之，当下游端购方的议价能力弱时，购方因利益和效益空间的压缩，也会适时选择跳链。当产业链上游端供方的议价能力强时，供方可能通过提价或降低所供应产品或服务的质量等方式来向核心企业施加竞争压力，缩减核心企业的利益和效益的空间，迫使核心企业适时改变策略而选择与其他供方合作，当然供方也有可能存在其议价能力弱于核心企业的情况，此时供方也会适时游离于原产业链，选择与其他核心企业合作。由此可见，纵向产业链上的核心企业与供方、购方存在竞合关系。

横向产业链是指位于产业链同一环节或层级上并行企业的集合，具体表现为企业所在行业的其他企业，即为同业企业，包括竞争品企业和替代品企业。以往传统的理论认为同业企业是市场竞争的主要参与者，通过原材料争夺、技术争夺、价格争夺、广告争夺、渠道争夺、服务争夺、定位争夺、人才争夺等而最终争夺客户，实现价值分配的你多我少、企业生存的你死我亡，竞争对同业企业而言像是"战争"、是"痛苦的""残忍的"（波特，2005），此为同业企业常态的一面——竞争。然而随着企业外部环境不确定性的增强，很多同业企业在竞争的同时寻求合作，企业在独立自主和相同目标的前提下，构建了横向联盟体系，如技术联盟、价格联盟、市场联盟等方式形成规模经济、增强市场势力、提高市场集中度、应对风险、共享资源，保持和提升企业的竞争地位和势力，保持同业企业的既定利润。由此可见横向产业链上的同业企业存在着竞合关系。

对于企业竞合的维度，本章借鉴任新建（2012）、鲍丽娜和李萌萌（2013）、戴尔（Dyer，1996）、布兰登勃格和内勒巴夫（1996）等的研究，根据企业在产业链中的关联方向进行划分，一是从纵向产业链上企业间要素和产品的供需关系入手，研究中心企业与上游企业（供方）和下游企业（购方）之间的竞合关系。二是从产业链的同环节和同层级的横向维度入手，研究中心企业与同业企业的竞合关系，如图 3 - 1 所示。

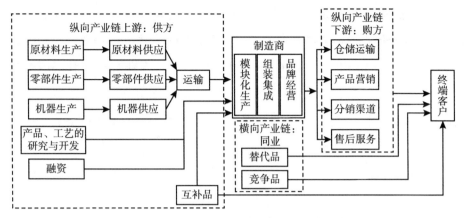

图 3 – 1　产业链视角下的竞合关系主体示意

3.2　新创企业绩效的内涵

3.2.1　新创企业的定义

新创企业顾名思义，就是刚刚创立或成立的企业，西方通常翻译为"New Venture"。从创业角度，新创企业是创业者通过一段时间的努力，利用市场潜在的商业机会通过整合资源而创建的一个新的具有法人资格的实体，它有目标市场，能够为目标市场提供产品或服务，进而使企业获利，并促成企业的生存、成长与壮大为目标，在此过程中为顾客、企业、社会创造价值。

对于新创企业的界定，关键在于对"新"的把握，即企业应该具有怎样的特点，才称之为"新"，迄今学术界并不存在一个一致看法（Ostgaard & Birley，1996；耿新，2008；王迎军和韩炜，2011），但总体看来，对于新创企业"新"的界定大致有两种思路。

（1）从企业生命周期的角度来界定。马森·海尔瑞（Mason Haire，

1959）首次提出了企业与自然生命体一样，同样存在着诞生、成长、成熟、衰老和死亡的过程，企业的发展符合自然生命体的成长曲线。丘吉尔和刘易斯（Churchill N. C & Lewis V. L，1983）从企业规模和管理因素两方面，提出了一个五阶段成长模型，即企业生命周期包括创立阶段、生存阶段、发展阶段、起飞阶段和成熟阶段。葛雷纳（L. E. Greiner，1985）正视企业本身自我发展、自我塑造变革、自我适应演化的重要性，认为企业自身发展演化比外界环境力量更能决定企业的未来。他选取了销售收入和雇员人数两个指标来刻画企业的成长模型：创立阶段、指导阶段、分权阶段、协调阶段和合作阶段。伊查克·爱迪思（Adizes，1989）在《企业生命周期》一书中，根据企业的灵活性和可控性将企业成长过程分为孕育期、婴儿期、学步期、青春期、盛年期、贵族期、官僚初期、官僚期以及死亡期共 10 个阶段。以上学者对于企业生命周期理论的建立和发展提供了可资借鉴的思想，目前较多学者（Leontiades，1980；Cameron & Whetten，1981；Timmons，1990；Balkin & Montemayor，2000；罗险峰和胡逢树，2000；李业，2000；熊义杰，2002；陶长琪，2003；孙建强、许秀梅和高洁，2004；Daft，2007）支持四阶段的企业生命周期，即初创期、成长期、成熟期和衰退期四个时期。依据四阶段的生命周期理论，一般认为企业的新创阶段是指企业早期发展的阶段，处于企业生命周期的早期或初期，即企业生命周期的初创期和成长期（耿新，2008；胡文郁，2012；杨波，2014）。新创企业也可指创业企业还没有达到成熟阶段的状态（Adizes，1989；Kazanjian & Drazin，1990；Chrisman，Bauerschmidt & Hofer，1998）。有的学者利用"青春期缺陷"的概念将新创企业的新创阶段界定为成长初期阶段和后续阶段（Brüderl & Schüssler，1990），在成长的初期阶段因初始资源的准备、积极尝试的信念、成功暗示的心理承诺以及顾客的尝新心理，使得创业者对初期绩效期待较高，因而存在较低的失败风险，在成长的后续阶段，新创企业的外部环境和内部环境经过磨合趋于常态，企业绩效得以客观评价，有些企业会继续存活，而某些企业将会死亡，新创企业的失败风险会急剧上升。张玉利和李新春（2006）指出新创企业处于企业发展初始阶段，主要是指从企业创立甚至企业最初创意开始，到摆脱生存困境并基本转变成规范化、专业化管理的过程。海特和海斯特利（Hite & Hesterly，2001）则将新创企业所经历的过程细分为新创企业生成后的"生存阶段"和"初期成长阶段"，在"生存阶段"，新创企业的目标是解决生存问题，其面临的主要挑战是缺乏高度不确定性关键资源与能力以及较低的合法性，在"初期成长阶段"，新创企业的环境不确定性增强，新创企业的模糊性也在逐渐增强，其初步建立的经营模式要不断调整，因此企业需要更广泛的资源以支撑其成长。王迎军和韩炜（2011）则指出新创企业开始于企业的注册成立到企业商业模式的稳定确定，商业模式的确定包括市场定位、经营过程和利润模式的确定，市场定位是指顾客、产品或服务的确定，经营过程是指组织产品或服务的生产方式，利润模式是指赚取利润的方式，这三者相互支撑相互影响，是创业需要解决的三大核心问题，当然新创企业要迈入成熟阶段，还要使商业模式三维度的不确定性消除，使这种商业模式稳定且在一定时期内可持续。以下从企业生命周期理论的角度整理了新创企业所处的阶段。尽管企业生命周期理论对新创企业的界定具有一定的解释线索，但在实际操作中，对企业生命周期的划分，理论界与实践界都未有一致看法（王炳成，2011），那么对于新创企业所处的阶段更无从说起，如表3-4所示。

表3-4　　　从企业生命周期理论角度对新创企业阶段的界定

新创企业阶段的界定	研究学者
企业早期发展阶段，处于企业生命周期的早期或初期，即企业生命周期的初创期和成长期	耿新（2008）、胡文郁（2012）、杨波（2014）
创业企业没有达到成熟的阶段	客山健和德拉津（Kazanjian & Drazin，1990）、克里斯曼、鲍尔施密特和霍费尔（Chrisman，Bauerschmidt & Hofer，1998）

续表

新创企业阶段的界定	研究学者
成长初期阶段和后续阶段，成长初期阶段创业失败风险低，后续阶段创业失败风险高	布鲁德尔和舒斯勒（Brüderl & Schüssler，1990）
企业发展初始阶段，主要是指从企业创立甚至企业最初创意开始，到摆脱生存困境并基本转变成规范化、专业化管理的过程	张玉利和李新春（2006）
生存阶段和初期成长阶段，在生存阶段，企业的目标是解决生存问题，在初期成长阶段，企业需要更广泛的资源以支撑其成长	海特和海斯特利（2001）
新创企业开始于企业的注册成立到企业商业模式的稳定确定，即市场定位、经营过程和利润模式的稳定确定	王迎军和韩炜（2011）

资料来源：笔者根据参考文献整理。

　　（2）从创立时间的角度来界定。对新创企业的界定一个最简单明了的方法，就是通过创立的时间期限来界定，这对研究对象的确定、数据收集和分析提供了便利，但仍然需要正视这种方法所带来的威胁，由于各企业之间初始条件、经营领域、商业模式等方面的不同，可能很难用统一的时间标准来界定企业的成长，特别是所用的界定时间越短就越难以描述企业所处的新创时间期限。对于新创企业所经历的时间期限，很多学者给出了不同的看法，奥斯特加德和比利（Ostgaard & Biriey，1996）在他们的研究中指出新创企业可界定为成立时间在 2~10 年，并开创性地指创业时间应长于 2 年，因为这是可明确衡量企业成长绩效的开始点。也有众多学者把时间界定为 8 年以内，方便创业者回忆创业过程当中的内外部环境的特点、资源获取方式、经营模式的特点。全球创业观察（GEM）报告中考查了对新创企业的界定是指成立时间在 42 个月以内的企业，即 3.5 年。当然也有不少学者根据研究的需要，拥立创业时间为 6 年以内的标准。部分学者对于新创企业时间界限的观点整理如表 3 - 5 所示。

表 3 - 5　　　　　　　　　　　新创企业的时间界定

时间期限	研究学者或机构
42 个月以内	全球创业（GEM）观察（2002）
2 至 10 年之内	奥斯特加德和比利（1996）
6 年以内	布拉什（Brush，1995）、爱尔兰和希特（Ireland & Hitt，2000）、施雷德（Shrader，1996）、朱吉庆（2008）
8 年以内	比格德克（1979），米勒和坎普（Miller & Camp，1985），扎赫拉（1993），麦克杜格尔和罗宾逊（McDougall & Robinson，1990），蔡莉（2009），卡赞强等（Kazanjian et al.，1990），李新春、梁强、宋丽红（2010），张玉利（2009），杨波（2014），董保宝和李白杨（2014），何晓斌、蒋君洁、杨治等（2013）

资料来源：笔者根据参考文献整理。

比格德克（Biggadike，1979）比较了企业在初创期、青春期和成熟期的财务绩效，发现：大部分企业在出现盈利前要经历初创期和青春期，这两个阶段大致是 8 年，而韦斯（Weiss，1981）通过研究得出了企业首次盈利的平均时间大约为 7 年的结论，中国学者陈佳贵（1995）指出企业创立以后，在 5 ~ 7 年之内能生存下来并获得一定的发展，一般就会进入高速发展期，即成熟期。美国《财富》杂志对于中国企业的一项调查显示，中国中小企业的企业平均寿命为 2.5 年，集团企业则为 7 ~ 8 年，特别是所用的界定时间越短就越难以描述企业所处的新创时间期限以及企业在新创时期的特点。本书依据上述观点，以及国内大多数学者的研究实践，考虑中国新创企业的特点以及研究的便利性，将新创企业界定为创立时间为 8 年以内的企业，该企业是具有法人资格的实体，具有确定而稳定的商业模式。

3.2.2 新创企业的绩效及其维度

绩效是企业达成目标的程度，是对企业的一切行为、活动以及实现目标的校标，即以设定的目标为标准，企业达到的程度，当前学者们对于绩效的定义从三类倾向中展开：第一类是结果倾向，第二类是行为倾向，第三类是结果与行为相结合的倾向。以结果来衡量绩效的方法认为绩效是组织运行而产生的成果或结果，是进行某种活动而取得的成绩。伯纳丁等（Bernardin et al.，1995）认为绩效是指在特定时间内，由特定工作职能或活动产生的产出记录。结果导向的绩效更注重的是组织通过活动或工作所产生的结果。注重目的、目标。以行为来衡量绩效的方法认为绩效是正在执行或实行的活动或已经完成的活动或过程，这一观点认为任何事物的发展都是要经历从量变到质变的过程，只有对量变进行适时把控，才能获得设定的质变目标。绩效被定义为一系列与个人和组织所实现的目标相关联的行为（Murphy，1986）或事情（Hgen & Schneider，1991），这些行为或事情是可以按照个人的能力贡献进行描述和测量（Compbell，1993；王瀚轮，2014）。以结果与行为结合来衡量绩效的观点认为将结果和行为割裂或对立往往让个人或组织视野狭隘，并未尊重事物发展的本质——过程与结果是相互联系、相互影响、相辅相成的，对于绩效的认识既要考虑前期行为也要考虑后期结果，认为绩效是由行为单元和结果单元组成（Brumbrach，1988），结果是组织或个人价值的体现，行为是由人们通过工作表现出来，是组织或个人实现价值的手段，结果通过行为达成，对两者进行评价和衡量，才能保证行为过程和结果的预期统一。绩效定义的前两个倾向各有侧重点，一个侧重行为，另一个侧重结果，对研究新创企业而言，要描述其过程和本质，则需两者并重。

新创企业作为一个特定的企业类型，有其本身的特点。创业者依据自身经验对商业环境和商业机会进行调查、分析、评估和把握，往往会受限于对新行业不熟悉而造成的市场开发、生产经营等方面资源或能力的约束以及难以预料的动荡性和风险（张凤海，2013），企业的成功率较低；新创企业的经营缺少合法性（Nelson & Winter，1982），创业者在选择商业模式时，其市场、产品或服务必然与既有企业不同，或寻找市场空白或提供更高价值的产品或服务，但顾客的购买习惯和观念一时之间难以改变，这无疑会使新创企业的经营合法性受到威胁，造成新进入缺陷和顾客习惯性购买障碍；新创企业的结构模糊性强，治理结构、组织结构、制度结构、管理结构（刘预，2008）、人员结构（周文良等，2002）、社会资本结构（Stinchcombe，1965）等不稳定，企业需要经过一定时期的探索、学习和磨合，才能使结构模糊性降低。面对新创企业的以上特点，对于新创企业绩效的衡量要考虑其面临的成功率、风险性、不确定性等特点，对于这些不利，是新创企业步入成熟阶段需要克服的。

　　如何衡量新创企业绩效是创业理论的一个重要内容，因为创业理论的根本就是要寻求一些有利于创业成功和提高创业绩效价值的管理机制、管理方法、管理模式等，从而可以指导新创企业的实践（耿新，2008），管理机制、方法、模式是否有效，则是要看它们对于新创企业绩效的影响程度，对于新创企业绩效衡量的选取至关重要。然而对于新创企业绩效的评价和测量还未获得一个一致和统一的认识。易朝辉（2012）认为新创企业绩效是指新创企业所从事活动的业绩和效率的统称，通常被视为企业战略目标的实现程度。余绍忠（2013）从创业角度定义新创企业绩效为能够反映创业有效性的多维构念，往往以校标的形式存在，用以评价创业活动创建新业务的效果。孙中博（2014）引用伯德尔和普雷森多费尔（Burderl & Prersendorfer，1998）、沃斯顿（Waston，2007）的观点，认为新创企业绩效是对新创企业完成某种活动和产出的总体评价，一般来说由生存性绩效和成长性绩效组成，新创企业在初期更注重生存绩效，而处于发展阶段、成熟扩张期的企业更注重成长绩效。从以上定义可得知新创企业绩效衡量的目标既注重企业创业的有效性，即生存能力与成长能力，又注重新创企业在创业、创新过程的作为，即创新能力和市场运营能力。于是需要构建一个包含生存绩效、成长绩效、创新绩效和市场运营绩效在内的多维测量体系。多维体系更能全面具体地描述新创企业绩效（Lumpkin & Dess，1996）。

（1）生存是任何企业必须首要考虑的问题，特别对于成功率低、风险大、不确定性强的新创企业，新创企业一旦能够生存下来，它的结构模糊性降低，商业模式合法性提升，企业内部与外部逐渐适应、融合，其商业价值和社会价值也得以体现，所以对于新创企业而言，生存是第一重要的，其次才是成长，这一点明显不同于一般企业组织，因而对于新创企业生存绩效的测量是企业绩效衡量中的最基础方面，根据巴尼（1986）的观点：生存是一个绝对绩效指标，取决于企业作为一个独立的经济实体的持续运营能力，持续运营可以用企业生存的时间表现，目前出于数据搜集和操作的便利性（丁岳枫，2006），大部分学者采用企业从目前生存年限及未来至少持续 8 年以上的可能性来测量企业的生存绩效（Ciavarella，2004；龚志周，2005）。

（2）当新创企业经过一定的努力克服诸多风险、不确定性和缺陷而生存下来，在市场上站稳脚跟后，自然要通过成长发展壮大而后迈入成熟阶段。新创企业实现成长能够进一步铸就竞争优势，这不仅可以应对新创企业的生存危机（Gilbert et al.，2006），而且能够让企业更为快速地积累优势发展，在激烈市场竞争当中处于主动地位。因而对新创企业成长绩效的衡量是一个重要的指标（Chandler & HankS，1993）。目前学者对于成长绩效的测量主要集中在两个主要的方面：一是财务增长，另一个是获利潜能增长（耿新，2008），财务增长包括销售收入、净利润、资产额等的增长（Chandler & HankS，1994）。后者获利潜能增长包括市场份额、雇员人数的增长（Pena，2002）。对上述两方面指标，获利潜力方面的测量更为关键，因为新创企业在创立之初，企业内部条件、外部环境和顾客存在一个磨合过程，一般处于非营利的状态之下，此时创业者更看重企业的获利潜力，对于财务增长指标只是参考，例如销售收入的增长，能够代表新创企业竞争力增加（张梦琪，2015）。

（3）熊彼特最先提出创新一词，并指出经济增长的非均衡性很大程度是技术创新所带来的，创新是经济发展的加速器，创新使原有生产要素得以重新组合，产生新的推动力。对于新创企业而言，从无到有，从小到大、从不稳定到稳定，创业者都是在进行探索性创新，创新可以让它从行业中迅速脱颖而出，寻找市场空白和竞争蓝海，为新创企业带来不同于其他企业的高溢价和新价值。因此创新衡量了新创企业发展的质量（张玉利，2004）。创新能力作为新创企业的最核心特征，应该作为新创企业绩效衡量的一个重要指标。创业学中对于创新绩效的定义可以分为两方面，从企业角度，创新绩效是指企业完成某种创新的活动或实现创新的产出，是对创新的综合评价；从市场角度，是指企业将发明创造导入市场的程度很多学者采用新产品、新市场、新工艺或新设备推出的速度、数量以及其在总销售收入的占比（Carland et al.，1984；Freeman & Soete，1997；Griffin & Page，1993；Robert & Elko，1995）来衡量。当然对于这些指标的衡量，往往又采用相对指标，对比竞争对手的状况，能够比较客观地描述创新效果和创新程度。

（4）新创企业的存活、成长、创新是要靠运营战略和策略落到实处，对于新创企业而言，商业机会识别和利用是个关键的过程，需要整合有限的全部资源，创造价值，创造价值的过程就是满足消费者需求的过程，这需要考虑市场运营。对运营的战略和策略的评价是绩效评价当中的侧重于对企业行动、行为和过程的评价，试图从非财务角度评价新创企业绩效，对运营绩效的测量可以弥补管理者只关注企业财务结果绩效的缺憾——导致短视行为，对企业的长远发展有一定影响，对新创企业运营绩效的衡量包含：第一，新创企业经营战略与其经营环境的相互匹配性。经营战略与环境的匹配性直接影响了新创企业进入市场风险大小，弥补新进入缺陷；

第二，经营战略实施的有效性，一旦新创企业的经营战略有效，则企业就会形成一定的商业模式——顾客市场、经营过程、利润模式（王迎军等，2011）。虽然这一商业模式还不够稳定，但是这恰恰是新创企业一步步存活和成长的关键，当然商业模式成功的关键在于新创企业在满足顾客需求的产品和服务上比其他企业存在竞争优势，即新创企业的营销能力（Delaney & Huselid，1996；Brouthers & Bakos，2004），如表 3 - 6所示。

表 3 - 6 　　　　　　　　本书中新创企业绩效的构成维度

序号	维度描述	理论来源
1	生存绩效	巴尼（1986）、丁岳枫（2006）、恰瓦雷拉（Ciavarella，2004）、龚志周（2005）
2	成长绩效	钱德勒和汉克斯（Chandler & Hanks，1993）、耿新（2008）、佩纳（Pena，2002）、张梦琪（2015）
3	创新绩效	张玉利（2004）、卡兰多尔（Carlandetal，1984）、弗里曼和苏特（Freeman & Soete，1997）、格里芬和佩奇（Griffin & Page，1993）、罗伯特和埃尔科（Robert & Elko，1995）
4	市场运营绩效	王迎军等（2011）、德莱尼和胡塞利德（Delaney & Huselid，1996）、布劳瑟斯和巴科斯（Brouthers & Bakos，2004）

3.3 　组织学习能力内涵及其维度

现代商业世界是建立在信息和知识的交互融合基础上的，作为一种独特的竞争资源，对信息和知识的掌握、创造、分享、管理和运用的深度和广度决定了竞争的胜负。对于处于成长期的新创企业，新生和后进入的先天劣势决定了新创企业的知识资源匮乏，这更需要通过学习、积累和创新以获取组织生存发展的必要技能和各种知识（Huovinen & Tihula，2008），组织学习不但贯穿于新创企业创建和成熟的整个历程，还涵盖了新创企业各种形式的企业活动。当前我国正处于经济转型升级的关键时期，动态的市场环境下机会与风险并存。虽然我国全面深化改革战略的持续推进为新创企业获得公平、开放、有序的外部环境奠定了良好基础，但就国内创业情况来看，新创企业创业能力不强、存活率不高的严峻现实表明，新创企业仍然缺乏在动荡环境中摸索、试错、模仿的经验，企业通过学习获取竞争优势的能力不强。众多研究中均明确指出，组织学习能力与组织绩效之间存在紧密联系，即便这种关联路径在不同文献中有不同的理解，在组织绩效尤其是新创企业绩效研究中对组织学习能力予以足够的重视将成为明显的趋势。

最早提出组织学习概念的是西蒙（Simon，1953），这位在人文社科众多领域均取得卓越成就的学者最早从行政组织重组过程论及了学习的概念。经过 50 多年的实践探索和理论发展，组织学习理论已形成了较为成熟、系统的分析框架。受思维定式的束缚，最初人们都认为学习是个体层面的行为，很少从组织尤其是商业组织的角度来探讨组织的学习行为。较早将学习作为一种组织行为概念进行研究的是西伯特和马奇（Cybert & March）二人，而真正将其提升到组织理论角度进行探讨的则是由坎格洛西和迪尔（Cangelosi & Dill）在其论文《组织学习：对理论的观察》做出的开创性研究。1978 年阿格里斯和肖恩（Argyris & Schon）在《组织学习：理论、方法和实践》一书中首次系统地对组织学习进行了研究，并将其定义为一种有效表征、处理组织内部信息并对组织行为进行相应纠偏的过程。但从目前的相关文献看，对于组织学习的界定，目前还没有达成共识，学者们分别从企业管理学、经济学、社会学角度进行了研究。阿格里斯和肖恩将组织学习定义为探查组织偏失异常，通过重构行动策略并将其贯彻于组织图和组织形象中以对组织行为纠偏的过程；赫德伯格（Hedberg）将组织学习理解为组织对于环境动荡性的一种自适应的行为交互和调整，这既是组织被动适应外部环境的过程，也是组织积极运用知识自我变革以匹配外部环境的自组织过程；森吉（Senge，1990）则认为组织学习能力是组织成员持续的超越自我、改善心智模式、创造共同愿景、进行团队学习和系统思考的能力；金（Kim，1998）从企业危机管理角度看，组织学习是知识产生、传播以及在组织战略管理中有机整合的过程，这种能力需要有效的组织吸收消化能力来支撑，它的有效性建立在先验性知识基础和努力强度两个元素之上。更多有关组织学习方面的研究则习惯于将其与知识管理（KM）置于同一层面进行探讨，乔伊斯（Joyce，2012）认为组织学习是支撑组织变革行为的过程；史密斯和莱尔斯（Smith & Lyles，2003）认为组织学习与知识管理是同一管理过程的两个不同方面，组织学习主要关注的是组织需求、创造、拥有和最终使用知识的过程，而知识管理则更强调这种知识的具体内容；金（2009）认为组织学习能力是知识管理的最终目标，通过组织学习对知识进行创造、传播和使用等一系列知识管理过程将知识嵌入到组织进程中，从而持续地提升组织行为力已实现其组织目标，从此角度看，组织学习是一种有利于持续提升组织知识利用效率的重要方法；狄克逊（Dixon，1994）提出了"组织学习闭环"概念，认为组织学习是积累、修正和创造知识的过程，这种过程具有可识别化、可应用化和可制度化的特征，它通过改变组织惯例进入政策制定、机制设计、质量控制和"最佳实践"等环节，使得组织更好地适应频繁的外部环境变动从而获得持续的发展；胡贝尔（Huber，1991）在其代表性论文中分析了组织学习能力建构中四个主要的环节都是与知识处理相关的：知识获取（知识获取与掌握）、信息分享（知识分享）、信息阐释（知识分析）和组织记忆（信息储备和组织）；尼采（Neece，2001）认为现有文献虽然分别从组织行为学、心理学、社会学、经济学、信息系统、工程管理等角度探讨了组织学习，但并未形成一个综合性地涵盖了各学科的概念界定，他认为组织学习是一个内涵丰富的概括性术语，它包括学习曲线、组织记忆、组织遗忘、知识转换、知识分享、知识评估、动态能力、知识管理和知识创造等多个方面，并构建了一个联系理论与实践的进程模型，同时还进一步拓展了胡贝尔的分析框架，在其提出的组织学习能力形成环节中增加了第五个环节，即知识的生产和创新，这个环节是与组织知识调适、运用和创造有关。组织学习主要产生于组织惯例的重现和修正之中（Levitt & March，1988），它通过企业获取及运用更有价值的知识而在高效的组织绩效中体现出来（Fiol & Lyles），组织学习的最佳结果是形成企业的动态能力，从而使企业得以整合、建构、重组内外部资源以更好地适应快速变动的环境（Teece et al.，1997）。现有文献习惯于将组织学习和学习型组织放在一起来研究，人们一般将学习型组织描述为可以提升学习能力的一系列组织战略，这种紧密的内部联系使得一些人往往易于将上述两个概念错误的等同起来，从实践层面应该明确将组织学习和学习型组织区分开来，这二者是不能相互替换的。按照克莱恩（Klein，1991）的观点，组织学习是使组织产生持续性行为调适的经验性建构过程，这种过程是常态的、常新的，且并非组织固有的先天行为反应。斯特拉塔（Strata，1989）认为组织学习可从系统层面敏锐感知，它产生于组织与外界分享见解、知识和心智模式的过程中；金（1993）则将组织能力界定为通过经验的转换从而创造知识的过程。狄克逊（1992）指出，组织学习产生于系统层面而非个体层面，当然这并不是排斥个体层面的学习，但是组织学习从量上看将远超个体学习的量的叠加（Kim，1993；Lundberg，1989），他将组织学习定义为，持续通过个体、团队和系统性学习不断调整组织发展方向从而令股东满意的行为，狄克逊（1994）还认为组织学习是动态能力的重要来源，同时还建立了一个有关二者关系的逻辑模型，如图 3 - 2 所示。

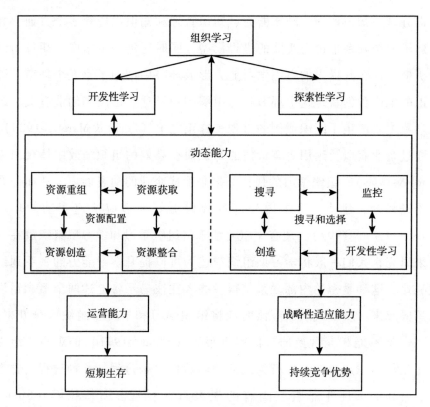

图 3 - 2　狄克逊（1994）的组织学习和动态能力的形成

格兰特（Grant，1995）认为，组织学习能力从本质出发至少要包括知识整合和协调的能力，另一些学者则将组织学习看成是一种知识获取、复制、整合、吸收和创造的过程（Hallwood，1997；Liebeskind，1996）。

陈国权（2009，2012，2014）等对于组织学习进行了一系列系统性研究，指出组织与环境之间存在动态变化的关系，而组织学习有助于组织与环境间建立一种良性的相互转化机制，从而使得组织随着环境的变动而共同进化，总结出了影响组织学习能力的结构性特征主要体现在五个方面，即信息、创新、学习、知识管理和变革，形态特征有四个，即网络化、扁平化、市场导向和弹性化；李雪灵和马文杰（2012）着重对新创企业的组织学习进行了探讨，认为组织学习能力有助于企业及时调整自身行为和观念，以适应变化的外部环境，降低新创企业的风险，并从企业生命周期角度分别探讨了新创企业在不同成长阶段面临的风险以及如何从组织学习方面来构建风险规避措施，同时还特别探讨了制度情境对组织学习能力形成的影响，他们指出中国经济在转型中体现出来的制度空缺、冗余、缺位与越位等外部环境的复杂性和动荡性对于新创企业组织能力有重要影响。孟宣宇（2013）将组织学习能力划分为目标任务共识、领导授权、开放与实验、知识传递与融合四个维度，并就各个维度对新创企业竞争优势的影响机理进行了深入分析，研究表明这四个方面对于新创企业竞争优势都具有显著的正向影响作用。陈国权和王晓辉等（2012）指出组织学习能力在组织授权和战略柔性之间具有显著的中介效应，企业可从提升组织的发现能力、执行能力、总结反思能力、共享能力、知识管理能力等方面来构建组织的学习能力。张立新（2006）从知识管理角度指出，组织学习能力包括知识获取、转化、应用和保护四种能力，并通过实证研究验证了信息技术、文化、结构等因素有效促进了组织学习能力的发展，不同行业和不同发展阶段，组织学习能力对于企业绩效的影响机制和影响程度各不相同。

　　对于组织学习能力的界定有过程论、系统论、知识管理论、文化论、创新论、环境论等多种观点，研究的切入点是从个体、团队、组织各个层面进入的。综合以上观点，本书认为组织学习能力是指一种组织知识管理能力，企业通过创造、发现、利用、分享知识改进组织行为和组织体系，以获得在不断变化的环境中保持持续性竞争优势的能力。它主要由信息感知能力、知识获取能力、知识分享能力、创新能力、知识应用能力、反思总结能力六个方面的能力构成，如表 3 - 7 所示。

表 3 – 7 本书中组织学习能力的构成维度

序号	维度描述	理论来源
1	信息感知能力	陈国权和周为（2009）、辛琳（2011）
2	知识获取能力	胡贝尔（1991）、罗姆梅和迪伦（Romme & Dillen，1997）、斯莱尔和纳弗（Slal Ler & Narver，1995）、何悦桐（2013）
3	知识分享能力	何悦桐（2013）、辛库拉（Sinkula，1994）、斯莱特和纳弗（Slater & Narver，1991）、胡贝尔（1991）、巴克利（Buckley，2000）
4	创新能力	陈国权和周为（2009）、辛琳（2011）
5	知识应用能力	马奇（1991）、麦格拉斯（McGrath，2001）、狄克逊（1994）、拉维和罗森科夫（Lavie & Rosencopf，2006）、许冠南（2008）、朱伟民和万迪防（2001）、A. K. 杨（A. K. Yeung，1998）、陈国权和王晓辉（2012）
6	反思总结能力	陈国权和周为（2009）、辛琳（2011）、孟宣宇（2013）、考特（Kought，1993）

3.4 动态能力内涵及其维度

面对飞速发展的经济和突飞猛进的技术革新，企业处在一个持续变化的动态环境中，如何对周边变化做出快速有效的回应以获得持续发展的竞争优势是现代企业必须思考的现实问题。日益复杂的动态竞争环境对企业的生存发展提出了前所未有的高要求。一方面，获得发展先机的企业要通过不断创新来维系和巩固已经形成的竞争优势，同时还要通过持续的管理变革获得新的机会和优势，形成更高层次的核心竞争力；另一方面，处于成长阶段的新创企业也想通过各种方式构建与外部环境相匹配的资源基础从而在激烈的市场竞争中得以生存和发展。关注组织能力的学者们认为，随着经济、社会和技术的不断变迁，企业的核心竞争能力可能转瞬即逝，但基于环境适应性的动态能力却能有效保持企业竞争优势，从而使企业获得超过行业平均利润的经济收益。有关企业资源、能力如何动态匹配其所处环境的现实关注催生了理论研究的热点。一些学者开始从环境决定论角度出发探讨环境对于企业能力和经营绩效的影响（Proter，1985），但他们过于强调竞争环境以及各种竞争者的分析，却未给予企业自身内在能力的应有关注，由此得出的很多应对之策都是静态和"后验式"的。而随后的资源学派和能力学派虽然对企业能力予以相应关注，但由于其与生俱来的静态研究框架和刚性分析视角使得相关理论呈现出较大局限，对于动态竞争环境下为何某些规模和效益原本相似的企业能脱颖而出，而另一些企业却快速没落的原因一直无法给出有效的解释。作为一种"升级版"的资源基础观，动态能力从其诞生之日起便积极引人关注，人们在残酷的竞争现实中逐渐意识到传统静态资源观的缺陷，进而提出了动态能力这一旨在解释持续竞争优势来源的概念。早期的能力学派分别从不同角度论及过动态能力，如劳伦斯（Lawrence）等提出了"整合能力"、考特等的"组合能力"，从纳尔逊（1982）和普拉哈拉德和哈默尔（1990）等的经典研究中也能隐约发现动态能力的基本元素，但比较系统提出动态能力研究框架的还是蒂斯（1997），他将动态能力概括为企业整合、建构和重塑内外能力与资源以有效适应动态环境的能力，随后的一系列研究对于动态能力的内涵和维度进行了不断深化，提出了所谓的 3P 构成要素框架，即流程（process）、位势（position）和路径（path），指出动态能力作为一种动态战略惯例，是内嵌到组织流程中的，而组织流程又由其所处的竞争态势和选择的发展路径共同塑造的。后来，又将"感知"能力、"攫取"能力和"转化"能力纳入动态能力的理论框架下（Teece，2007）。作为一种倍受理论界关注的企业战略理论，动态能力理论发展至今已经近 20 年，虽然由于研究视角和理论预设的差异导致学者们对于动态能力的内涵、过程和结果理解不尽相同，甚至一度出现质疑，但这并未阻碍该理论的发展和创新。对于新创企业而言，为了确保能在激烈的市场竞争中适应环境的变化以获得生存和发展的机会，就必须不断培育和维持新的能力以形成持续的竞争优势，这就需要通过建构、调整、重组、挖掘各种内外部资源和能力。当前中国经济已经进入由高速向中高速转换、向中高端水平迈进的新常态，企业尤其是新创企业所处环境的复杂程度和变动频率更为明显。面对如此不确定的环境，将动态能力作为新创企业有效应对严峻竞争形势、持续获得竞争优势的策略性行为极具现实意义。

虽然很多学者都对动态能力做出了较为系统的研究，但尴尬的是，学界对于这一概念仍未做出一个统一的明确界定。一些学者曾经从文献比较角度对动态能力的内涵和界定做过分析（Stefano，2010），研究发现，多数文献并未对动态能力做出明确的初始定义，更多的是在对蒂斯等人的界定做简单的"语义重复"和拓展解释，部分研究则是根据研究的需要和单方面的理解做出"利己性"的解释。目前理论界对于动态能力定义和解释最有影响、最为系统的学者分别有蒂斯（1997）、巴雷托（Barreto，2010）、艾森哈特和马丁（Eisenhardt & Martin，2000）以及佐洛和温特（Zollo & Winter，2002）。

作为动态能力理论的奠基人蒂斯等学者认为，动态能力是一种建立在流程基础上，可以改变企业能力的能力，是企业整合、构建、重组内外部能力和资源以适应快速环境变化的能力，它反映了既定路径和市场态势下，组织获取创新性竞争优势的能力。动态能力具有"动态性"和"能力性"的特征，"动态性"是强调这种能力具有与商业竞争环境相匹配的潜力，"能力性"则更多地强调这是企业作为一种特定的组织所具有的组织技能和职能潜质。他们指出通过波特等学者所持的"产品—市场—战略分析"方式来构建的企业竞争优势不持久，而动态能力是难以模仿、独一无二的，企业的动态能力嵌入到组织管理过程中，是管理进程、资产地位和发展路径共同决定的，这种独特的才能是无法复制模仿的，除非将该企业收购过来，否则不可能通过市场交易轻易获得另一个企业的动态能力，因此动态能力成了企业的独特性资产，是企业竞争优势的主要来源。他们系统提出了自己的动态能力观：进一步拓展了资源基础观，将动态能力视为一种对内外部能力或资源的整合、协调、建构和重组，强调其在企业战略管理中的重要作用；从演化经济学角度（Nelson & Winter, 1982）对组织惯例、路径依赖和组织学习的作用进行了解析；强调对快速变化外部环境的关注；动态能力的形成和演进根植于企业既往的流程、资产的独特性和发展路径，因此更多来自建构而不是通过购买的，因此动态能力具有显著异质性；动态能力有助于形成企业持续的竞争优势从而有利于获得竞争的胜利或创造新的价值。

艾森哈特和马丁（2000）在对本田公司汽车开发项目、英特尔的资源配置过程、惠普公司并购等一系列实证研究基础上，总结出动态能力在实践层面的具体表现过程和形式，这种建立在近乎直观基础上的研究则将动态能力视为企业为了适应环境改变而整合、获取、释放和重构资源的流程，这一过程不仅可以发展出新的能力甚至可能创造出新的市场机会。这种从战略管理角度所做的界定实际上将动态能力理解为企业为获得和优化配置资源以应对环境变动所遵照的常规性组织惯例。这种能力来源于对市场动态变化的回应，来自对企业惯例尤其是现存知识的详尽分析、对过去经验的总结积累和对新知识的学习，它是具体且可识别的。

巴雷托在一篇综述性的文章中对于一些主流的动态能力研究进行了系统比较，他运用 ABI/INFORM 数据库查找了 1997～2007 年所有有关动态能力的研究成果，通过比较分析后发现，不同学者对于动态能力的界定各有迥异，这主要源于人们对于动态能力的起源、特定作用、相关环境、产生和演化机制、结果、异质性假设以及目的的不同理解。他将动态能力界定为企业系统解决问题的潜在能力，主要由对机会和威胁的感知、及时制定市场导向的决策和改变自身资源的能力构成。就性质而言，动态能力是一种能力和潜力，也是一种进程和惯例。根据上述定义，巴雷托认为动态能力是个多维度的概念聚合，它涵盖了四个相关的维度或方面：对机会和威胁的感知、及时地制定决策、做出具有市场导向的决策和改变公司的资源基础。任何单一维度都无法有效代表动态能力这一概念，但也并未要求这四个维度之间一定要有绝对的相关性，甚至一些维度之间可以没有任何相关性，譬如某些具有较高资源配置能力的企业其及时做出决策的能力可能并不高。

国内对于动态能力的关注也呈上升态势，且相关研究在深度和广度方面开始取得显著性成效，已经从最初对概念、内涵的诠释性研究升级为现在基于中国情境下的实证研究，但国内对于动态能力的界定基本上还是承袭了蒂斯等人的经典描述，只是在内涵上更多地赋予了中国情境的表述和细节性的补充。李大元等（2009）运用中国 200 多家企业的实证数据从战略过程视角，将动态能力分解为组织意会能力、柔性决策能力和动态执行能力，并探讨了动态能力与持续优势的关系以及环境动荡性在上述关系形成中所起的作用。冯军政和魏江（2011）通过文献分析后认为，动态能力是与组织的创新、学习等能力所不同的抽象的内部能力，它注重的是对企业现有资源、知识、能力的整合，企业在实施战略和组织过程中的研发、决策、营销等能力是动态能力的体现但不能代替动态能力。董保宝等（2011）将传统的资源基础观和动态能力进行了系统整合，将动态能力视为打开企业竞争优势"黑箱"的钥匙，将其定义为一种根据外部环境变化而对企业的资源、能力进行整合、配置和重组的能力，据此企业可以不断创新产品和服务并给客户带来价值增值，从而获得持续竞争优势，同时还从环境适应能力、组织变革能力、资源整合能力、学习能力和战略隔绝机制四个方面对动态能力的维度进行划分。唐孝文等（2015）侧重从战略转型过程角度将动态能力解释为战略转型的重要前因。曹红军（2009）、贺小刚（2006）、罗仲伟（2014）、吴晓波（2006）、罗珉（2009）等学者则着重以中国企业的实践为基础，构建了基于中国经验的动态能力研究框架和分析逻辑，对于动态能力的理论内涵、维度界定及其测量量表赋予了中国情境，这些研究无一例外的都将动态能力界定为一种能为企业带来持续竞争优势以有效应对环境变动的特殊能力，如表 3 - 8 所示。

表3-8　　　　　　　　相关文献对于动态能力概念及维度的界定

研究来源	定义	维度划分	研究类型
蒂斯和皮萨诺（Teece & Pisano, 1994）	企业竞争能力的子集，可以为企业创造新产品和流程以及对变动的市场环境快速响应的能力	构建能力、整合能力和重构能力	理论研究
艾森哈特和马丁（2000）	整合、重组、获取、释放资源以匹配甚至推动市场变革的能力，它可使企业获取新资源的组织进程和战略惯例	整合、重组、获取、释放资源能力	理论研究
蒂斯（2000，2007，2014）	迅捷、熟练感知和捕捉机会的能力，可有效降低交易信息成本和实现技术创新	感知能力、捕捉能力和转换能力	理论研究实证研究
巴雷托（2010）	企业系统解决问题的潜质或能力，也是一种组织进程和管理，由对机会和威胁的感知、及时制定市场导向的决策和改变自身资源的能力构成	对机会和威胁的感知、及时地制定决策、做出具有市场导向的决策和改变公司的资源基础四个维度	理论研究
丹尼尔斯（Danneels, 2008）、马赫和英厄里（Macher & Mowery, 2009）	企业战略组织过程的能力	产品开发能力、技术创新能力、营销能力	实证研究
李彬等（2013）、李晓燕和毛基业（2010）	企业调整流程或解决问题的方式以适应环境变化的能力	感知能力、获取能力、决策能力和转换能力	实证研究
张凤海（2013）	企业系统解决问题的潜力	洞察环境能力、变革创新能力、组织柔性能力、适应能力和学习能力	实证研究
董保宝等（2011）	对企业的资源、能力进行整合、配置和重组的能力	环境适应能力、组织变革能力、资源整合能力、学习能力和战略隔绝机制	实证研究

研究来源	定义	维度划分	研究类型
罗珉和刘永俊（2009）	其定义为对企业既有的资源、流程、位势和路径进行一系列的整合（integrate）、重构（re-construction）、更新（renew）、配置（dePloy）、学习（learn）与响应（response）的能力	感知能力、吸收能力、关系能力、整合能力	理论研究
唐孝文等（2015）	动态能力是企业战略转型的前因变量，是战略转型成功的重要保障	环境洞察能力、规划设计能力、组织学习能力和变革领导能力	实证分析

资料来源：笔者根据相关文献整理。

上述分析表明，现有研究多是从功能主义和结构主义角度对动态能力这一概念进行界定的，各自选取的研究切入点各不相同，学者们分别从战略管理、演化经济学、交易成本、组织变革视角进行了相应研究，对于动态能力维度的认识也未统一，尤其是对于动态能力的本质究竟是一种能力还是一种资源、流程还是惯例尚无定论。但通过文献的梳理，依然可以在这些相关研究中找到一些共识。第一，动态能力是一种建立在资源基础观上的能力；第二，主要通过整合、构建和重构内外部能力和资源以适应动荡的外部环境；第三，关注外部环境变化的影响及其响应；第四，动态能力具有异质性、不可复制性、可识别性和内嵌性，存在于组织流程中，由资产的独特性和发展路径的依赖性决定；第五，其直接结果是获得或维系企业持续的竞争优势。综合既有研究及上述分析，本书对动态能力做出定义：动态能力是一种拓展的资源基础观，它通过整合、构建重新配置内外部能力和资源以有效应对动荡的外部环境进而获得或维系持续竞争优势的来源，由感知环境的能力、变革创新能力、组织柔性和适应能力四个相互独立又互为关联的具体维度构成，如表3-9所示。

表 3 - 9　　　　　　　　　本书中动态能力维度的理论来源

序号	维度定义	理论来源
1	环境洞察能力	焦豪等（2008）、胡望斌和张玉利（2011）、龚一萍（2011）、普拉哈拉德和哈默尔（1990）、劳森和萨姆森（Lawson & Samson，2001）、蒂斯（2007）、姜爱军（2012）、张凤海（2013）
2	变革创新能力	焦豪等（2008）、龚一萍（2011）、科利斯（Collis，1994）、蒂斯等（1997）、佐洛和温特（2002）、赫尔法特和彼得拉夫（Helfat & Peteraf，2003）、扎赫拉等（2006）、王和艾哈迈德（Wang & Ahmed，2007）、张凤海（2013）
3	组织柔性	贺小刚等（2006）、焦豪等（2008）、胡望斌和张玉利（2011）、钱德勒和汉克斯（1994）、纳尔逊和温特（1982）、姜爱军（2012）、张凤海（2013）
4	适应能力	王和艾哈迈德（2007）、姜爱军（2012）

3.5　资源获取能力内涵及其维度

按照资源基础观的观点，有价值、不可复制、无法替代的异质性资源对新创企业绩效有显著影响，是形成企业竞争优势的基础。由于新创企业处于萌芽状态，在外部环境和内部结构方面存在较多不确定性，能获取有价值资源的渠道、能力相对欠缺，因此新创企业往往难以获得有助于企业生产和发展壮大的宝贵资源，导致了新创企业成长缓慢、失败率较高。对于新创企业，如果没有足够强大的创业资源作为基础，及时进入了前景较好的行业，选择了较好的项目，出现了好的创业机会，企业也无法有效抓住和利用此创业机会，资源获取能力是新创企业必需的重要能力。在研究新创企业成长规律和发展绩效时对资源获取能力予以重点关注具有重要意义。

企业战略被认为可以通过一定途径使得组织资源、技术与外部环境中的机会和风险之间实现良好的匹配。自 20 世纪 80 年代以来战略分析对于战略和外部环境之间的关系给予了足够的关注，但却忽视了资源、技术在企业战略中的重要地位。资源获取是资源基础观的重要研究领域，巴尼等认为，拥有异质性资源的企业往往更容易形成竞争优势和取得卓越绩效。扎法里安等（Zaefarian et al.，2011）从关系管理角度对资源获取能力进行了较为系统的研究，他们指出，资源获取就是通过整合各种资源建立内部外组织联系以创造价值的过程，这种界定是对资源基础观的进一步发展（Barney，1991；Arikan，2001），人们逐渐认识到资源获取能力决定了创造价值的能力进而影响企业绩效，建立在业务关系基础上的资源获取能力已经成为战略管理和商务营销研究者的关注对象。斯塔尔和麦克米伦（Starr & MacMillan，1990）认为企业获取资源的途径主要有两个，即获取合作合法性（coopting legitimacy）和获取未被利用的东西（coopting underutilized goods），进而他们从社会交易角度提出可以通过契约、信任、担保、联合等方式来确保上述资源获取的实现。罗志恒等（2009）认为，资源获取是企业通过某种方式获取所需的关键资源以形成持续竞争优势的过程。刘芳等（2014）、刘预（2008）认为新创企业不断获取资源是其得以顺利生存的基础，将资源获取界定为企业从外部获取发展所需的关键资源构建资源库的过程，根据资源的来源可将资源获取分为资源外部获取和资源内部积累两个维度。桑培光（2012）对新创企业的资源获取能力进行了界定，认为它是从内外部环境获取资源要素尤其是关键资源以满足新创企业发展需要的能力，并针对所研究的农业企业特性把其资源获取能力的维度划分为运营资源获取、知识资源获取、关系资源获取和政策资源获取四个方面。在资源获取维度划分上，一些学者曾经将其分为资源获取能力和资源获取结果（效率）两个维度，罗志恒（2009）对此进行过研究，认为资源或能力重点涉及的是企业获取资源的可用性，一般用获取的资源对绩效的贡献度来衡量，资源获取结果（效率）主要反映获得资源的质和量的状况，质优量足的资源能为企业带来更为显著的竞争优势。余红剑

（2009）指出企业资源的规模、类型和品质决定了企业自身价值和经营绩效，资源获取与积累的过程就是企业核心能力提升的过程。叶学锋和魏江（2001）根据资源的来源、特性，将企业获取资源的方式归纳为：内部培育、合作渗透和外部并购。内部培育强调企业自身的主动性，通过探索、学习、创造等方式获取商誉、企业文化等形象资源和规则资源。合作渗透是通过与外界建立各种合作关系拓展企业边界进而扩大企业使用资源的规模、界限和效率。外部购并是通过收购和兼并其他企业尤其是资产优良的企业来获取自身快速发展的资源和能力，这种方式是最直接、见效最快的资源获取方式。他们还进一步指出，不同类型的资源所对应的最合适的获取方式也不相同，异质性越明显、刚性越强的资源越适合通过内部培育获得，而诸如纯粹的设备、厂房、人才等物质性较强的资源则适合通过合作或购并获得。曹红军等（2011）通过与企业能力比较对企业资源内涵及其获取进行了界定，认为企业资源和能力是互为关联的，二者在创造企业经济租金的过程中发挥着不同作用，企业能力创造价值和构建竞争优势是发生在资源获取后，以资源获取能力为基础，企业能力就是对企业资源进行整合利用以创造竞争优势的特殊技能，资源多是有形的，同时指出资源获取能力是构成企业资源管理能力的重要部分，并在艾森哈特（Eisenhardt，2000）的研究基础上企业资源获取能力分解为根据外部环境变化获取资源、低于竞争对手的成本获取资源、比竞争对手更快获取资源、比竞争对手获取更高质量资源四个维度。莫尔和加纳（Mohr & Garney，2009）指出，新创企业获取的资源在创立新企业实现价值过程中具有重要作用，创业者运用其建立的资源库积极发现商业机会以实现企业发展目标，资源库有助于新创企业通过创造顾客价值而获得相应的利润，通过新一轮资源库拓展和优化配置从而形成企业自我发展的良性循环，并建立了新创企业的资源与价值实现之间的逻辑关系，如图 3 - 3 所示。

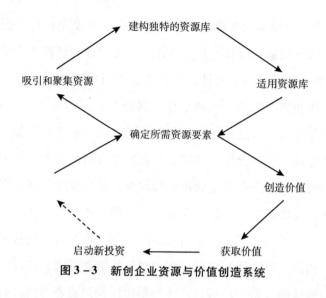

图 3 - 3　新创企业资源与价值创造系统

常冠群（2009）认为，企业资源主要包括能控制、可使用的，直接或间接影响企业价值创造的所有要素，处于网络结构下的企业与顾客、供应商、经销商、竞争对手等主体建立联系以获取企业发展所需的各种资源，资源获取就是获得必要的、关键资源的行为，资源获取方式主要有外部获取和内部积累两种，其中外部获取主要包括资源购买和资源吸引，前者主要通过购买的方式实现，后者则强调商业计划书、团队声誉、创意、技术等无形资源来吸引其他的资源流入企业；内部积累主要是利用现有资源在企业内部培育以形成新的资源，实践中主要表现为内部开发技术、员工培训、自我积累资金等方式，资源获取分为资源获取效率和资源获取结果两个维度。

现有文献对于资源获取能力的内涵界定多建立在资源基础观之上，对其定义基本上已经达成共识。由于本书对象是新创企业，考虑到新创企业普遍存在的"新进入缺陷"（liability of newness）的特征，其面临的内部结构不健全、外部环境更动荡，与成熟企业相比，新创企业具有更强的生存压力和成长动机，对于人、财、物、技术等硬件要素的需求更为强烈，因此本书将资源获取能力定义为企业通过内部学习积累和外部购买、吸引等方式获得生存和发展的关键性资源的能力，其维度分为运营资源的获取、政策资源的获取、知识资源的获取三个方面，如表3-10所示。

表 3 – 10 　　　　　 **本书中资源获取能力维度的理论来源**

序号	维度描述	理论来源
1	运营资源的获取	巴尼（1991），朱秀梅等（2010），锡尔蒙、希特和爱尔兰（Sirmon, Hitt & Ireland, 2007），维克兰德和谢泼德（2003），桑培光（2009），艾森哈特（2000）
2	政策资源的获取	巴尼（1991）、张素平（2013）、张方华（2006）、艾森哈特（2000）
3	知识资源的获取	巴尼（1991）、维克兰德和谢泼德（2003）、朱秀梅（2006）、艾森哈特（2000）

第4章 理论模型构建与研究假设提出

本章首先对企业竞合关系的实质和竞合关系演化进行了探讨，随后提出了"新创企业—同业者—供方—买方"四方竞合参与主体分析框架，基于此可分别从横向产业联系和纵向产业联系两个方面对竞合关系进行分析。最后针对竞合与新创企业绩效的关系，分别就新创企业与供方、购方、同业的竞合行为对绩效的影响提出一系列假设。

4.1 企业竞合关系的产生与演化

现代市场竞争让人们开始认识到，竞争与合作都是企业同一行为的两个方面，任何时候都不存在单纯的竞争或者单纯的合作（Bengtsson & Kock，2000）。过分强调竞争或过分强调合作对企业而言是不明智的，企业要在复杂多变的环境中获得更好地生存发展机会，必须从根本上转变传统的竞争思维，转而树立起一种在竞争中寻求合作机会，在合作中更好地推进竞争的新型企业竞合观念。至此，竞合作为一种有效获取企业竞争优势的战略选择逐渐进入理论和企业界的视野。虽然组织间的竞合现象很早就已经出现，但是真正对该领域展开系统研究的学者应该是布兰登勃格和内勒巴夫，他们在《竞合战略》一书中最早提出竞合战略这一概念，用以描述企业间建立在合作竞争基础上的既竞争又合作的一种新型的动态战略关系。随着企业发展实践的丰富，人们逐渐认识到企业之间的竞争与合作行为常常是同时发生的，企业的利益来自同时进行竞争和合作，竞合可以成为企业获取经营优势的手段。一方面，为了增强自身的经营优势，企业需要促进彼此间的合作和信任；另一方面，为了有效地进行合作，企业之间也必须通过战略联盟、产业集群等手段进行能力的竞争。帕杜拉和达尼诺（Padula & Dagnino）则认为，竞合观念来源于这样一种共识：在企业间的相互依存关系中，价值创造过程及价值分享过程都会涉及一个部分一致的利益结构，而蕴含其中最为重要的一对关系便是竞合关系。人们发现竞合这一组织间二元关系现象广泛存在于跨国公司内部子公司间、企业与其主要竞争对手间（Zineldin，2004）、一家跨国公司与一群竞争对手之间（Luo，2007）、渠道内上下游伙伴之间（Kotzab & Teller，2003），以及组织内部不同部门之间（Luo et al.，2006）。一些学者尝试从冲突管理视角、权力—控制视角和资源依赖视角对竞合这种基本的二元关系进行深入分析后发现，不管是用于理解组织间关系还是用于分析创业者个人间的关系，竞合理论都是具有强大理论拓展空间和实践应用价值的。由此看来，对现代企业关系而言，非合作即竞争的"二分法"已无法为企业在新的商业世界中寻找发展机会提供有力的理论解释。新型的企业关系更多地呈现为一种竞合相依和竞合相继的状态，这是以往理论研究和实践所未曾遇见的新趋势。因此，从理论层面对竞合关系的本质进行深入分析，并对这一关系的健康、有序发展提出有效的治理之策非常有必要。

4.1.1 企业竞合关系的实质

竞合被定义为两个或两个以上企业在一些活动中进行合作，同时又在另一些活动中相互竞争（Bengtsson & Kock，2000）。企业与企业之间的关系是竞争中蕴含合作，合作中糅合竞争，企业通过合作共同创建和开发市场，分享资源和知识，订立市场规则和标准，确立客户和消费者对产品或服务的消费认知，同时又通过竞争获得超越其他企业的生产效率和自身应得的收益。企业之间的竞争与合作共同作用、相互影响，并且在一定的条件下相互转化（刘衡、王伟龙和李垣，2009），这种竞合相依的关系对于企业追求卓越绩效有决定性作用，企业竞合关系的基本逻辑如图4－1所示。

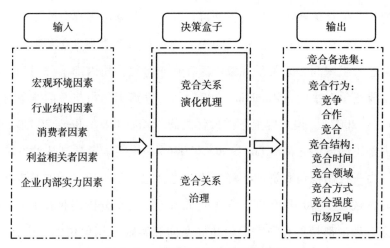

图4－1　企业竞合关系的基本逻辑

企业竞合关系是企业的核心竞争力，这种关系不易为竞合体外的企业模仿和替代，它不仅能够为企业创造价值，而且通过竞合体内企业的联结，还具有一定的价值延展性，能够为竞合体带来新知识、新思想、新价值。竞合关系有时是难以捉摸的，但是却又可以被映射到竞合企业的竞合决策上。换言之，竞合决策可以看作是企业竞合关系的具体行为表达。现实中，竞合关系是企业与企业之间在某些领域内发生互动行为的呈现。在分工和专业化的背景下，伴随企业内外部环境的变化，企业间一旦发生关联，就会触发企业间关系界面的产生从而形成双方的互动，界面蕴含了相关企业竞合关系产生的影响因素、竞合决策过程以及特定竞合战略选择的备选集。企业根据宏观环境因素、行业结构因素、消费者因素、利益相关者因素和企业内部实力因素，结合自身发展战略、双方合作历史、对方声誉、核心资源评价等方面的考量从上述竞合战略备选集中相机选择相应的理性化竞合行为。同时，为使这些竞合行为被高质量地执行和存续，竞合双方需要对竞合关系进行有效治理。竞合双方往往会选择一种灵活的治理机制，通过资源、信息、能力的共享与互补，着力构建某种共同体，以共创最大价值，各自收获最合意效益，建立最融洽关系，获取最大范围的信任。因此，为更好地理解企业竞合关系的实质，我们可把企业的竞合决策过程看作是一个黑盒子，影响决策的因素被视作盒子的输入，备选的竞合行为集和竞合结构被看作是盒子的可能输出，那么企业在既定的输入条件和状态下选择何种输出是具有相互关联性的。竞合决策盒子由输入到输出的过程中，企业竞合关系演化和竞合关系治理在其中起了关键作用，它们是决定竞合决策盒子内部机制运转的主要变量。因而对竞合关系的研究首先应从竞合关系演化机理和竞合关系治理的分析开始。

4.1.2　企业竞合关系的演化

不确定性、动荡性已经成为现代商业世界的主要特征，这使得变革、创新和快速反应成为企业制胜的法宝，然而这种变化的有效实现不仅取决于既定的战略计划更决定于企业能对环境变化做出及时响应（黄勇和彭纪生，2012）。要在复杂多变的环境中取胜，必须对企业间的竞合关系状态做出及时调整，这种调整表现为由各种应激反应组成的竞合即兴行为。我们已初步假定企业竞合关系选择决策过程即竞合决策盒子是个黑盒子，要弄清这个盒子的作用机理，应充分明确竞合规则和竞合规范这两个核心概念。同时，由于现实中一般难以通过常规手段对竞合关系进行观察和归纳，因而可以通过易察觉的竞合行为来表征相应的竞合关系。企业的竞合行为表现为纵向时序下每个时间点的即兴行为的组合，在分析企业的竞合关系演化时，可以通过分析最小分析元，即某个时间点下的竞合即兴行为来探寻竞合关系演化的机理，如图4-2所示。在一定程度上可认为，竞合决策盒子发挥作用的过程即为竞合关系演化的过程。

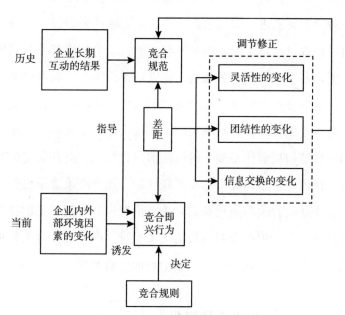

图4-2　企业竞合即兴行为演化的机理

1. 竞合规则

企业是理性的，其终极目标就是追求利润和效益最大化，企业竞争的实质是通过市场价格机制使资源达到合理的配置，在获得自身利润和效益最大化的同时使社会福利得以增进（亚当·斯密，1972）。在资源稀缺的前提下，企业要想获取优势资源和能力只有三种途径：要么运用市场机制通过竞争手段，要么运用协作机制通过合作手段，要么两者兼而有之。机制和手段的选择要依据一定的规则，这一规则实际上就是企业追求利润最大化结果下的竞合规则，即对竞争剩余和合作剩余的权衡（杨立岩，2001）。图4-3建立了一个竞合行为选择二维坐标图，用于分析企业是如何通过竞争剩余和合作剩余的权衡来最终确定所选取的具体行为究竟是竞争、合作还是竞合。图 4 - 3 中分别将竞争剩余和合作剩余作为划分的两个维度，各种类型的剩余都用相对值来表示。通过竞争剩余和合作剩余大小的比较，可诱发企业做出具体的竞合行为选择：

状态 I：竞争剩余 > 合作剩余，竞合行为选择：竞争；

状态 II：竞争剩余 = 合作剩余，竞合行为选择：竞合；

状态 III：竞争剩余 < 合作剩余，竞合行为选择：合作；

状态 IV：竞争剩余 = 合作剩余，无效。

图 4 - 3 竞合规则下的竞合行为选择

状态 I、状态 III 对应的行为选择很容易把握，竞争剩余或合作剩余较多的，选择响应行为分别是竞争和合作。状态 II 的响应行为是竞合，状态 IV 中虽然竞争剩余和合作剩余相等，但在追求利润最大化的前提下，无论选择状态 I 下的竞争，还是状态 II 下的竞合抑或状态 III 下的合作所产生的剩余都要明显大于状态 IV。状态 IV 下企业所得到的剩余最少，一个理性企业不可能选择这种状态下的行为，因此状态 IV 是无效行为区。

2. 竞合规范

竞合行为作为两个或两个以上企业接触的响应方式，遵循组织间关系的某种行为规范，这些规范主要包括灵活性、信息交换和企业之间的团结性（Heide & John，1992），上述行为规范指导企业在寻求效益最大化时尽可能避免短期投机行为，并据此巩固企业之间形成的长期、良性的竞合关系，以实现资源配置的帕累托最优。这种演化规范是企业在长期的竞合中所形成的惯例性行为准则，符合企业对自己和对他人行为的期望要求，是一种共同而广泛的行为期望集合，因而竞合规范也称为竞合期望。在上述三种竞合规范中，灵活性意味着，一旦环境发生变化，双方都会做出与环境变化相适应的行为调整的期望；信息交换则让竞合双方产生主动为对方提供有用信息的期望；团结性可让竞合双方互相认识到对方具有重要价值，由此使得企业双方愿意建立并且维系这种友好的竞合关系。

上述三种演化规范是企业竞合关系长期互适的结果，互适是一个自我调节和修正的过程，而调节和修正的出发点来自即兴行为（Weick，1998）的结果与基于历史记忆的企业竞合期望之间的差距，这种差距表现在三种规范（灵活性、团结性、信息交换）的变化中。三种规范的变化调节和修正了组织间的竞合规范（期望）：在竞合关系的演化规范中，灵活性说明竞合关系要随着环境的变化而变化，如果竞合的一方企业在复杂多变的环境中没有适时地改变战略和策略，将会挫伤另一方合作的积极性，使之呈现出更多的竞争倾向，反之，则会呈现更多的合作倾向；团结性说明企业的有效竞合将会加强双方对于对方价值的认同，使双方合作领域不断扩展和深化，有利于增加合作倾向；信息交换说明竞合双方通过在竞合体中分享各自所拥有的市场信息和组织知识，从而做出利己又利人的决策，减少竞合体的风险。在此信息分享过程中，竞合体中企业分享信息的意愿和分享程度将决定企业竞合倾向，信息分享的意愿和程度高则会加强合作倾向，反之会强化竞争倾向。

3. 竞合关系的演化机理

前面已指出竞合关系难以通过常规手段进行观察和归纳，所以在分析企业的竞合关系演化时，通过某个时间点下的竞合即兴行为来探寻竞合关系演化的机理是可行之举。

（1）内外部环境变化诱发的竞合即兴行为。竞合关系演化的机理表明竞合即兴行为的产生是竞合规范、竞合规则和内外部环境因素的变化这三个方面共同作用的结果。其中，当前时间点下企业内外部环境因素的变化是诱发即兴行为的重要因素。企业的内外部环境既蕴含了有利企业发展的机会，也暗藏了不利企业发展的威胁，企业要及时和清楚地分析它们，趋利避害，调整自身的战略。经由内外部环境变化而诱发的即兴行为会促使竞合决策盒子的状态发生改变。从这个过程可以看出，如果企业的内外部环境没有改变，是不会引发竞合规范改变的，同时也不会使决策盒子的状态发生改变，企业内外部环境的变化为竞合即兴行为的产生提供了动力。企业外部环境通常是瞬息万变的，此处所指的环境概括起来主要有：以政治力量为主导的宏观环境（李晓彬和葛红岩，2009）、以竞争为主导的行业环境（Porter，1980）、以满足消费者多样化变化需求为主导的消费者环境（Kotler，2000）和以追求利益共享和公平为主导的利益相关者环境（Frediman，1962），这四方面的环境力量独立而又交织影响着企业外部环境的变化，让外部环境变得难以捉摸和瞬息万变；企业的内部环境通常是企业在发展过程中内部各种因素的总和以及它们之间的相互作用，主要包括清晰而形象地体现价值创造的物质环境因素、规范和指导价值创造的制度环境因素、贯彻和执行价值创造的行为环境因素以及把价值创造升格为企业全员动力性规范和哲学的精神环境因素。因为内部环境因素存在于企业内部，所以一般情况下是能够被企业控制的，但某些时候，这些因素在外部环境的影响下，会通过非正式的交互影响而产生变化，从而超出企业所能控制的范围。外部环境的难以确定和内部环境的不可控以及两者之间的相互影响，让企业对内外部环境变化的规律性把握和应对变得非常困难，于是对企业的内外部环境变化进行事前预测也就存在一定难度，反映在竞合情境中就是企业无法沿用在过去情境下达成的竞合关系和行为。对于企业而言，只要内外部环境改变，便会诱发竞合的即兴行为，而如果企业内外部环境不变或可以被预测，则原有的竞合关系和行为将会被保留，新的即兴行为不会由此产生。而现实中，企业环境是瞬息万变的，因此竞合的即兴行为便成了企业行为的常态。

（2）完全理性和有限理性孕育合理的即兴行为。内外部环境的变化诱发了即兴行为，而即兴行为要成为一个合理的行为，则必须是意图创造与立即反映统一的结果（Seham，2001）、也是理性思考结合实时行为形成的结果。这些行为有别于以往的习惯性行为（Weick，1998），它是一种计划和行为融合的结果，也是在行动中不断思考的结果。从现有研究中可归纳出，即兴行为是一种实时行为、立即反应、即兴决策。让即兴行为合理化，还必须具备意图性、理性思考性和计划性，这三种性质都有权衡的共性，在某种程度上，这三种性质可看作是在即兴行为理性概念框架下对竞合关系进行权衡所具备的特征。竞合的即兴行为是竞合双方通过理性权衡所形成的行为结果，这种行为结果经常被理解为：通过事前对各种信息的评估而认为自身行为具有积极意义和积极结果（Fishbein & Ajzen，1975），且组织普遍认定的规则和规范能够促成这种行为结果（理性权衡的即兴行为）的发生，而在理性权衡概念框架中的完全理性和有限理性则是该种行为必须遵循的原则。

规则常被认为是在既定的行动领域中，以协商性交换为基础，相互依赖或相互关联的行动者通过长期的利益、权利、习惯等各种因素博弈、竞争和合作形成的结果（埃哈尔·费埃德伯格，2005；March & Olsen，1984），表现为行动者为达到一定的行为目标或目的在社会观念系统和行动者之间所建立的大家都认同的、维系组织理性活动的、具有一定决定力、约束力、普遍存在、不可消除的各种契约关系。完全理性决策行为强调参与决策的主体都是理性行动者，会追求采取最佳策略，以求获得最佳解决方案，用最小代价获得最大收益（王青梅，2012），这与"经济人"假设下的追求自利、追求效益最大化不谋而合，因而，"经济人"追求效益最大化成为完全理性行为的一个重要前提基础。在竞合的关系情境中，效益最大化就是在双方选择竞合即兴行为时所权衡的竞争剩余和合作剩余孰大孰小，孰大者为理性或优等决策，竞合企业依据竞合剩余最大化理性化各自的行为，这被称为竞合规则。在前部分的研究中已经分析了竞争剩余、合作剩余与竞合行为之间的关系，并且指出追求剩余最大化的竞合规则存在于相互关联和相互依赖的企业观念和行为系统中，决定着各自的行为。所以，在完全理性行为下，追求效益最大化、剩余最大化决定了竞合的即兴行为。

　　竞合规则对理性权衡下的竞合即兴行为产生起到决定性作用，然而竞合即兴行为在完全理性决策观念下只能是使行为的结果较大地符合效益最大化和剩余最大化的目标。诚然，企业作为一个"决策行为者/竞合参与人"，其决策目标是想在竞合行为中获得最大的剩余和效益，但因理性能力的有限性，这种最大化剩余和效益常常无法有效实现，出现"意欲理性而只能有限为之"的情况：主观上追求完全理性，而在现实客观上只能有限接近这个目标，最终企业的决策目标只能从"最大化剩余"转向"满意化剩余"，即用"满意目标代替最优目标"（Simon，1947）。在现实的社会和商业情境中，决策信息不完全、决策者能力局限、决策后果不确定、备选决策不完备等方面都会影响完全理性决策。完全理性可以比喻为企业行为决策者想要达到的理想或终极目标，是实质理性，而有限理性是企业行为决策者为达到理想或终极目标所经历的在各个阶段性过程决策中现实与理想的糅合，是过程理性。所以在有限理性下，竞合参与人受限于信息不全、能力不足等，一方面试图使每一个决策阶段和决策过程达到较优化和满意化以做出合理决策，另一方面试图通过一定方式弥合较优化与最优化效益、剩余的差距。就有限理性下的竞合即兴行为而言，其目的是让现实决策行为趋于满意化，或最大限度地实现剩余最大化，这里的"满意化"和"最大限度地实现"是指企业较过去状态下的进一步优化，或是对设想期望的达成。这一期望的建立是以企业过去的经营成果和竞合关系为基础的，现实中，竞合关系的质量往往决定了企业经营成果的好坏。因此，期望的取向就取决于企业对竞合关系的心理预期，而此处所指的心理预期或期望就是竞合双方在长期的互动当中累积起来的、有利于发展的、各自认同或遵守的行为规范，也即前面提及的竞合规范。

综上可见，竞合即兴行为的产生和演化来自三个方面的作用力：企业内外部环境的变化诱发了即兴行为的产生；理性化的即兴行为是竞合规则和竞合规范权衡的结果，是完全理性和有限理性相互融合的结果，也是满意性目标和最优化目标相容的结果；完全理性下的竞合规则决定了竞合即兴行为，有限理性下的竞合规范指导了竞合即兴行为。

4.2　企业竞合关系分析框架

4.2.1　企业竞合主体的内涵

企业竞合的参与主体也可称为竞合者（Afuah，2000），即与企业发生直接竞合关系的各类企业和组织。处于现代商业网络中的企业不可避免地要与多个主体发生竞合关系，参与主体的类型、规模以及这些主体参与到竞合过程中的方式、程度和频率很大程度上决定了企业所面临的外部环境结构、竞争态势，进而影响到企业的行为和绩效，这也从侧面印证了传统的结构—行为—绩效模型（Structure – Conduct – Performance Model，SCP）确实是符合商业世界运行规律的。上述企业竞合主体的定义包含如下几个方面的含义：

（1）关系的直接性。各主体参与竞合的关系是直接发生的，没有通过任何第三方或者其他间接方式的影响。根据布兰登勃格和内勒巴夫（1995）的观点，各参与主体作为利益相关者通过竞合行为联结为一个有机的价值网（value net），中心企业可看作是这个网络的中心节点，它通过要素、产品或服务与其他主体共同营造了一个纵横交错的产业链。按照社会结构理论，各主体之间建立的是一种强联结关系。

（2）行为的动态性。各主体参与竞合的过程和行为是动态的。它强调各企业随时根据内外部环境、战略目标和发展态势随时建立和调整自己的竞合行为选择，这是一个连续性的行为过程。这种动态性具体表现为三个方面：竞合主体的动态性、竞合领域的动态性和竞合策略的动态性。竞合主体的动态性表明随着中心企业业务的变化与其发生直接联系的各主体是变动的，竞合领域的动态性是指随着中心企业内外部环境、发展态势等的变化，发生竞合关系的领域也会随着拓展或缩小，竞合策略的动态性强调根据环境变化和企业自身能力随时做出战略变化的反应。

（3）目的的共赢性。竞合主体参与竞合的目的是实现资源互补从而获得企业生产发展的优势资源。通过竞合使得各主体可以运用所掌握的资源生产出远大于资源投入量的产出之和，即实现所谓的"要素的多重共线性"，通过互补、共享等方式来共同创造价值和分享利润，最终实现"1 + 1 > 2"的目标。

（4）内容的融合性。竞合是高层次的企业管理战略，它从组织长远战略角度出发，通过资源和能力的整合，通过组织之间的分工、合作、学习，进行全面的创新，从而形成持续竞争优势。竞合不是竞争与合作的简单叠加，它不同于零和博弈或负和博弈那种"非此即彼""或 A 或 B"的理论预设，竞合主体参与竞合不是指企业与某个主体的关系是竞争的，而与另一个的关系是合作的，而是指参与主体之间一旦发生竞合关系，这种关系就融合了竞争和合作，这是一枚硬币的两个面。

4.2.2　企业竞合主体分析框架

竞合战略不仅已成为企业理论研究的热点，其重要性也越来越被企业界认识，然而实践中却比较缺乏有实际操作性的分析范式来指导。现有较为成熟的竞合分析范式有罗（2007）针对跨国企业提出的"竞争—竞合"二元分析模型、波特（1980）的五力竞争模型、项保华（2001，2009）

的六力互动模型和孙金云（2011）的二元战略分析框架。

波特（1980）在其重要著作《竞争战略》一书中提出了行业结构分析模型，即所谓的"五力竞争模型"，该模型已经为企业战略分析使用最为普遍的战略工具（如图4-4所示）。它认为行业中存在着行业现有竞争实力、潜在进入者威胁、替代品替代威胁、购方讨价还价能力、供应方讨价还价能力五种竞争力量。这五种力量共同作用决定了该行业的竞争程度、产业吸引程度、企业的盈利能力和企业可能采取的战略举措。该模型实际是从横向和纵向两个维度来构建其分析框架的，横向的同业竞争者和替代品生产者与纵向的上下游企业。五力竞争模型在竞合分析中具有重要的价值，一方面，它将从复杂的宏观环境中提炼出五种影响竞合态势的基本因素，这种化繁为简的思路为人们进行企业产业环境分析和制定相应竞合战略提供了操作性较强的途径。另一方面，通过进入障碍和替代者分析，它将特定产业的投入产出分析与产业边界分析有机结合起来，使得企业更关注外部环境而不是局限于竞争的优势、劣势、机会和威胁。

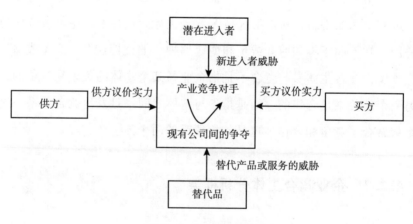

图4-4　五力竞争模型

资料来源：［美］迈克尔·波特：《竞争战略》，陈小悦译，华夏出版社2005年版。

布兰登勃格和内勒巴夫（1996）构建了一个企业价值网用以说明竞

合关系，他们认为企业竞合关系中的主体由中心企业、顾客、替代品生产商、供应商、互补品生产商构成，各种内部交互关系在两个维度发生，如图4-5所示。在纵向维度，分布的是中心企业的顾客和供应商，劳动力和原材料等资源通过供应商提供给中心企业，而企业将产品和服务提供给顾客，现金则分别从顾客流向企业，或从企业流向原材料供应商。另一个维度则是横向维度的两个主体：替代品生产商和互补品生产商，替代品生产商可能会成为潜在竞争者，他们会与中心企业争夺客户资源和生产要素资源，互补品生产商主要是提供互补品，同时从供应商处购买用于生产互补品的要素资源。布兰登勃格和内勒巴夫特别强调，在这个模型中之所以引入"替代品生产商"和"互补品生产商"是为了突破既往商业竞争态势分析中的定式思维，一旦将竞合主体定义为竞争者，则很有可能更多地倾向于关注竞争而非寻找合作机会。模型中对"替代品生产商"的界定意味着对现实的市场关系进行了客观的描述而未对主体做出其究竟是合作者还是竞争者的预设。"互补品生产商"常常是传统的战略分析范式中忽视的主体，在该模型中则被视为与"替代品生产商"先天对应主体。

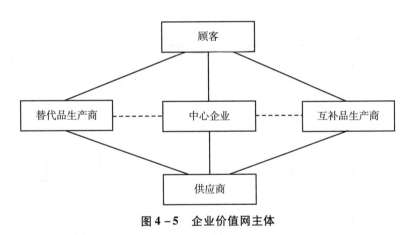

图 4 - 5　企业价值网主体

资料来源：A. Brandenburger, B. Nalebuff, The right game: use game theory to shape strategy, Harvard Business Review, 2009, 76 (4): 57 - 71.

罗（2007）认为，跨国企业的竞合强度是其在国际市场竞争中同时面临的竞争和合作的程度，企业的竞合关系可分为"强竞争—弱合作"型、"强竞争—强合作"型、"弱竞争—弱合作"型和"弱竞争—强合作"型四种。这种从竞争和合作两个维度来对企业的竞合关系进行匹配分析的方法是度量与主要竞争对手竞合程度的重要方法。一般而言，一个多元化的跨国企业拥有多个全球竞争对手，但与每个竞争对手所表现的竞合关系从本质上看都是不同的。因此，这种匹配分析框架可使企业对竞争对手进行动态的二元分析。将这些分析结果综合起来就获得企业全球竞争的基本情况，根据其在全球竞争中同时发生的竞争与合作强度，跨国企业可以发现自己目前是处在竞争态势、保护态势、合作态势还是适应态势。在竞争的环境中，跨国企业如果面临"强竞争—弱合作"型时，可采取信息收集、市场补缺或市场争夺的战略应对，在面对"强竞争—强合作"型竞合关系时，可通过边界分析、松散型合作和战略平衡等方式应对，如果面临的是"弱竞争—弱合作"型竞合关系时，应通过领域专业化、规模扩张、纵向一体化等方式应对；若面临"弱竞争—强合作"型竞合关系则应采用协同延伸、价值共享和附加增值等战略，如图 4-6 所示。

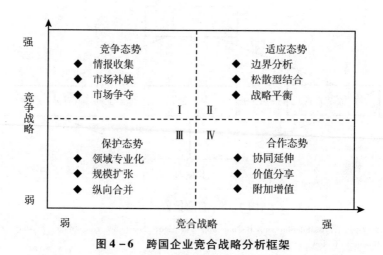

图 4-6　跨国企业竞合战略分析框架

资料来源：Yadong Luo, A coopetition perspective of global competition, Journal of World Business, 2007（42）：129 - 144.

项保华（2001，2009）在波特五力竞争模型基础上，从互动视角入手，以中心企业为分析起点，动态的分析中心企业、供方、买方、替代品厂商、同行业竞争者、潜在进入者六种直接相关的市场力量之间的竞合权变关系。该模型认为市场中各行为主体之间存在着竞争合作融合并存的微妙关系，这种关系受到了主体的主观认知、行为习惯、价值取向等因素影响，同时会随着企业环境、使命、能力以及相互之间行为互动而变化，因此在模型中并没有对哪些主体是中心企业的合作伙伴还是竞争对手做出理论预设，但在实践中必须清晰地认识竞合可能出现的各种情形，以便权衡采用何种有效应对措施。该模型更强调六种力量之间可能存在合作的机会，如可与互补品生产者之间合作提供更好的配套产品和系列服务，更好满足市场需求；与同业竞争者也可通过合作共同开拓市场空间，突破行业发展障碍，拓展顾客群体如图 4 - 7 所示。

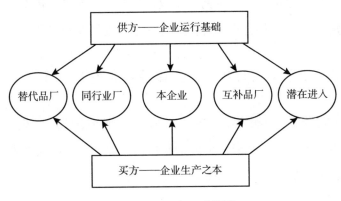

图 4 - 7　六力互动模型

资料来源：项保华、李大元：《企业竞合分析新范式：六力互动模型——内涵、思路与策略》，载于《科技进步与对策》2009 年第 3 期，第 52 页。

根据第 3 章关于竞合维度的划分，结合上述研究，本章主要借鉴布兰登勃格和内勒巴夫对竞合主体划分的基础上将竞合主体分为供方（要素供应方、资源提供方、互补品供应方）、买方（经销商、消费者）、同业者。供方主要是指为中心企业实现完整的生产经营活动提供生产要素、必需资源和配套产品（服务）的企业或组织，此处的供方供应的既可以是原材料和资源，也可以是配套产品或服务，既可以提供有形的原材料也可以提供信息、服务、管理、品牌等无形的要素。对于一些学者提出的竞合主体中的互补品生产商（Brandenburger & Nalebuff，2009；任新建，2006），若从其在产业链中发挥的作用和生产产品的属性来看，它在中心企业向买方提供产品或服务的过程中提供了配套产品，因此应归属到供方范畴。买方是通过市场交易方式从中心企业获得产品或服务的接受方，其可能是中间买方即经销商，也可能是终端的买方即最终消费者。同行者是指其所提供的产品或服务与中心企业的产品或服务高度相近的企业，之所以将传统研究范式中重要主体"同行业竞争者"称为同业者，是为了更好地吻合"竞合"这一战略的理论内涵和实践意图，即使生产同类产品或提供同质服务的企业依然存在合作的可能，将其界定为同业者实际上摒弃了"同业即为竞争者"的理论假定，有利于企业在战略分析时跳出传统的纯粹竞争的思想藩篱，拓展其发展的空间和应对动态环境的战略工具。

4.2.3 新创企业与各竞合主体的竞合关系分析

根据上述分析，本章提出"新创企业—同业者—供方—买方"四方竞合参与主体分析框架，基于此可分别从横向产业联系和纵向产业联系两个方面对竞合关系进行分析，如图4-8所示。

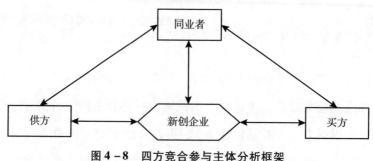

图4-8　四方竞合参与主体分析框架

1. 新创企业与同业者的竞合关系（横向竞合）

从竞争角度而言，由于提供的产品和服务具有相似特性，加之存在"新入劣势"的影响，新创企业更需要获得足够的生存发展资源和要素，其与同业者最直观的竞合关系表现为竞争关系。这种竞争的结果往往事关新创企业的生存，因此在重要市场、关键资源、基本生产要素等方面的竞争经常是白热化的，实践中往往通过低价战略、免费或低价提供增值服务等方式确保己方在竞争中获胜。

从合作角度而言，面对日益激烈的市场竞争和动荡的市场环境，新创企业对于合作也经常存在较强的诉求，尤其当其进入的行业面临整体性危机、系统性风险或宏观经济疲软态势时，新创企业往往会表现出强烈的"抱团取暖"意愿。通过同业合作，共享行业信息、做大市场规模、规范技术流程、确立行业标准，甚至通过建立同业战略联盟在资源、信息、技术、资金、优化行业整体环境、争取政策支持等方面一起做大做强，发挥行业集群优势和规模效应。同业合作的趋势已成为商业领域的一个新趋势，"同行即冤家"的传统观念正在被改变，在一些新兴行业，这种趋势更为明显。如打车软件领域的滴滴出行和快的打车的合并、分类信息网站领域 58 同城和赶集网的合并。这些同业合作的案例至少说明了两个问题：一是通过同业者甚至是竞争对手的合作不仅可以共同培育、做大市场、客户群体互补，还可以有效规避恶意竞争；二是某个行业的发展壮大涉及多个产业环节，单个或少数几个公司是无法有效支撑起一个产业发展的，因此在产业链的上、中、下游都需要合作。

2. 新创企业与供方的竞合关系（纵向竞合）

从竞争角度而言，新创企业与供方存在买卖关系，供方与新创企业之间首先体现的是价格方面的博弈。产业链利润既定条件下，掌握关键要素、垄断了互补品资源的供方具有强势的议价能力，因此可通过控制供应要素、资源、互补品的数量、频率、时效性等方式成为博弈中的主动方，进而获得更多的产业利润；如果新创企业所处的环节利润足够丰厚，也可能诱使供方向下游拓展进入新创企业所处行业，成为潜在的竞争对手。作为供方中的一个重要因素，互补品生产商与中心企业之间的关系更为密切，由于互补品有助于提升中心企业产品（服务）在消费者心中的价值，因此在一定程度上它与中心企业产品或服务存在利益绑定关系，互补品产品的价格、质量、数量、功能、款式会影响消费者对于中心企业产品和服务的购买，互补品生产商会根据自己在产业链中从中心企业处分享的利润多少来决定生产。

从合作角度而言，供方与新创企业之间的合作可以提升产业链整体利润和产品质量，已有研究表明，产业链上中心企业与供方的合作可以促进创新量的倍增（Balasubramanyam，1996）。供方通过合作向中心企业优质、个性化甚至定向产品和服务，同时双方在技术、信息方面的共享和交流有助于双方协同打造出一个完整高效的产业链，产业利润"蛋糕"做大后自然可分配到更多利润。实践中经常出现中心企业与供方共同建立研发中心，合作开发新技术、新产品以快速适应市场需求变动、缩短新产品的上市周期、降低生产运营成本，形成双赢的局面。

3. 新创企业与买方的竞合关系（纵向竞合）

新创企业与买方之间的竞争关系主要体现在性价比的博弈上，新创企业正处于企业生命周期的起始阶段，因此急需获得更多的利润作为下一轮的发展积累。在生产经营中新创企业更希望买方购买相对价高质低的产品（服务）或在价格谈判中掌握主动权得以分享更多的利润，而买方则希望购买到价廉质优的产品（服务），同时千方百计地提升自己的消费者剩余。对于买方中某些实力雄厚的经销商则可能在利润的诱使下进入新创企业所处的行业以期通过纵向一体化的方式获取更多利润，从而可能成为新创企业的潜在竞争者。

传统市场分析理论更多关注企业与买方之间的竞争关系，而现实中二者之间经常出现合作。新创企业与买方之间的市场信息的交流，可让新创企业及时获得真实的需求信息和市场环境变化的态势进而迅速调整生产经营战略，其结果一方面可使新创企业的产品或服务更加适销对路，从而快速回笼资金进一步扩大再生产，有利于降低经营风险提升其在新创期间的存活概率和发展机会；另一方面也可以生产出更多符合买方需求的产品（服务），进而使买方的需求得到有效满足。

4.3　竞合与新创企业绩效的关系

当前我国已经掀起了新一轮的"全面创业"浪潮，随着政府推出一系列有助于创业的政策"工具箱"、风险资本的介入，整个社会创业氛围发生根本性改变，在创业环境的驱动下，一批新创企业已经诞生并日益在中国经济舞台上发挥显著作用。新创企业发展的实践和面临的问题倒逼理论的进一步完善和修正。虽然新创企业的发展问题一直是理论和企业界关注的重点，围绕新创企业的成长规律、发展趋势、基本特征以及战略制定也已经形成一系列非常成熟且影响较大的成果（Burgelman & Sayles，1986；Gartner，1985；Weiss，1981；李新春等，2014；张玉利等，2012），但众多研究中的理论预设、分析框架和构念模型多是建立在西方经济环境下的，即便有些前瞻性的研究对中国新创企业发展实践进行过比较规范的分析，也得出了一些具有重要理论意义和实践价值的结论建议，但研究的系统性、全面性还需进一步强化。作为一种新的战略管理工具，竞合对于新创企业绩效的影响作用已经被理论界高度关注，具有中国情境的竞合与新创企业绩效关系应构建一个明确的理论框架。

4.3.1　竞合与新创企业绩效关系概念模型构建

通过对竞合战略、新创企业绩效等既有研究的梳理回顾，本章就竞合、新创企业等重要概念的内涵、特征、维度做出了明晰的界定，同时在竞合与新创企业绩效关系中有可能发生影响作用的因素，诸如动态能力、组织学习能力、资源获取能力和关系嵌入性等概念进行的了规范的理论分析，在此基础上提出了"新创企业—同业者—供方—买方"四方竞合参与主体分析框架，上述工作对于构建本章的理论模型和分析逻辑奠定了坚实基础。

对于刚刚进入行业不久、规模不大、资源和能力欠缺，具有先天"新进入缺陷"（liability of newness）的新创企业，如何有效运用战略工具，以获取生存发展必需的资源和能力以形成持续的竞争优势是至关重要的。新创企业面临的环境动荡、竞争激烈、风险较大，对于大多数不具备垄断因素的新创企业而言，如果一味单纯地采用竞争手段与其他利益主体进行硬碰硬的战略较量，可能最终的结果是两败俱伤（Luo，2007），新创企业往往会与其他企业甚至同业者一起构建和完善产业链、形成产业集群甚至创造市场，从而实现多方共赢（Brandenburger & Barry J. Nalebuff，1995）。另外，对于新创企业而言，其可以获得的资源更为稀缺，因此与其他企业合作的空间和领域是有限的，而且从企业本质看，任何企业不可能只有合作而不存在竞争，为了生存发展，新创企业经常采用竞争战略从而在与其他利益主体分享价值时获得更大的主动性（Brandenburger & Nalebuff，1995）。这种竞争与合作相互交融、同时发生的竞合战略行为对企业绩效产生了显著影响，早期的研究比较关注企业"与竞争对手开展合作"的过程中如何既能通过合作来获取竞争优势同时确保自身的核心资源和技术不外泄给合作的竞争对手（Hamel，Doz & Prahalad，1989；Benavides Velasco，2002）。自从布兰登勃格和内勒巴夫系统提出了竞合概念后，学者们对于竞合与企业绩效之间的关系认识逐渐有了更为明晰、确定的研究框架和理论支撑，一些研究开始试图找出竞合行为是如何通过一些关键因素来影响企业绩效的。布兰登勃格和内勒巴夫（1995）从博弈论角度比较抽象地分析了企业竞合的结果，指出竞合行为可以通过改变参与者、参与者的附加值、竞争规则、应对策略、竞争领域等方式来增加共创企业网络价值（value net）。罗（2002，2006）是较系统将竞合理论引入国际企业研究中的学者，他指出，契约的完备性、合作的稳定性和组织学习等因素在竞合与企业绩效的关系中作为中介变量起作用，并能显著地对组织绩效产生正向作用。在企业战略管理中，信息和知识等资源有助于形成企业的核心资源，通过竞合分享知识进而影响到企业的绩效（Levy et al.，2003）。本特森和科克（Bengtsson & Kock，2000）、勒克纳（Lechner，2006）则认为资源的互补性在上述关系中发挥了显著作用，尤其是对企业的创业绩效、顾客绩效和财务绩效的作用更为明显。另一些研究则认为创新能力和技术多样性（Garcia，2004）、技术的前沿性和组织规模（Zineldin，2004）、行业多元化状况（Gnyawali，2006）、时间和规模（Luo，2002；Velasco，2004）、合作的稳定性等因素在竞合与企业绩效关系中发挥了显著的中介或调解作用。近年来有关企业绩效研究则更侧重实证研究和方法的构建，学者们致力于找出那些在竞合与企业绩效关系间作用明显且能被测度的因素，诸如产业形态、市场化程度和环境动荡性等外部因素（Lumpkin，1996；刘静波，2007），更多的则是与企业自身有关的内部关键因素，诸如动态能力（Teece，1997；罗仲伟，2014；张凤海，2013）、资源获取（刘芳，2014；朱秀梅，2011）、组织学习能力（Lechner，2009；陈国权，2013；黄国群，2008）、关系嵌入性、社会资本等（Granovetter，2005；刘衡等，2009）。对新创企业而言，其得以成长并实现卓越的绩效是资源、能力、机遇相耦合，内部要素和外部环境相匹配的结果，更是其有效发掘、整合和利用能力与资源的结果。根据既有研究，结合前述有关概念的内涵界定和维度划分，本章尝试从新创企业分别与供方、购方和同业者三类主体之间的竞合关系入手，构建涵盖竞合行为、资源获取、组织学习、动态能力和新创企业绩效在内的分析框架，同时考察了企业类型在上述分析框架中所起的调节作用，以此作为竞合行为下新创企业绩效形成机制的解释工具，具体研究模型如图 4-9 所示。

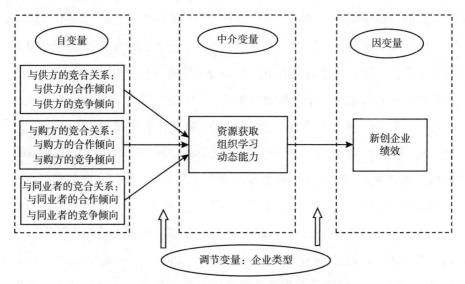

图 4 - 9   竞合对新创企业绩效影响机制的研究模型

4.3.2   新创企业与供方竞合行为对绩效影响的假设

供方处于产业链的上游，为新创企业提供生产要素、关键资源和互补品等，新创企业与供方之间利益和目标的一致性及方向性决定了两主体之间竞合关系的具体表现形式，如果方向一致则呈现出合作导向型竞合，否则就是竞争导向型竞合（鲍丽娜，2013）。越来越多的研究者开始认识到，供方与中心企业之间的关系不应局限在对抗、冲突和竞争层面（孙晓明，2013；郭红莲等，2008），二者之间应该建立起动态的良性战略，通过资源共享、能力互补更好地开发产品和服务，努力提升产品质量和服务水平。在现代商业业态下，中心企业与供方之间的主流关系是合作，这种合作关系可以促进增量创新和缩短产品上市的周期（Belderbos，2004；Liker，1999）。供方与中心企业之间的合作更为常见的是供方参与到新产品开发中，利克尔（Liker，1996）和范埃切特（Van Echtelt，2008）提出，供方通过其掌握的生产能力、资金、信息、技术、设计等方面承担一定的产品开发任务以满足当前或将来的市场需求，这有助于提升新产品开发的业绩，有利于实现资源共享、风险分担和快速应对市场的变化。既有文献多数表明，供方与中心企业的合作可以给整个产业链带来显著的收益，这种合作所产生的效果是积极和正面的。当然，中心企业与供方之间也常常存在竞争关系，一旦双方在发展目标、资源分配、价格成本等方面出现背离就会导致竞争，尤其是当对方所处的产业环节存在巨大的利润空间时，竞合双方往往会出现业务领域向对方移动的倾向，此时的竞争趋势更为明显。但从既有研究来看，竞合战略较单纯的竞争和合作战略更能促进企业创新能力和绩效提升（Quinitana - Garcia & Benavides - Velasco，2002），通过在竞争和合作战略之间的权变选择，企业可以借助合作获得互补性资源和能力，通过竞争可以争取自身在关键领域的利益，并且不断激发自己的创新能力以获得更好的绩效（刘衡，2009），一些实证分析表明，对于制造业和高技术产业，竞合对企业技术创新绩效的促进作用更为明显（徐亮，2009；Luo，2005）。因此，新创企业与供方之间存在着竞争与合作交织的关系，正是这种相辅相成的竞合关系促进了企业绩效得以提升。因此，本章提出以下假设：

H1：与供方的竞合关系对新创企业绩效有正向的影响。

H1a：与供方的合作导向型竞合关系对新创企业绩效有正向的影响。

H1b：与供方的竞争导向型竞合关系对新创企业绩效有正向的影响。

4.3.3　新创企业与买方竞合行为对绩效影响的假设

新创企业的买方主要包括经销商和消费者。激烈的市场竞争中经销商已经成为新创企业开拓市场成功与否的关键因素，而经销商的生产发展也与企业经营状况密不可分，新创企业与经销商的竞合关系直接影响到二者的自身利益，各方均意识到，只有双方的精诚合作和有效沟通才能实现双赢。市场发展态势使得人们逐渐转变对新创企业和经销商关系的传统认识，二者之间不再是一种绝对的利益博弈关系，而是围绕利益获取以求得持续发展的共同体。新创企业更加关注经销商的销售模式和服务质量，因为经销商的中间销售环节决定了新创企业在终端的表现，而这正是新创企业得以在短期内快速立足于市场的关键，因此，通过经销商获取更多市场信息以敏捷的感知市场需求变化已成为很多新创企业竞争优势的来源。而最终消费者在产业链中的影响力也越来越显著，将消费者带入价值创造中将有助于开发出更多符合市场需求的产品和服务，消费者不再只是产品的购买者，更是企业的合作伙伴（Prahalad，2003）。引人注目的小米手机创造的营销模式就是建立在与消费者良好竞合基础之上的，传统的手机销售很少主动将消费者纳入手机制造环节，但是小米手机则另辟蹊径，积极打造了"消费者+生产者"的经营链，可以说小米的成功完全得益于其与消费者共创价值的模式。小米手机 2 代的诞生凝结了众多消费者的创意和智慧，有 60 多万的小米忠实消费者（被称为的"米粉"）参与了小米 MIUI 操作系统的设计和开发，在小米公司眼中，消费者不再是竞争者，而是成为公司的伙伴，因此 MIUI 的功能 1/3 由米粉决定，2/3 由小米自己决定。与消费者共创价值的理念早在宝洁公司的"开放式创新"概念中就已体现——该公司首席执行官（CEO）雷富礼要求 50% 的创新创意来自宝洁外部，目前越来越多的公司开始强调与消费者的合作，海尔开始让用户参与设计云电视外形，匹克公司则开始根据消费者需求提供定制的运动鞋。市场由卖方向买方转变的趋势已经非常明显，掌握了信息、市场和顾客的买方（包括经销商和消费者）在与中心企业的竞合关系中更具主动性（Porter，1980；任新建，2008）。

基于以上分析，本章提出以下假设：

H2：与买方的竞合关系对新创企业绩效有正向的影响。

H2a：与买方的合作倾向对新创企业绩效有正向的影响。

H2b：与买方的竞争倾向对新创企业绩效有正向的影响。

4.3.4　新创企业与同业竞合行为对绩效影响的假设

早期的竞合研究重点关注的领域是同业之间的竞合关系，哈默尔、多斯和普拉哈拉德（Hamel，Doz & Prahalad，1989）较早就关注到了企业之间同时开展竞争与合作的现象，并将其理解为"与直接竞争对手开展合作"。随着研究的不断深入，人们开始意识到竞合战略不仅可以适用于同业之间，还适用于供应商、经销商、互补品生产商和顾客之间。同业者由于生产的产品或提供的服务与中心企业高度相似，同时，由于缺乏生产经营的历史记录和广泛的社会关系网络，新创企业资源禀赋缺失，新创企业因此二者在资源和市场方面体现出的最直接关系便是竞争关系，因此竞争关系是同业者之间一种与生俱来的关系（李良贤，2011），新创企业与其同业者之间的竞争关系主要体现在：一是对生产要素资源的争夺。作为新成立的企业，所掌握的生产要素资源本就稀缺，加之资金比较紧张，面对生产要素供应方，新创企业一般处于一种弱势地位，一旦同业竞争者通过抬高价格来获取生产要素则可能让中心企业陷入被动局面，为了克服上述困扰，新创企业对于挑战和风险会进行机会主义的适应性调整（Bhide，2000），会竭尽手段采取排他行为。二是对市场资源的争夺。一定数量的消费者是保证新创企业获得足够利润的根本保证，因此在市场资源开拓方面，新创企业与同业者之间的竞争非常激烈，甚至会在竞争理念的导向下将打败同业者作为评价自身成败的重要参考（任新建，2008）。三是对人才、技术、信息、知识、资金等其他关键资源的争夺。资源基础理论表明，那些不可复制、难以替代的有价值资源是形成企业核心竞争力的关键资源，新创企业的生存发展需要这些关键资源的支撑，这些贯穿于新创企业生产经营全过程的有形或无形资源可以转化为企业的产品或服务（Amit & Schoemaker，1993）。但这种竞争发生的同时也存在合作的现实空间，市场发展的多元化和消费观念的革新，使得新创企业获得更多新的机遇，一些新的消费方式和消费市场产生，面对巨大的新兴市场，单靠自身的力量是无法有效驾驭的，作为中心企业的新创企业与同业之间可以通过共享资源、能力互补、平衡市场供求，甚至通过联盟等方式开发出新市场、新产品和新的消费方式。对于新创企业，尤其是那种基于共同目标和彼此信任下的同业合作更能有效防止机会主义和获取更多的发展机会（Doz，1996）。

基于上述分析，本章提出以下假设：

H3：与同业者的竞合关系对新创企业绩效有正向的影响。

H3a：与同业者的合作倾向对新创企业绩效有正向的影响。

H3b：与同业者的竞争倾向对新创企业绩效有正向的影响。

现代市场环境下，企业只有通过不断提升组织学习能力才能构建持续的竞争优势。新创企业要在激烈竞争中及时感知并且适应内外部环境的变化，必须通过不断的学习以应对市场法则的无情淘汰。在竞合环境下，新创企业既重视内部知识的积累创新也重视探索外部知识的获取途径，而知识的来源已经不再局限于合租伙伴，也开始注重从竞争对手那里通过学习、模仿来实现知识积累。曼斯菲尔德和卢因等（Mansfield & Lewin et al.，2006）的研究表明，在化学、药品、制造业等具有一定技术含量的行业，大约有60%的技术会在3～4年时间内被竞争对手学习模仿。竞争是新创组织学习的动力，可以激发企业获取外部知识、信息的主动性，合作则是学习效应扩散的助燃剂，通过相互交流融合可以推动学习在范围和深度方面的进一步拓展，而竞合关系则是学习效果扩散的平台，在竞合行为频繁互动中，新创企业在竞合过程中增加了彼此接触和对抗的界面，促进了知识、技术、信息产生扩散协同效应（邵文武和黄训江，2014）。竞合互动行为的激烈程度决定了企业学习知识的渴望程度（张诚和林晓，2009），合作对于组织学习能力的促进作用比较明显，竞争对组织学习的效果则应一分为二地看，一般无形资源的竞争会阻碍学习和知识扩散，而有形资源的竞争则有可能推动相互间的知识扩散（Ghobadi，2012）。不同的组织学习策略下，竞合关系对组织学习的影响效果不相同，对于挖掘式学习策略具有促进作用，而对探索式学习策略的影响并不明显，在竞合情境下占主导的学习方式是挖掘而非探索性的，控制机制的完备程度在竞合策略与组织学习策略之间具有正向调节作用，而投入资源的相似程度则起到了负向调节作用（周志强和龙勇，2013）。

企业是生产经营知识、能力和经验积累的载体，强大的学习能力不仅可以让新创企业不断积累经验，更重要的是通过知识的探索利用进一步创造、吸收、转移和整合知识，从而不断拓展企业生产经营边界和资源获取渠道（杨水利等，2009），而这对于新创企业而言是至关重要的。企业之间的竞合有助于产生搭建新的信息和知识交流沟通平台，触发更多创新的动力和激情，借由此可对新创企业绩效产生间接的正面影响（毛建军等，2008）。也有学者指出，通过组织学习企业可以对环境做出客观准确的判断，从而制定出切实可行的战略进而可提升企业绩效（Day，1994）。陈国权等（2012）对于中国情景下的组织学习和组织绩效的关系作了系列研究，结果表明，组织学习能力对企业创新绩效和综合竞争优势有显著的正面影响，托斯（Toppins，2003）、摩根（Morgan，2003）、桑顿（Santons，2005）等的研究均支持了上述结论。组织学习为新创企业竞合策略选择搭建了一个平台，借由组织学习的中介作用，竞合可以提升企业综合竞争力，进而推动新创企业的绩效和成长（黄寅晨，2011）。

基于上述分析，本章提出以下假设：

H4：组织学习能力在竞合影响新创企业绩效的关系中起中介作用。

作为一种能有效应对环境动荡并对企业的资源、能力进行有效配置、整合和重构的高层次能力，动态能力对于新创企业竞争优势和经营绩效的积极作用是显而易见的。一些研究把动态能力理解为"为应对内外部环境变化整合、配置、管理和创新知识资源的能力"，最终目标是形成企业持续的竞争优势推动组织绩效的提升（Davenport，2000），竞合环境下企业之间的合作水平和程度决定了动态能力的效果。由于资源的有限性，新创企业依靠一己之力无法在短期内积累和形成发展能力，而有效的合作使得企业之间有更多机会交流、学习和模仿其他组织的知识和技能（刘磊磊，2008）。对于新创企业，更需要通过动态能力以改进企业应对动荡环境的速度、效果和效率（Hitt，2001），在不确定和资源稀缺的环境下，缺少动态能力或者动态能力不强的企业尤其是新创企业，其获得生存和发展的机会是短暂的（Zollo & Winter，2002），众多研究已经表明，动态能力对于企业竞合的效果是正向的，它不但会以丰富的形式对企业绩效产生促进作用，更能成为企业成功的核心（Teece，2007），动态能力可以通过机会发现、系统支持和优势保护等维度来形成持续优势。对于新创企业而言，动态能力的深度、广度及其配置和重构资源、能力的速度和效率对于其构建差异化优势非常重要，正如巴雷托（1997）在一项重要的综述性研究指出的，动态能力是一种能帮助企业解决问题的潜能和常规（routine）（Simon，1982；Winter，2003）。作为一种高阶构念，动态能力会通过低阶的竞合战略的实施包括"操作性常规"产生作用进而影响到竞合的效果，其作用的对象不仅包括能力和资源结构的变化，还包括促使操作常规的演进，动态能力对企业的绩效影响是"跨阶层"的（李彬等，2013），它通过对操作能力的影响或改变企业的资源束而间接影响绩效（Helfat & Peteraf，2003；Zahra et al.，2006），对此，艾森哈特和马丁（2000）则更为直接指出，动态能力在提升绩效的过程中起到了必要条件的作用。

基于上述分析，本章提出以下假设：

H5：动态能力在竞合影响新创企业绩效的关系中起中介作用。

资源是企业生存发展的基本要素，是企业获得利润的重要保障。新创企业的生存发展需要获取资源，企业积累的资源质量越高越全面，创业过程越顺利，其获得成功的可能性越大（Timmons，1999），企业获取以及配置资源的能力已经成为竞争优势的重要来源（陈梅，2011）。先天的资源劣势使得新创企业不仅重视高效用好企业已有的资源，更注重从外部获取各种有形或无形的资源（朱秀梅，2006）。众多研究均表明，企业所处的环境对其资源获取能力具有重要影响，斯塔尔和麦克米伦（1990）认为建立在合作和信任基础上的企业关系能大幅降低获取资源的成本，史密斯等（1996）、布尔德尔（Brderl，1998）也指出，企业从竞合交融的关系网络下更容易获取有利于新创企业生存和市场绩效的资源，竞合网络规模越大越有利于获取资源，新创企业应更加积极地建立与竞合主体间的联系来拓宽其资源获取的渠道，参与竞合的程度与资源获取能力呈正向变动关系（曹兴和刘晓，2012）。越来越多的学者开始把资源获取能力视为一种动态能力，这种能力使得企业从内外部环境中发现、甄别、汲取和转化有利于自身生产发展的资源，他们或从产业链角度、或从供应链伙伴关系、或从产业集群角度对竞合关系态势与资源获取能力的互动作用进行了实证分析，结果表明，合作倾向下产生的信任、承诺、社会资本和知识共享等行为有利于企业获取更多有价值的资源进而对企业的绩效提升和竞争优势的形成具有显著的正向影响（王希泉等，2014；王强等，2012；李随成和杨婷，2007）。新创企业从外部获取资源的能力有助于才企业绩效的提升（Denerll，2003），但这种影响是间接和中介的，彭雪蓉和魏江（2014）对浙江中小企业的实证研究也在一定程度上验证了上述结论，赵云志（2007）也认为，随着竞争态势的改变，单个企业仅凭自身力量去获取资源是无法有效建立竞争优势和快速应对市场动荡的，企业只有跳出组织边界的束缚，通过竞合方式以扩大自愿组合范围和优化资源组合方式从而将原本的资源竞争对手转变为资源来源渠道，以构建综合竞争优势提升企业经营绩效。

基于上述分析，本章提出以下假设：

H6：资源获取能力在竞合影响新创企业绩效的关系中起中介作用。

在不同的研究尤其是一些实证研究中往往发现，有关竞合前因和结果变量的观念似乎各不相同，竞合是如何产生的，竞合行为的作用机制是什么，竞合产生的后果如何？即便是那些认为竞合与企业绩效之间存在直接关系的研究对于竞合与企业绩效之间的关系呈现的影响方式、方向和影响程度也常常出现一些不统一的结论。譬如金塔纳－加西亚和贝纳维德斯－维拉塞奥（Quintana－Garcia & Benavides－Velaseo，2004）通过对欧洲生物技术企业的跟踪研究发现，竞合战略比单纯的竞争或合作战略更能有利于促进企业绩效提升，徐亮（2009）选择了加工制造企业进行的竞合研究表明，虽然竞合战略能对企业的创新绩效促进作用明显，并且合作比竞争更显著地促进创新绩效的提升。另一些学者则认为通过与经销商、供应商甚至同业竞争者之间的合作可以实现资源共享和能力互补，因而是创造新价值和获取新市场的低成本之路（Nielsen，1988；Hamel，Doz & Prahalad，1989），而内勒巴夫和布兰登勃格（1996）和阿伏亚（2000）等多数人则认为企业在战略管理过程中不断地通过在竞争和合作之间的平衡协调从而快速应对急剧变化的环境，并形成企业的竞争优势和提升企业绩效，企业往往通过合作创造市场，而在价值分享时才倾向于采取竞争的方式。本特松等（Bengtsson et al.，2000）对啤酒和乳制品行业、蔡（2002）对化工企业、科扎布（Kotzab，2003）对食品零售企业的研究虽然得出了竞合对企业绩效具有明显促进作用的结论，但作用的途径、方式和程度各有迥异。对于出现上述不统一结论的原因，任新建（2009）在比较了他人研究后明确指出，这可能因为不同的研究所选择的行业特征差异性所导致的。金塔纳－加西亚和贝纳维德斯－维拉塞奥（2004）在竞合研究中选择了高风险、高投入、高技术、高利润、环境更为动荡的生物制药行业，任新建的选取的行业为传统、稳定的纺织印染行业。由此可以看出，行业的类型在竞合影响企业绩效的过程中起到了调节作用。对于新创企业而言，所处的行业不同，面临的竞合内外部环境、资源稀缺程度、市场竞争态势和所需的动态能力、组织学习能力各不相同，因而竞合对企业绩效的作用机制也不相同。

基于上述分析，本章提出以下假设：

H7：行业类型在竞合影响新创企业绩效的关系中起调节作用。

第5章 竞合对新创企业绩效影响机制的实证分析

前面系统地梳理和论述了竞合、新创企业绩效及新创企业绩效的影响机制等理论，厘清了竞合主体各维度、新创企业绩效、组织学习能力、动态能力、资源获取能力以及行业类型等几个关键构念之间的联系，通过推演提出了竞合对新创企业绩效影响机制的概念模型，提出了7组假设，为了丰富和完善这一理论概念模型体系，本部分将会采用实证的方法对概念模型所提出的假设进行验证。实证部分分为五个方面：一是从众多学者的理论与实证研究的基础上，对各关键构念对应的变量进行测量；二是根据研究的目的和内容进行调查设计和数据收集，涉及确定调查对象、调查内容及标准和调查的数据收集；三是基于调查的代表性，对调查的样本特征进行分析；四是基于调查的可信性和有效性，对量表的信度与效度进行分析；五是采用相关分析、多元回归模型、多重中介效应模型、多组回归的调节效应模型对概念模型的假设进行了验证。

5.1 变量的测量

本书的主要目标是探究竞合对新创企业绩效的影响机制，通过前面的论述涉及五个构念——竞合、新创企业绩效、组织学习能力、动态能力、资源获取能力和一个变量——行业类型。要把抽象而潜在的构念合理而完整地描述，并且能够采用实证的方法研究各构念之间的关系，则需对各构念进行理论内涵界定（罗胜强等，2014），进而采用相匹配和可观察的具体概念、现象或特征来表现，并且采用一定的规则，将这些概念、现象或特征数值化，即获得可以用于实证分析的测量量表。本书采用以上思路对竞合、新创企业绩效、组织学习能力、动态能力、资源获取能力五个构念进行了测量量表的构建。

5.1.1　企业竞合的测量

通过前面对众多学者理论回顾的基础之上，笔者提出了企业竞合的内涵，是指存在于有产业关联、资本关联或价值关联的多个企业间一种既竞争又合作的关系，企业审视自身所处外部环境和内部条件，与关联企业缔结某种有形或无形的关系契约，关系契约内涵了每个企业竞争与合作的时间环节、空间地域、价值领域、价值环节、投入、产出以及利益分配等机制和模式，这种关系蕴含了相应的现象、过程、行为、结果，企业通过这种关系创造的价值大于单个企业单独能够创造的价值，并且这种关系具有独特性、难以模仿、难以替代、难以默会等特点，形成一种核心竞争力。在此基础上提出"新创企业—同业者—供方—买方"四方竞合参与主体的分析框架，在这个分析框架中新创企业是研究的中心企业，围绕中心企业存在着供方、买方和同业者。对于企业竞合的测量主要是测量中心企业与其他三方竞合的关系。

（1）与供方的竞合关系。

对于中心企业与供方竞合关系的测量主要借鉴波特（1985），小田部正明、马丁和多莫托（Yoichi Kotabe, Martin & Domoto, 2003），罗（2002），克拉克和藤本隆宏（Clark & Takahiro Fujimoto, 1991），任新建（2006），郁义鸿和管锡展（2006），马世华和林勇（2010）等学者的研究结论，整理出用于测量与供方竞合关系的量表题项。测量量表从竞合关系的合作与竞争行为入手，整理了 7 个题项，包括快速适应环境，满足消费者需求、职能领域的合作、信息交流与共享、共同确立战略目标、建立伙伴关系形成互利互惠、获得强势价格谈判地位、对质量有决定性的发言权等方面，如表 5 – 1 所示。

表 5 – 1　　　　　　　　　与供方竞合关系的测量

序号	度量指标的描述	文献的来源
1	通过与供方企业的合作，公司能快速适应市场环境的变化，产品和服务更受消费者青睐	小田部正明、马丁和多莫托（2003）、罗（2002）、克拉克和藤本隆宏（1991）、波特（1985）、任新建（2006）、郁义鸿和管锡展（2006）、马世华和林勇（2010）
2	公司与供方企业在研发、生产、人力资源、营销、财务等领域存在合作关系	
3	为了降低成本，公司能够从供应商处拿到最低价格，处于强势价格谈判地位	
4	公司与供方企业经常进行信息交流和信息共享	
5	公司对供方企业的产品或服务质量具有决定性的发言权	
6	公司与供方企业的高层之间经常沟通，以确定共同的公司战略目标	
7	公司与供方企业达成了伙伴关系，互利互惠	

（2）与购方的竞合关系。

对于中心企业与购方竞合关系的测量主要借鉴波特（1985）、阿伏亚（Afuah，2000）、罗（2002）、克拉克和藤本隆宏（1991）、艾尔罗德（Aelrod，1984）、任新建（2006）、李朝敏（2010）等学者的研究结论，整理出用于测量与购方竞合关系的量表题项。测量量表从竞合关系的合作与竞争行为入手，整理了 7 个题项，包括了解客户的意见，具有敏锐的市场感知、职能领域的合作、信息交流与共享、共同确立战略目标、建立伙伴关系形成互利互惠、获得价格谈判优势、对质量有更高要求等方面如

表 5 - 2 所示。

表 5 - 2 与购方竞合关系的测量

序号	度量指标的描述	文献的来源
1	该客户能够根据消费者的需求提供一些建设性意见给公司，增加了公司对市场需求变化的敏锐感知	波特（1985）、阿伏亚（2000）、罗（2002）、克拉克和藤本隆宏（1991）、艾尔罗德（1984）、任新建（2006）、李朝敏（2010）
2	公司与客户在研发、生产、人力资源、营销、财务等某些领域存在合作关系	
3	公司与该客户之间有知识、技能等方面的信息交流与共享	
4	该客户总是要求更低的价格或更多的折扣	
5	该客户总是要求更高的产品质量和服务水准	
6	公司与该客户的高层之间经常沟通，以确定共同的公司发展战略目标	
7	该客户对公司的产品或服务很满意，倾向于向公司多次购买产品或服务，两者达成了良好的关系	

（3）与同业的竞合关系。

对于中心企业与同业竞合关系的测量主要借鉴波特（1985）、金塔娜—加里亚和贝纳维德斯—韦拉塞（Quintana - Gareia & Benavides - Velaseo, 2002）、尼尔森（Nielsen, 1988）、阿伦（Allen, 1984）、罗（2002），哈拉里（Harari, 1994）、任新建（2006）、张方华（2006）等学者的研究结论，整理出用于测量与同业竞合关系的量表题项。测量量表从竞合关系的合作与竞争行为入手，整理了 11 个题项，包括职能领域的合作、共同开拓市场、高层间交流、信息交流、联合获得政府支持、抵制价格战、战胜竞争对手、竞争提高效率、质量竞争、价格竞争、渠道竞争、沟通竞争等方面，如表 5 - 3 所示。

表 5 - 3 与同业竞合关系的测量

序号	度量指标的描述	文献的来源
1	击败该企业是公司的一个重要战略目标	波特（1985）、金塔娜—加里亚和贝纳维德斯—韦拉塞（2002）、尼尔森（1988）、哈拉里（1994）、艾伦（1984）、罗（2002）、任新建（2006）、张方华（2006）
2	公司与该企业在研发、生产、人力资源、营销、财务等某些领域存在合作关系	
3	该企业的存在，能够刺激公司更加努力以提高竞争力，提升运营效率	
4	开拓市场需要公司与该企业共同合作	
5	公司与该企业经常进行高层之间的交流与合作	
6	公司与该企业之间有知识、技能等方面的信息交流	
7	公司与该企业联合以获取政府资源和政策支持	
8	公司与该企业联合以维持该地区产品或服务的价格	
9	公司与该企业在产品质量或服务质量上竞争	
10	公司与该企业在产品或服务的价格上竞争	
11	公司与该企业争夺渠道，攀比广告和活动推广	

5.1.2 新创企业绩效的测量

本书将新创企业界定为创立时间为 8 年以内的企业，它是具有法人资格的实体，也具有确定而稳定的商业模式。对于新创企业绩效的衡量既要考虑行为绩效，也要考虑结果绩效，所以对于新创企业绩效衡量的目标既注重企业创业的有效性，即生存能力与成长能力，又注重新创企业在创业、创新过程的作为，即创新能力和市场运营能力，因此应该构建一个包含生存绩效、成长绩效、创新绩效和市场运营绩效在内的多维测量体系。

对于新创企业绩效的测量主要借鉴一些学者的研究结论（Murphy et al. , 1996；Antoncic & Hisrich, 2001；Weinzimmer et al. , 1998；Calantone, Cavusgil & Zhao, 2002；Lane. salk & Lyles, 2001；Luo & park, 2001；Lee & Peunings, 2001；Carlandetal, 1984；Sehollhammer, 1982；Miller, 1983；Jenniny, 1990；Yaueh & Adkins, 2004；贺小刚等, 2006；

胡望斌等，2009；蔡莉等，2010；耿新，2008；王瀚轮，2014）等，整理出用于测量新创企业绩效的量表题项。测量量表从新创企业绩效的生存绩效、成长绩效、创新绩效和市场运营绩效入手，其中生存绩效隐含在所调查企业目前存在着或已经存在多年，其他三个维度细分为 7 个题项，包括销售收入，平均雇员，市场份额的增长率，产品或服务的竞争力，新业务、产品、市场的开发数量，新业务销售情况，市场响应速度等方面，如表 5-4 所示。

表 5-4　　　　　　　　　　新创企业绩效的测量

序号	度量指标的描述	文献的来源
1	相对于同行，销售收入的增长率很高	墨菲等（Murphy et al.，1996），安东尼奇和希斯里奇（Antoncic & Hisrich，2001），温齐默等（Weinzimmer et al.，1998），罗和帕克（2001），李和佩宁斯（Lee & Peunings，2001），莱恩、索尔克和莱尔斯（Lane，Salk & Lyles，2001），卡兰通、卡弗斯吉尔和赵（Calantone，Cavusgil & Zhao，2002），卡兰多尔（Carlandetal，1984），塞霍尔哈默（Sehollhammer，1982），米勒（Miller，1983），珍妮（Jenniny，1990），尤厄和阿德金斯（Yaueh & Adkins，2004），贺小刚等（2006），胡望斌等（2009）蔡莉等（2010）耿新（2008），王瀚轮（2014）
2	相对于同行，平均雇员增长率很高	
3	相对于同行，市场份额增长率很高	
4	相对于同行，产品/服务有很强的竞争力	
5	相对于同行，新业务（新产品、新市场等）的开发数量很多	
6	相对于同行，新业务销售收入占总销售收入的比重很高	
7	相对于同行，市场响应速度很快	

5.1.3　组织学习能力的测量

本书认为组织学习能力是指一种组织知识管理能力，企业通过创造、发现、利用、分享知识改进组织行为和组织体系，以获得在不断变化的环境中保持持续性竞争优势的能力。组织学习能力主要由感知能力、知识获取能力、知识分享能力、创新能力、探索性学习能力和反思能力五个方面的能力构成。

对于组织学习能力的测量主要借鉴了一些学者的研究结论（Huber，

1991；Rommme & Dillen，1997；Sinkula，1994；Slater & Narver，1991；
Buckley，2000；March，1991；McGrath，2001；Dixon，1994；Lavie &
Rosencopf，2006；A. K. Yeung，1998；Kought，1993；许冠南，2008；朱
伟民和万迪防，2001；陈国权和周为，2009；陈国权和王晓辉，2012；辛
琳，2011；孟宣宇，2013；何悦桐，2013）等，整理出用于测量组织学
习能力的量表题项。测量量表从组织学习能力的五个能力维度即感知能
力、知识获取能力、知识分享能力、创新能力、探索性学习能力和反思能
力入手，提出了 6 个题项，包括发现机会和问题、从外部获取知识、企业
内部的信息交流、思维的创新、用知识持续改良、总结和反思公司经营成
败等方面，如表 5 - 5 所示。

表 5 - 5　　　　　　　　　　　组织学习能力的测量

序号	度量指标的描述	文献的来源
1	公司及早发现新机会、潜在问题或危险的能力强	胡贝尔（Huber，1991）、罗姆梅和迪伦（Romm & Dillen，1997）、辛库拉（Sinkula，1994）、狄克逊（1994）、斯莱特和纳弗（Slater & Narver，1991）、马奇（March，1991）、巴克利（Buckley，2000）、麦格拉（McGrath，2001）、拉维和罗森科夫（Lavie & Rosencopf，2006）、考特（Kought，1993）、许冠南（2008）、朱伟民和万迪防（2001）、陈国权和周为（2009）、陈国权和王晓辉（2012）、辛琳（2011）、孟宣宇（2013）、何悦桐（2013）
2	公司鼓励员工、管理层通过各种渠道（展会、学习培训、会议、企业考察等）从公司外部获取知识	
3	公司的高层领导经常强调企业内部信息交流的重要性，鼓励部门间、上下级、员工间的信息交流	
4	公司提出有创意的点子和措施的能力强	
5	公司能很快使用新知识进行经营管理上持续改良	
6	公司从失败与成功中总结经验和规律的能力	

5.1.4　动态能力的测量

本书认为动态能力是一种拓展的资源基础观，它通过整合、构建重新

配置内外部能力和资源以有效应对动荡的外部环境进而获得或维系持续竞争优势的来源，由感知环境的能力、变革创新能力、组织柔性和适应能力等四个相互独立又互为关联的具体维度构成。

对于动态能力的测量主要借鉴了一些学者的研究结论（Prahalad & Hamel，1990；Lawson & Samson，2001；Teece，2007；Collis，1994；Teece et al.，1997；Zollo & Winter，2002；Helfat & Peteraf，2003；Zahra et al.，2006；Wang & Ahmed，2007；Chandler & Hanks，1994；Nelson & Winter，1982；Wang & Ahmed，2007；贺小刚等，2006；焦豪等，2008；胡望斌与张玉利，2011；龚一萍，2011；姜爱军，2012；张凤海，2013）等，整理出用于测量动态能力的量表题项。测量量表从动态能力的感知环境的能力、变革创新能力、组织柔性和适应能力入手，提出了 7 个题项，包括了解行业发展运行规律、了解关系紧密的政策、了解顾客需求的变化和发展趋势、企业内部思想创新的活力、新产品和新业务的销售、企业工作模式灵活、快速推出新产品或服务满足市场等方面如表 5-6 所示。

表 5-6　　　　　　　　　　　　动态能力的测量

序号	度量指标的描述	文献的来源
1	公司对所在行业发展运行规律了解非常深入	普拉哈拉德和哈默尔（Prahalad & Hamel，1990）、劳森和萨姆森（Lawson & Samson，2001）、蒂斯（2007）、科利斯（Collis，1994）、赫尔法特和彼得拉夫（Helfat & Peteraf，2003）、扎赫拉等（Zahra et al.，2006）、佐洛和温特（Zollo & Winter，2002）、王和艾哈迈德（Wang & Ahmed，2007）、钱德勒和汉克斯（1994）、纳尔逊和温特（Nelson & Winter，1982）、贺小刚等（2006）、焦豪等（2008）、胡望斌和张玉利（2011）、龚一萍（2011）、姜爱军（2012）、张凤海（2013）
2	公司能及时了解与之关系紧密的有关政策	
3	公司能充分认识到顾客需求的变化与发展趋势	
4	员工经常提出有创意的设想和主意，并很好地能够被重视	
5	新产品、新业务产值占销售总额的比重很高	
6	各部门的工作模式灵活，因时制宜	
7	公司能够快速推出新的产品/服务来应对市场的变化	

5.1.5　资源获取能力的测量

本书认为资源获取能力是企业通过内部学习积累和外部购买、吸引等方式获得生存和发展的关键性资源的能力，其维度分为运营资源的获取、知识资源获取、政策资源获取三个方面。

对于资源获取能力的测量主要借鉴了一些学者的研究结论（Barney，1991；Sirmon Hitt & Ireland，2007；Eisenhardt，2000；Wiklund & Shepherd，2003；朱秀梅等，2010；桑培光，2009；张素平，2013；张方华，2006）等，整理出用于测量资源获取的量表题项。测量量表从资源获取能力的运营资源的获取、知识资源获取、政策资源获取入手，提出了 6 个题项，包括低成本获得厂房和设备、低成本获得融资、低成本获得人力资源、获得政府支持、与竞合企业交流和共享信息、从外部获取管理技能等方面，如表 5 - 7 所示。

表 5 - 7　　　　　　　　　　资源获取能力的测量

序号	度量指标的描述	文献的来源
1	能够以较低成本获取所需厂房、设备	巴尼（Barney，1991），锡尔蒙、希特和爱兰（Sirmon，Hitt & Ireland，2007），艾森哈特（Eisenhardt，2000），维克兰德和谢泼德（Wiklund & Shepherd，2003），朱秀梅等（2010），桑培光（2009），张素平（2013），张方华（2006）
2	能够以较低成本获得融资	
3	能够以较低成本获得人力资源	
4	能够获得政府的资金或者税收优惠	
5	与竞合企业交流和共享人脉网络、品牌、商业信誉等信息	
6	从外部获取经营管理（市场开发、技术开发、业务开发、生产管理等方面）的技能	

5.1.6　行业类型

行业指其产品或服务具有主要的共同特征并授予同样顾客的一大批企业或企业群体（粟景虹，2008），也指提供高度替代性产品或服务的一群企业（赵锡军和魏建华，2009）。满足不同需求的不同产品或服务的生产和提供企业被划分为不同的行业类型，不同行业的经济特征决定了不同行业企业的战略和行为的不同，进而导致其行为绩效有差异，竞合对企业绩效的影响方式、程度、方向往往会受到行业类型的影响，任新建（2009）认为不同的行业特征会使竞合对新创企业绩效作用的途径、方式和程度产生差别。金塔纳－加西亚和贝纳维德斯－维拉塞奥（2004）在竞合研究中选择了高风险、高投入、高技术、高利润、环境更为动荡的生物制药行业，指出竞合战略比单纯的竞争或合作战略更能有利于促进企业绩效提升，任新建（2009）选取的行业为传统、稳定的纺织印染行业，认为竞合战略比偏合作战略对企业绩效积极作用更为显著。由此可看出，行业类型对研究竞合对新创企业绩效的影响机制有重要意义，本书选择了制造业和服务业两大重要行业类型对上述影响机制进行分析，以此深入了解其内在逻辑联系。

5.1.7　控制变量

本书选取了新创企业的公司注册资本和新创企业的员工数作为控制变量。员工数在一定程度上说明了企业规模，蔡莉等（2010）、胡望斌和张玉利（2011）等学者用员工数描述企业规模作为企业绩效研究中的控制变量。注册资本作为法定资本，是公司制企业章程规定的全体股东或发起人认缴的出资额或认购的股本总额，并要求在国家法定机关依法登记。注册资本一方面可以反映企业从事经营活动的物质基础，是企业经营活动能力的体现，另一方面反映了企业履行合同约定和承担经济责任的能力，是信誉和抗风险能力的体现（魏明海，1996），这些实质都反映了新创企业的先天能力，先天能力优势者会对企业的绩效产生影响，反之亦然。

5.2　调查设计与数据收集过程

在调查前对整个调查进行设计和计划，有助于使整个调查过程更加契合研究的目标和内容，提高整个调查的质量和效率。对于调查的设计主要从调查对象、调查内容及标准以及调查方法的设计三方面展开。数据收集过程主要解决调查设计之后的调查执行过程。

5.2.1　调查设计

（1）调查对象的确定。

调查对象的确定包括确定总体、抽样方法、抽样容量等内容。本书的目的是要探究竞合对新创企业绩效的影响机制，从研究目的中能够确定研究对象的总体是新创企业，前面已对新创企业进行了界定，"新创企业是指创立时间在 8 年以内的企业，该企业是具有法人资格的实体，具有确定而稳定的商业模式。"根据以上特点，总结出调查对象的以下特点：一是，具有法人资格的企业，可通过企业是否具有"企业法人营业执照"来判断；二是，成立的时间是在 8 年以内的企业；三是，企业提供了切实的产品或服务，并且有相应的客户市场；四是，预估到对于样本获取的困难性，本书还选取了成立时间多于 8 年的企业，但是在填写问卷时，提醒被调查者回顾企业在初创时的相关情况。当然任何对于组织的调查都要落实到对于人的调查当中，因为只有人才能表达意见和想法，满足研究丰度的需求，在调查中选取了在这些新创企业工作的企业主、有一定工作年限

（至少 1 年）的高层、中层或低层管理人员或普通工作人员，因为以上人员对企业的情况相对比较了解。因为研究资源的限制，要对全国所有的新创企业进行普查显然是不切实际的，所以采用抽样调查的方法从总体进行样本的采集，为了使调查既有代表性又有效率性，根据新创企业的特点和研究的目的，采用判断抽样和方便抽样相结合的方法，考虑到调查的代表性、成本制约以及样本的遗失程度，计划确定抽样的样本容量为 360 个。

（2）调查内容的确定。

本书的目的在于探求竞合对新创企业绩效影响的机制，其研究内容体现在概念模型的构念及其假设当中，对于构念的维度构成和相对应的变量测量是基于大量学者理论文献回顾而提出，已在前面给予了阐述，要将变量测量体系转化为用于实践调查研究的内容，也就是调查问卷，则需要既考虑研究目的和内容，又考虑被调查者的文化背景和调查配合的意愿。基于以上考虑，对于调查问卷的设计遵循以下过程。

第一，确定调查目的，通过前面的理论梳理和文献回顾以及新创企业竞合关系与绩效之间的实践呈现，提出了竞合对新创企业绩效的影响机制这一研究主题，并依据主题提出假设。

第二，确定数据收集方法也就是调查方法，从抽样样本获得的质量和效率考虑，采用人员访问法和网上调查法进行，由于人员访问法要求访问员全程陪同，被调查者有任何问题可以随时询问，并且访问员也能就调查进度随时调整调查节奏和调查深度，所以调查问卷的内容可以稍丰富，题项可稍多；采用网上调查法则是要弥补人员访问法在调查对象地域的限制，并且现在主流的网上调查软件可以将调查问卷定点发送到社交网站填写，也可以通过微信在手机上填写，在电脑和手机上填写问卷比用纸质调查问卷更能减少被调查者接受调查的烦躁性，因为电子问卷没有页数概念，排版具有优美性，而且可以穿插多媒体，也能够设置调查激励措施，所以同样在调查问卷的内容设置上可以稍丰富，题数可以更多，但无论是人员访问法，还是网上调查都要求问卷题项设计主题鲜明、层次分明合理、通俗易懂、无歧义、无引诱（庄贵军，2014）。

第三，设计问题，根据调查的目的和数据收集方法的特点，问题根据理论回顾和学者使用的成熟量表有机整合而成，结合企业管理者经验的访谈，学术团队的探讨确定初步问卷问题。

第四，对问卷问题进行编排，按照被调查的思维习惯和逻辑，调查问卷包含：首先，标题，需要主题明确，问卷的标题定为"经济新常态下企业竞合发展调查"。其次，问卷说明，阐明调查的目的、主题、用途、对象、保密承诺、礼品等信息，以消除调查者的顾虑和激发调查者的热情，对调查对象特别指明"调查针对新创企业，即成立不到 8 年的企业，您的企业若成立超过 8 年，请您根据企业成立最初 8 年的情况作答"。再次，问卷主体，将所设计的问题按照公司基本情况、公司与供应商的竞合关系、公司与购方的竞合关系、公司与同业的竞合关系、公司中影响竞合的相关因素、公司的绩效、被调查者的基本信息等部分组成，在公司与供应商的竞合关系、公司与购方的竞合关系、公司与同业的竞合关系、公司中影响竞合的相关因素和公司绩效采用李克特五等级等距量表，选择项为"非常同意""同意""一般""不同意""非常不同意"，五等级能够帮助被调查者准确地定位意见和态度。等距量表是比较高级的数据测量尺度，具有普通数值的数学特征，为后期的数据深入挖掘和分析奠定基础。最后，致谢语，调查问题结束以后，对被调查者表示感谢。

第五，对问卷进行评估，邀请相关的学术专家、企业负责人、企业工作人员对问卷题项与调查目的的契合性，题项措辞的准确性、通俗性，以及题量与调查时长的匹配性进行评估，根据意见再次修改问卷。

第六，对问卷进行预测试，将再次修改的问卷在小样本范围内调查，根据预调查中出现的问题，例如错填、漏填以及预测试对象对于问卷的反馈意见再次修改问卷，从而确定最终问卷。

（3）调查方法的设计。

调查方法解决的是与被调查者接触的方式和方法，根据本书的目标、内容及其特点，选取了人员访问法和网上调查法。

人员访问法是一种面对面的调查方法，由于这种方法富有灵活性，可以根据调查的情境随时控制调查节奏、调查深度和调查顺序，通过访问员与被调查者的交流，激励被调查者参与到调查中，有利于提高被调查者的合作意愿，人员访问法能够获得留置问卷调查所不能获得的更为丰富的内容，通过访问员的解答，减少因不理解问题，而出现的错答或漏答，有利于保持完整的调查样本。

网上调查作为现今一种流行的调查方法，越来越成为学术研究调查和市场调查的主流方法，网上调查不受地域限制，只要有网络的地方都能够让被调查者参与到调查当中，网上调查便捷、经济，调查者通过电脑、手机等设备随时随地都能接受调查，并且通过社交平台、微信分发问卷非常快速，对问卷的设计也可以采用个性化的多媒体设置，并且网上问卷无页码暗示，让被调查者乐于接受调查，从本次调查实践反馈，采用人员访问法，调查的平均用时在 22 分钟左右，采用网上调查法，平均用时在 11 分钟左右，由此可知，网上调查效率更高，未填完问题，又可快速反馈重填，一定程度保持了样本的完整性，对填错的问题，也可以要求被调查者重填，有利于监控和纠错，并且网上调查平台还能自动将调查数据免费生成 Excel 表格数据，省去录入的人工，网上调查投入少，只需平台使用费、支付给被调查者的经济报酬，省去了访问员和录入员的劳务费，非常经济省时。

本书使用人员访问法和网上调查法两种方法可以实现互补，通过人员访问深入地与被调查者接触了解详细内容，通过网上调查弥补人员访问调查地域过为集中的劣势，加快调查效率，两种方法相得益彰（调查设计框架如图 5 – 1 所示）。

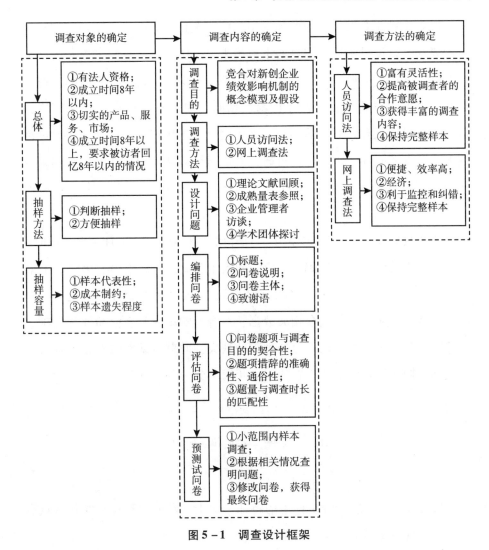

图 5 - 1　调查设计框架

5.2.2　数据收集过程

根据调查的目的和内容，调查设计的要求，调查的数据收集随即启动，采用人员访问法中，调查人员主要是校园招募的本科生，本科生必须口齿灵活，具有亲和力，有一定的企业管理知识背景，在调查开展之前对访问员进行培训，主要介绍调查的目的、内容、调查问卷各题项的具体意义、调查中可能会遇到的问题和采用到的相关技巧等内容，特别对调查样本的要求进行重点阐述，招募的本科生来自全国各地，有利于样本的区域分散性，本科生的调查实施时间是暑假期间，保证了访问员有时间、有机会接触合格的被调查者。另外在调查期间，周边省市举行了企业高峰论坛，集中进行了有针对性的调查。采用网上调查法，主要借助问卷星网络调查平台发布问卷，主要是通过研究者或研究者熟人向自己的关系网络发放问卷，当然分发人也需要对研究目的、内容和问卷的具体内容有所了解。

整个数据收集阶段从 2015 年 7 月开始，到 2015 年 11 月结束，历时 4 个月。调查的样本总量达到 360 份，回收了 342 份，回收率为 95%，有效问卷为 310 份，达到了 90.64%，无效问卷主要是涉及企业注册资本、企业员工数、企业类型、竞合相关数据、竞合影响因素和企业绩效等题项没有填写完整，无法通过缺失值处理弥补缺失性问题、某些问卷在填写时答案全部为同一类别、被调查者的工作年限不到一年等问卷。

5.3　样本特征分析

从回收的有效问卷分析样本的特征，便于对样本的轮廓和实际特点有所了解。现将本章的样本特征描述如下：

（1）从样本的区域分布来看：华东地区 20 个，占到 6.45%；华南地区 62 个，占到 20.00%；华中地区 179 个，占到 57.74%；华北地区 9 个，占到 2.90%；西北地区 6 个，占到 1.94%；西南地区 32 个，占到 10.32%；东北地区 2 个，占到 0.65%。

（2）从样本的创立时间分布来看：成立 2 年以下 47 个，占 15.16%；成立 3~8 年 174 个，占 56.13%；成立 8 年以上 89 个，占 28.71%。

（3）从样本的行业类型分布来看：有 8 个样本未填写行业类型，剩下的 302 个样本中，制造业 172 个，占有效样本的 57.0%，服务业 130 个，占有效样本的 43.0%。

（4）从样本的注册资本分布来看：企业注册资本 < 50 万元的有 54 个，占 17.4%；51 万元至 100 万元的有 57 个，占 18.4%；101 万元至 500 万元的有 68 个，占 21.9%；501 万元至 2000 万元的有 45 个，占 14.5%；2001 万元至 1 亿元的有 32 个，占 10.3%；企业注册资本 > 1 亿元的有 54 个，占 17.4%。

（5）从样本的员工数分布来看，企业员工数 < 20 人有 65 个，占 21%；21 ~ 50 人有 72 个，占 23.2%；51 ~ 100 人有 30 个，占 9.7%；101 ~ 200 人的有 42 个，占 13.5%；201 ~ 400 人有 27 个，占 8.7%；企业员工数 > 401 人有 74 个，占 23.9%。

（6）从样本的企业性质分布来看，国有及国有控股有 30 个，占 9.7%；民营有 166 个，占 53.5%；集体有 10 个，占 3.2%；股份制有 75 个，占 24.2%；中外合资有 7 个，占 2.3%；外商合资有 7 个，占 2.3%；台港澳企业有 7 个，占 2.3%；其他类型 8 个，占 2.6%，如表 5 - 8 所示。

表 5 - 8　　　　　　　　　样本特征的描述

样本特征		频率	百分比（%）
区域范围	华东地区	20	6.45
	华南地区	62	20.00
	华中地区	179	57.74
	华北地区	9	2.90
	西北地区	6	1.94
	西南地区	32	10.32
	东北地区	2	0.65
创立时间	2 年以下	47	15.16
	3 ~ 8 年	174	56.13
	8 年以上	89	28.71

续表

样本特征		频率	百分比（%）
行业类型 （8 个缺失值）	制造业	172	57.0
	服务业	130	43.0
公司注册资本	<50 万元	54	17.4
	51 万~100 万元	57	18.4
	101 万~500 万元	68	21.9
	501 万~2000 万元	45	14.5
	2001 万~1 亿元	32	10.3
	>1 亿元	54	17.4
员工数	<20 人	65	21.0
	21~50 人	72	23.2
	51~100 人	30	9.7
	101~200 人	42	13.5
	201~400 人	27	8.7
	>401 人	74	23.9
企业性质	国有及国有控股	30	9.7
	民营	166	53.5
	集体	10	3.2
	股份制	75	24.2
	中外合资	7	2.3
	外商独资	7	2.3
	台港澳企业	7	2.3
	其他	8	2.6

资料来源：调查问卷分析整理所得。

5.4 信度与效度分析

任何研究都要讲究严谨性，否则这项研究则是虚构的和毫无价值的，因此对于研究的信度和效度是研究者必须关注的（J. M. Morse，M. Barrett，M. Mayan，K. Olson & J. Spiers，2002）。倪宗瓒（2003）指出：采用量表和问卷等测量工具得到的软数据，要进行信度和效度分析，以此说明整个调查量表的质量，从而使得整个研究过程和结论具备科学性的基础。而在考量问卷的信度和效度过程中，因子分析始终贯穿其中。一般在对问卷题项进行分析时，首先会进行探索性因子分析以获得与理论相适应的因素结构，建立起问卷的建构效度。其次为了确认量表的因素结构模型是否与样本数据相契合，观察变量是否可以作为潜在变量的测量指标，会对其进行验证性因子分析。

5.4.1 因子分析

因子分析的前提是各测量变量之间具有较强的相关关系，即测量的构念是否能够用少数几个具有共同特性的公共因子来表示，具有共同特性的公共因子越少，则各测量变量之间的相关性就越强。对于测量变量是否相关可采用以下几个指标来测量。一是取样适当性量数检验（KMO），其值介于 0 与 1 之间。当 KMO 值越接近 1 时，表示变量之间相关性越强，变量的共同因子越多，越适合进行因子分析。进行因子分析的普通准则是：KMO 在 0.5 以下，不能使用因子分析；KMO 在 0.5 ~ 0.6 不太适合；KMO 在 0.6 ~ 0.8 还算适合，KMO 在 0.8 ~ 0.9 适合，KMO 在 0.9 以上非常适合。二是巴特利特（Bartlett）"球形"检验，如果统计值比较大，其对应的 P 值小于给定的显著性水平 α，则原有变量适合做因子分析，否则不然。本章结合运用探索性因子分析和验证性因子分析，并将数据样本随机分成两组，一组用于通过探索性因子分析建立模型、找出多元观测变量的本质结构，将具有错综复杂关系的变量综合为少数几个核心因子。另一组数据通过验证性因子分析以试图检验潜在变量的因子个数和因子载荷是否符合理论预期，如表 5 - 9 所示。

表 5 – 9 各构念探索性因子分析的 KMO/Bartlett 检验

测量的构念	问卷中的题项	子项数量	取样足够度的 KMO 度量	Bartlett 的球形度检验		
				近似卡方	df	Sig.
与供方的竞合关系	2. 3. 1 ~ 2. 3. 7	7	0. 836	710. 120	28	0. 000
与购方的竞合关系	3. 3. 1 ~ 3. 3. 7	7	0. 824	541. 453	28	0. 000
与同业的竞合关系	4. 3. 1 ~ 4. 3. 11	11	0. 831	782. 080	66	0. 000
组织学习能力	5. 1. 1 ~ 5. 1. 6	6	0. 936	1051. 935	21	0. 000
动态能力	5. 2. 1 ~ 5. 2. 7	7	0. 902	962. 776	28	0. 000
资源获取能力	5. 3. 1 ~ 5. 3. 6	6	0. 869	519. 000	21	0. 000
企业绩效	6. 1. 1 ~ 6. 1. 7	7	0. 923	809. 701	28	0. 000

从各构念的探索性因子分析的 KMO/Bartlett 检验的分析结果可得到，从 KMO 检验角度，与供方的竞合关系、与购方的竞合关系、与同业的竞合关系、资源获取能力，其值在 0.8 以上，适合做因子分析，组织学习能力、动态能力以及企业绩效，其值都在 0.9 以上，非常适合做探索性因子分析；从 Bartlett 检验角度，各构念的观测值都比较大，且对应 P 值都小于指定显著性水平 α = 0.01，说明各构念下的测量条目对应的变量组成的相关系数矩阵不太可能是单位矩阵，原有测量条目对应的变量适合做探索性因子分析。由此可得到，各构念下的测量条目是适合做探索性因子分析的。

1. 各构念探索性因子分析的过程

（1）与供方竞合关系的探索性因子分析。对与供方竞合关系的探索性因子分析中，采用主成分分析法，以特征值 > 1 为提取标准，发现可以提取两个因子，两因子的特征值分别为 3.908 和 1.532，第一个因子的方差解释率为 55.828%，第二个因子的方差解释率为 21.881%，两因子累积方差贡献率达到 77.709%。

为了使两因子在命名解释上具有确定的实际含义，采用方差极大值法对因子载荷矩阵实行了正交旋转，并按照荷载系数的大小进行排序如

表 5 - 10 所示。

表 5 - 10　　　　　与供方竞合关系的因子分析——旋转成分矩阵

问项对应的变量	成分	
	1	2
供方竞合关系 7	0.910	- 0.008
供方竞合关系 1	0.905	0.069
供方竞合关系 4	0.883	- 0.011
供方竞合关系 2	0.878	0.076
供方竞合关系 6	0.840	- 0.153
供方竞合关系 3	0.0430	0.877
供方竞合关系 5	- 0.049	0.854

注：提取方法：主成分。旋转法：具有 Kaiser 标准化的正交旋转法。旋转在 3 次迭代后收敛。

依据旋转成分矩阵中各变量的因子荷载情况，结合变量对应的问项含义，可以将与供方竞合关系的两个因子分别命名为"与供方竞合关系的合作倾向"和"与供方竞合关系的竞争倾向"。变量"供方竞合关系 1""供方竞合关系 7""供方竞合关系 4""供方竞合关系 2""供方竞合关系 6"在第一个因子"与供方竞合关系的合作倾向"上因子负荷很高，达到 0.8 以上，意味着它们与第一个因子的相关程度高；变量"供方竞合关系 3"与"供方竞合关系 5"在第二个因子"与供方竞合关系的竞争倾向"上的因子负荷也很高，达到了 0.8 以上，意味着它们与第二个因子的相关程度高。通过以上分析，与供方竞合关系这一构念的结构效度很好，并且还提炼出与理论结构相契合的两个因子，为后续分析奠定了基础。

（2）与购方竞合关系的探索性因子分析。对与购方竞合关系的探索性因子分析中，采用主成分分析法，以特征值 >1 为提取标准，发现同样可以提取两个因子，两因子的特征值分别为 3.561 和 1.525，第一个因子的方差解释率为 50.818%，第二个因子的方差解释率为 21.834%，两因子累积方差贡献率达到 72.652%。

为了使两因子在命名解释上具有确定的实际含义，采用方差极大值法对因子载荷矩阵实行了正交旋转，并按照荷载系数的大小进行排序如表 5 - 11 所示。

表 5 - 11　　　　　与购方竞合关系的因子分析—旋转成分矩阵

问项对应的变量	成分	
	1	2
购方竞合关系 1	0.886	-0.018
购方竞合关系 6	0.852	-0.133
购方竞合关系 3	0.831	0.079
购方竞合关系 7	0.829	0.027
购方竞合关系 2	0.806	0.114
购方竞合关系 4	-0.082	0.864
购方竞合关系 5	0.118	0.863

注：提取方法：主成分。旋转法：具有 Kaiser 标准化的正交旋转法。旋转在 3 次迭代后收敛。

依据旋转成分矩阵中各变量的因子荷载情况，结合变量对应的问项含义，可以将与购方竞合关系的两个因子分别命名为"与购方竞合关系的合作倾向"和"与购方竞合关系的竞争倾向"。变量"购方竞合关系 1""购方竞合关系 6""购方竞合关系 7""购方竞合关系 3""购方竞合关系 2"在第一个因子"与购方竞合关系的合作倾向"上因子负荷很高，达到 0.8 以上，意味着它们与第一个因子的相关程度高；变量"购方竞合关系 4"与"购竞合关系 5"在第二个因子"与供方竞合关系的竞争倾向"上的因子负荷也很高，达到了 0.8 以上，意味着它们与第二个因子的相关程度高。通过以上分析，与供方竞合关系这一构念的结构效度很好，并且还提炼出与理论结构相契合的两个因子。

（3）与同业竞合关系的探索性因子分析。对与同业竞合关系的探索性因子分析中，采用主成分分析法，以特征值 > 1 为提取标准，发现可以提取了两个因子，两因子的特征值分别为 4. 366、2. 316，第一个因子的方差解释率为 38. 356%，第二个因子的方差解释率为 22. 394%，两因子累积方差贡献率达到 60. 750%。

为了使两因子在命名解释上具有确定的实际含义，采用方差极大值法对因子载荷矩阵实行了正交旋转，并按照荷载系数的大小进行排序如表 5 - 12 所示。

表 5 - 12　　　　　与同业竞合关系的因子分析——旋转成分矩阵

问项对应的变量	成分	
	1	2
同业竞合关系 5	0. 837	0. 075
同业竞合关系 6	0. 831	- 0. 037
同业竞合关系 7	0. 822	0. 113
同业竞合关系 8	0. 811	0. 114
同业竞合关系 4	0. 783	0. 109
同业竞合关系 2	0. 684	0. 063
同业竞合关系 3	0. 621	- 0. 025
同业竞合关系 10	0. 060	0. 864
同业竞合关系 11	0. 077	0. 790
同业竞合关系 9	0. 135	0. 785
同业竞合关系 1	- 0. 030	0. 654

注：提取方法：主成分。旋转法：具有 Kaiser 标准化的正交旋转法。旋转在 3 次迭代后收敛。

依据旋转成分矩阵中各变量的因子荷载情况，结合变量对应的问项含义，可以将与同业竞合关系相关因子分别命名为"与同业竞合关系的合作倾向"和"与同业竞合关系的竞争倾向"。变量"同业竞合关系 5""同业竞合关系 6""同业竞合关系 8""同业竞合关系 7""同业竞合关系 4"

"同业竞合关系2""同业竞合关系3"在第一个因子"与同业竞合关系的合作倾向"上因子负荷很高，达到0.6以上，意味着它们与第一个因子的相关程度比较高；变量"同业竞合关系10""同业竞合关系11""同业竞合关系9""同业竞合关系1"在第二个因子"与同业竞合关系的竞争倾向"上的因子负荷也很高，达到了0.65以上，意味着它们与第二个因子的相关程度比较高。通过以上分析，与同业竞合关系这一构念的结构效度很好，并且还提炼出与理论结构相契合的两个因子。

（4）组织学习能力、动态能力、资源获取能力以及企业绩效的探索性因子分析。在对组织学习能力、动态能力、资源获取能力以及企业绩效的探索性因子分析中，采用主成分分析法，以特征值 > 1 为提取标准，发现这四个构念都只能提取一个因子，故而把它们整理到同一张表中，便于分析如表 5 – 13 所示。

表 5 – 13　　　　　　组织学习能力、动态能力、资源获取能力和
企业绩效的因子分析

构念	问项对应的变量	因子载荷量	因子数及特征值	方差累计贡献率（%）
组织学习能力	组织学习能力1	0.931	1 个因子 5.069	84.480
	组织学习能力2	0.924		
	组织学习能力3	0.925		
	组织学习能力4	0.907		
	组织学习能力5	0.914		
	组织学习能力6	0.913		
动态能力	动态能力1	0.871	1 个因子 5.091	72.726
	动态能力2	0.881		
	动态能力3	0.885		
	动态能力4	0.873		
	动态能力5	0.750		
	动态能力6	0.869		
	动态能力7	0.833		

续表

构念	问项对应的变量	因子载荷量	因子数及特征值	方差累计贡献率（%）
资源获取能力	资源获取能力 1	0.831	1 个因子 3.899	64.978
	资源获取能力 2	0.834		
	资源获取能力 3	0.779		
	资源获取能力 4	0.753		
	资源获取能力 5	0.837		
	资源获取能力 6	0.798		
企业绩效	企业绩效 1	0.880	1 个因子 5.008	71.542
	企业绩效 2	0.853		
	企业绩效 3	0.893		
	企业绩效 4	0.817		
	企业绩效 5	0.834		
	企业绩效 6	0.815		
	企业绩效 7	0.824		

（5）各构念因子构成的梳理。通过探索式因子分析梳理出各构念的因子构成，因子构成体系如表 5－14 所示，从表中可知：与供方的竞合关系、与购方的竞合关系和与同业的竞合关系三个构念分析包含合作倾向和竞争倾向两个因子，组织学习能力、资源获取能力、动态能力及企业绩效都只有一个因子，为了使含义明确清楚，都以相对的构念来命名这些因子。因子的确定为随后的各项分析提供了基础。

表 5－14   因子构成体系

构念	构念对应的问卷题项	因子构成情况
与供方的竞合关系	2.3.1 \ 2.3.2 \ 2.3.4 \ 2.3.6 \ 2.3.7	因子 1：供方竞合的合作倾向
	2.3.3 \ 2.3.5	因子 2：供方竞合的竞争倾向
与购方的竞合关系	3.3.1 \ 3.3.2 \ 3.3.3 \ 3.3.6 \ 3.3.7	因子 1：购方竞合的合作倾向
	3.3.4 \ 3.3.5	因子 2：购方竞合的竞争倾向

续表

构念	构念对应的问卷题项	因子构成情况
与同业的竞合关系	4.3.2＼4.3.3＼4.3.4＼4.3.5＼ 4.3.6＼4.3.7＼4.3.8	因子1：同业竞合的合作倾向
	4.3.1＼4.3.9＼4.3.10＼4.3.11	因子2：同业竞合的竞争倾向
组织学习能力	5.1.1～5.1.6	因子：组织学习能力
动态能力	5.2.1～5.2.7	因子：动态能力
资源获取能力	5.3.1～5.3.6	因子：资源获取能力
企业绩效	6.1.1～6.1.7	因子：企业绩效

2. 各构念验证性因子分析的过程

验证性因子分析的主要功能在于验证潜在构念是否真的能够被几个观察变数所代表，是决定一组观察变数是否真正属于某一特定构面的统计分析技术。以下将利用从总体中抽取的另一组样本来检验假设因素结构的契合度，根据信度和组成效度指标来判定一组测量变量与由测量变量所反映的因素构念间的关系。其中，信度可用因素负荷量和 SMC 来评估，因素负荷量应大于 0.5 并达到显著水平（Hair et al.，2009），有些学者将 SMC 判定标准建议为 0.36 以上；组成信度则需超过 0.6 以上（Fornell & Larcker，1981）。

（1）供方竞合的合作倾向验证性因子分析。供方竞合的合作倾向构念共有 5 题，自由度大于估计参数，模型属于过度辨识，符合理论上模型正定的要求，在进行初步的 CFA 分析后，各题项因素负荷量均大于理想值 0.7，题目信度 SMC 均大于 0.6，残差均为正值而且显著，无违反估计存在。组成信度为 0.93，超过 0.7 的标准，模型配适度均符合理论要求，因此可见该构念具有良好的内部一致性，说明题项 A1、A2、A4、A6、A7 是属于这一构念的如表 5 – 15 所示。

表 5 – 15　　　　　　　　　供方竞合的合作倾向验证性因子分析

构面	题项	参数显著性估计				因素负荷量	题目信度	组成信度
		非标准化系数	标准误差	Z 值	P 值	标准化系数	SMC	CR
供方竞合的合作倾向	A1	1				0.914	0.835	0.93
	A7	0.966	0.063	15.442	***	0.847	0.717	
	A6	0.833	0.061	13.711	***	0.799	0.638	
	A4	0.858	0.051	16.692	***	0.877	0.769	
	A2	0.778	0.054	14.354	***	0.818	0.669	

注：*** 表示在 0.01 水平上显著。

（2）购方竞合的合作倾向验证性因子分析。购方竞合的合作倾向构念共有 5 题，自由度大于估计参数，模型属于过度辨识，符合理论上模型正定的要求，各题项因素负荷量均大于理想值 0.7，题目信度 SMC 均大于0.5，残差均为正值而且显著，无违反估计存在。组成信度为 0.9，超过0.7 的标准，模型配适度均符合理论要求，因此题项 B1、B2、B3、B6、B7 反映购方竞合的合作倾向这一潜在构念，如表 5 – 16 所示。

表 5 – 16　　　　　　　　　购方竞合的合作倾向验证性因子分析

构面	题项	参数显著性估计				因素负荷量	题目信度	组成信度
		非标准化系数	标准误差	Z 值	P 值	标准化系数	SMC	CR
购方竞合的合作倾向	B1	1				0.831	0.691	0.9
	B7	1.041	0.085	12.298	***	0.837	0.701	
	B6	0.914	0.078	11.667	***	0.805	0.648	
	B3	0.795	0.070	11.399	***	0.792	0.627	
	B2	0.779	0.074	10.471	***	0.744	0.554	

注：*** 表示在 0.01 水平上显著。

（3）同业竞合的合作倾向验证性因子分析。同业竞合的合作倾向构念共有 7 题，自由度大于估计参数，模型属于过度辨识，符合理论上模型正定的要求，在进行初步的 CFA 分析后，由于题项 3 的因素负荷量低于最低标准 0.5，为了避免题项 3 属于同业竞合的竞争倾向构面，因此随之将题项 3 纳入同业竞合的竞争倾向构面进行验证性因子分析，发现题项 3 还是不具有良好的信度，予以删除。随后重新进行 CFA 分析，各题项因素负荷量均大于可接受值 0.5，除题项 2 之外所有题目信度 SMC 均大于 0.5，残差均为正值而且显著，无违反估计存在。组成信度为 0.89，超过 0.7 的标准，模型配适度均符合理论要求。因此题项 C2、C4、C5、C6、C7、C8 属于同业竞合的合作倾向，如表 5-17 所示。

表 5-17　　　　　　　　同业竞合的合作倾向验证性因子分析

构面	题项	参数显著性估计				因素负荷量	题目信度	组成信度
		非标准化系数	标准误差	Z 值	P 值	标准化系数	SMC	CR
同业竞合的合作倾向	C2	1				0.682	0.465	0.89
	C5	1.249	0.135	9.227	***	0.824	0.679	
	C4	1.141	0.141	8.114	***	0.711	0.506	
	C6	1.213	0.129	9.378	***	0.841	0.707	
	C7	1.12	0.137	8.171	***	0.716	0.513	
	C8	1.257	0.144	8.703	***	0.769	0.591	

注：*** 表示在 0.01 水平上显著。

（4）供方、购方、同业竞合的竞争倾向验证性因子分析。由于供方竞合的竞争倾向和购方竞合的竞争倾向均有 2 题，如果单独进行分析会导致模型无法收敛，对此将供方竞合的竞争倾向、购方竞合的竞争倾向、同业竞合的竞争倾向整合起来构建一阶多因子模型进行分析。关于竞争倾向构念共有 8 题，自由度大于估计参数，模型属于过度辨识，符合理论上模型正定的要求，在进行初步的 CFA 分析后，供方竞合的竞争倾向包含的题项 5 与同业竞合的竞争倾向所包含的题项 1 因素负荷量均低于最低标准 0.5，显示该题项缺乏指标信度，予以删除。其他题项因素负荷量均大于可接受值 0.5，部分题目信度 SMC 大于 0.4，残差均为正值而且显著，无违反估计存在，模型配适度良好。虽然 C11 题目信度低于 0.295，但构念组成信度超过 0.7 的标准，仍具有内部一致性。最终题项 A3 属于供方竞合的竞争倾向构面，B4、B5 属于购方竞合的竞争倾向构面，C9、C10、C11 属于同业竞合的竞争倾向构面，如表 5 - 18 所示。

表 5 - 18　　　供方、购方、同业竞合的竞争倾向验证性因子分析

构面	题项	参数显著性估计				因素负荷量	题目信度	组成信度
		非标准化系数	标准误差	Z 值	P 值	标准化系数	SMC	CR
供方竞合的竞争倾向	A3	0.697				0.894	0.799	0.799
购方竞合的竞争倾向	B4	0.978	0.169	5.797	***	0.625	0.391	0.633
	B5	1				0.734	0.539	
同业竞合的竞争倾向	C9	1				0.705	0.497	0.733
	C10	1.202	0.165	7.298	***	0.813	0.661	
	C11	0.942	0.162	5.828	***	0.543	0.295	

注：A3 根据潜在变量单一指标测量方法，不显示标准误差以及 z 值；*** 表示在 0.01 水平上显著。

（5）组织学习能力、动态能力、资源获取能力以及企业绩效的验证性因子分析。由于组织学习能力、动态能力、资源获取能力和企业绩效这 4 个构念只能提取一个因子，在分别对其进行验证性因子分析后，因素负荷量、题目信度均达到理想值，并无违反估计存在，组成信度理想，说明各个构念具有良好的内部一致性如表 5 - 19 所示。

表 5 - 19 组织学习能力、动态能力、资源获取能力以及

企业绩效的验证性因子分析

构面	题项	参数显著性估计				因素负荷量	题目信度	组成信度
		非标准化系数	标准误差	Z 值	P 值	标准化系数	SMC	CR
组织学习能力	OLC1	1.000				0.864	0.746	0.934
	OLC3	1.101	0.069	15.856	***	0.902	0.814	
	OLC2	1.093	0.069	15.894	***	0.903	0.815	
	OLC4	0.854	0.069	12.374	***	0.785	0.616	
	OLC6	0.999	0.072	13.939	***	0.842	0.709	
动态能力	DC2	1.000				0.813	0.661	0.903
	DC6	1.015	0.081	12.534	***	0.852	0.726	
	DC5	0.810	0.076	10.596	***	0.754	0.569	
	DC7	1.083	0.079	13.667	***	0.920	0.846	
资源获取能力	RAC2	1.000				0.780	0.608	0.881
	RAC4	0.958	0.102	9.399	***	0.731	0.534	
	RAC3	0.952	0.096	9.914	***	0.766	0.587	
	RAC5	0.970	0.102	9.504	***	0.738	0.545	
	RAC6	1.106	0.100	11.011	***	0.844	0.712	
企业绩效	EP1	1.000				0.841	0.707	0.915
	EP3	0.984	0.071	13.800	***	0.868	0.753	
	EP2	0.933	0.069	13.567	***	0.859	0.738	
	EP4	1.092	0.077	14.267	***	0.887	0.787	
	EP6	0.703	0.075	9.355	***	0.666	0.444	

注：*** 表示在 0.01 水平上显著。

在进行验证性因子分析后，所有题项均能在一定程度上反映各个构面，而且模型配适度符合要求，说明理论模型与样本数据基本拟合，两者之间并无显著差异，探索性因子分析中提取的公因子可以作为后续研究中所代表的潜在构念。同时由于在 CFA 分析过程中采取的是部分样本，对

各个题项是否属于某一构念进行了验证，但是在后续的回归分析和中介效应检验中需以整体样本数据代入分析，因此有必要对整体样本的信度效度进行下一步的验证，并将验证后的结果作为后续分析的数据指标。

5.4.2　信度分析

信度是指研究的真实结果独立于意外事件的程度，也指研究者用同样的方式在不同的环境下进行再次调查，期望所获得结果的一致性（Kirk & Miller，1986）。信度表明了测量量表或测量项对测量对象的测量结果具有一致性、稳定性和精确性，即测量过程中随机误差造成的测定值的变异程度的大小，信度高的测量量表对调查对象测量值的不同受随机因素的影响程度小。对信度进行测量评价的指标有以下四类：重测信度、复本信度、折半信度和内部一致性信度。

（1）重测信度称为稳定性系数，即采用重测法，即在同样条件下，使用同一测量量表，对相同被测者前后进行两次测量，两次得分的相关系数可根据不同测量量表的类型——名义量表、顺序量表、尺度量表，可分别采用列联相关系数、等级相关系数、积矩相关系数等方法来计算，通过相关系数的大小来判断一段时间后测量结果的稳定程度，系数越大则说明信度越高，结果越稳定越一致，说明了受测量中的随机因素影响越小。重测信度的显著优点在于能够提供有关测量是否随时间的变化而变异的资料，能够成为被调查者某段时间之后的行为预测的依据。其不足则体现在两方面：一是由于两次测量间隔一定的时间，在这段时间内被调查者的特征发生了变化，则两次测量的差异就不完全受随机因素的影响；二是第二次测量可能受第一次测量遗留效应的影响，比如记忆、练习等，而无法使两次测量被调查对象的特征保持一致，针对以上两种情况造成误差原因，重测间隔的时间要适中，不能太长也不能太短，学者认为 2 ~ 4 周为宜，但最长不要超过 6 个月（林秉贤，2009）。重测信度的方法适用于事实式问卷、态度式、意见式测量问卷。

（2）复本信度，称为替代信度或平行信度，用等值性系数，通过采用精心编制的两份等效问卷，对同一组被调查对象测量，计算被调查对象在两份等效问卷得分的相关系数。复本信度可以控制在重测信度当中的前测遗留影响所带来的误差，但复本效度中要编制等效问卷需要花费很大的精力，并且难度很大，所以这种方法采用的比较少。

（3）折半信度，与重测信度和复本效度不同，折半信度是采用被测者在同一时间内的反应做出信度测量，将测量量表随机分成两半，计算两半得分的积差相关系数，进而得到整个测量量表的信度。如果测量量表中含有反向题项，应将该题项的得分进行逆向处理，而保持得分的一致性。折半信度要求分成的两半测量项目方差齐性，且折半的方式不同得到的相关系数值也不同。所以需要采用校正的信度系数：斯皮尔曼—布朗（Spearman – Brown）折半系数，这种方法一般不适用于事实式问卷（如年龄与性别无法相比），常用于态度、意见、人格式量表的信度分析（侯典牧，2014）。斯皮尔曼—布朗折半系数计算公式如下：

$$r = \frac{2r_h}{1 + r_h} \qquad (5-1)$$

式（5 – 1）中，r_h 为半个量表的信度系数。

（4）内部一致性信度，这是一种目前较为常用和流行的信度评价指数，它表示条目之间的内部一致性，它反映了测量量表的不同条目之间相关的程度，这些条目又围绕同一概念的不同侧面展开。这种相关程度一般采用克伦巴赫 α 系数（Cronbach α）来表示，克伦巴赫 α 系数是由克伦巴赫（Cronbach，1951）提出的，实际上是考虑了说有分半系数的可能性，经过斯皮尔曼—布朗公式校正而来，其计算公式为：

$$r_\alpha = \left(\frac{N}{N-1}\right)\left(1 - \frac{\sum \sigma_j^2}{\sigma^2}\right) \qquad (5-2)$$

式（5 – 2）中，N 是条目的数量，σ_j^2 表示的是其中某个条目的方差，

$\sum \sigma_j^2$ 表示的是所有条目方差的总和，σ^2 表示的是量表总分的方差。Cronbach α 系数的取值范围也是 0.00 ~ 1.00。

Cronbach α 系数是一个表示条目之间内部一致性的指标，系数越大说明条目之间的正相关趋势越为明显，一般测量量表有高的内部一致性信度，该量表的重测信度通常也很高，所以 Cronbach α 系数是非常好的信度估计系数，也是社会科学研究中经常采用的方法（Nunally，1978）。Cronbach α 系数越大表示条目间相关性越好，一般而言，α 介于 0.8 ~ 0.9 表示内部一致性极好，α 介于 0.7 ~ 0.8 表示较好，而 α 低于 0.7 表示内部一致性较差。

（5）各个构念信度分析。在探索式因素分析中，通常会以内部一致性 α 系数作为各因素构念的信度指标，但在 CFA 分析中，量表的信度指标则从测量指标的信度系数和潜在变量的组成信度系数值来判别。其中测量指标的信度系数指的是因素负荷量的平方，较高的信度系数代表观察指标可以收敛到一个潜在构念上，而组成信度是结构方程模型中用以检验潜在构念的信度质量的指标，组成信度指标值越大，表示某一潜在构念所有观察变量反映的潜在特质的同构性越高。本章针对竞合关系和新创企业绩效的所有构面进行 CFA 分析，研究模型的 10 个构面为供方竞合的合作倾向、供方竞合的竞争倾向、购方竞合的合作倾向、购方竞合的竞争倾向、同业竞合的合作倾向、同业竞合的竞争倾向、组织学习能力、动态能力、资源获取能力、新创企业绩效，如表 5-20 所示。

表 5-20　　　　　　　　　　　潜在构面信度分析

构面	题项	参数显著性估计				因素负荷量	题目信度	组成信度	收敛效度
		非标准化系数	标准误差	Z 值	P 值	标准化系数	SMC	CR	AVE
供方竞合的合作倾向	A2	1				0.853	0.727	0.870	0.691
	A4	1.004	0.063	15.865	***	0.845	0.714		
	A6	0.986	0.065	15.184	***	0.795	0.633		

构面	题项	参数显著性估计				因素负荷量	题目信度	组成信度	收敛效度
		非标准化系数	标准误差	Z值	P值	标准化系数	SMC	CR	AVE
购方竞合的合作倾向	B2	1				0.799	0.639	0.840	0.637
	B3	1.039	0.078	12.726	***	0.847	0.717		
	B6	0.995	0.078	13.361	***	0.745	0.555		
同业竞合的合作倾向	C4	1				0.711	0.505	0.886	0.608
	C5	1.158	0.086	13.511	***	0.833	0.695		
	C6	1.117	0.083	13.45	***	0.829	0.687		
	C7	1.084	0.089	12.151	***	0.743	0.551		
	C8	1.143	0.09	12.665	***	0.776	0.602		
组织学习能力	OLC2	1				0.908	0.824	0.931	0.772
	OLC3	1.022	0.041	24.932	***	0.912	0.832		
	OLC4	0.817	0.04	20.317	***	0.829	0.688		
	OLC6	0.934	0.042	22.089	***	0.863	0.744		
动态能力	DC5	1				0.756	0.571	0.869	0.689
	DC6	1.260	0.086	14.588	***	0.869	0.756		
	DC7	1.250	0.086	14.551	***	0.860	0.739		
资源获取能力	RAC2	1				0.771	0.594	0.845	0.578
	RAC3	0.946	0.075	12.673	***	0.762	0.581		
	RAC4	0.951	0.080	11.964	***	0.717	0.515		
	RAC6	1.035	0.079	13.037	***	0.789	0.622		
企业绩效	EP1	1				0.868	0.753	0.898	0.690
	EP2	0.884	0.046	19.269	***	0.862	0.743		
	EP3	0.966	0.049	19.709	***	0.876	0.767		
	EP6	0.737	0.052	14.141	***	0.704	0.495		
供方竞合的竞争倾向	A3	0.744				0.894	0.799	0.799	0.799

构面	题项	参数显著性估计				因素负荷量	题目信度	组成信度	收敛效度
		非标准化系数	标准误差	Z 值	P 值	标准化系数	SMC	CR	AVE
购方竞合的竞争倾向	B4	1				0.600	0.360	0.663	0.501
	B5	1.166	0.152	7.663	***	0.801	0.642		
同业竞合的竞争倾向	C9	1				0.786	0.618	0.755	0.607
	C10	1.018	0.109	9.350	***	0.772	0.596		

注：A3 根据潜在变量单一指标测量方法，不显示标准误差及 Z 值；*** 表示在 0.01 水平上显著。

根据福内尔和拉克尔（Fornell & Larcker，1981）建议信度检定的三个重要内容，即个别题项的信度、组成信度（CR）和平均变异数萃取量（AVE）。其中，AVE 指的是潜在变量可以解释它所对应的观察变数变异量的比值，一般判定标准是要大于 0.5（Bagozzi et al.，1991），其数值越大，表示测量指标越能有效反映潜在构念的特质。本章各项指标均符合标准，所有潜在构面的因素负荷量均在 0.6 ~ 0.9 之间并达到显著水平；SMC 除题项 B4 低于 0.5 外，但仍属可接受范围，其余均符合标准要求；组成信度在 0.65 以上，AVE 在 0.5 ~ 0.8 之间，因此这 10 个构面均具有收敛效度。

5.4.3　区别效度分析

1. 区别效度的含义

区别效度指的是某一潜在构面所反映出来的特质与其他构面所代表的潜在特质之间有低度相关或显著的差异存在，也就是说个别测量题项应该只反映一个潜在构面，而不能同时又反映其他构面，即测量模型中无跨因素指标存在，交叉负荷量为0。在结构方程模型中检定构面之间是否有区别效度可用以下方法：

（1）相关系数法。根据经验法采用的判定区别效度是否存在的准则是检查所有构面的相关系数，如果构面之间的标准化相关系数大于0.85，则称这两个构面没有区别效度。或者是检查同一构面中题目之间的相关系数是否大于不同构面的相关，由于这种判定方法较为主观，可用于初步分析。

（2）信赖区间法。利用信赖区间法检定区别效度是通过建立构面之间相关系数的信赖区间，如果未能包含1，即未能包含完全相关，则拒绝虚无假设（HO：构面之间相关＝1），表示构面之间具有区别效度，反之则无区别效度（Torzadeh，Koufteros & Pflughoeft，2003）。

（3）平均变异数萃取法（AVE）。通过利用每一构面的 AVE 与构面之间的相关系数平方比较，如果 AVE 大于构面间相关系数平方或者构面的皮尔森相关系数小于 AVE 的开根号值，则证明区别效度存在（Fornell & Larcker，1981）。其理论是基于一个潜在构面被其测量指标所解释的变异量应该高于被另一个潜在构面解释的变异量（吴明隆，2013）。

（4）固定系数估计法。将所有构面构建一阶 CFA 有相关模型进行估计，通过固定两个构面之间的皮尔森相关为1，检定其每减少一个自由度所增加的卡方值是否显著，若显著则拒绝虚无假设，表示构面具有区别效度；反之，则不然（Anderson & Gerbing，1988）。

2. 各构面区别效度分析

区别效度分析时验证构面之间的相关在统计上是否有差异。构面之间的相关如果无法通过区别效度的检定，代表构面之间有高度共线性的存在，除了可能造成模型无法收敛外，还可能造成路径系数与假设方向相反或路径系数不显著的情形，因此对各个构面进行区别效度验证是十分有必要的。有学者建议构面之间的皮尔森相关 > |0.7|应采用信赖区间的估计方法进行（Ping，2004），判定相关系数是否包含1，因此运用信赖区间

法来检定构面之间是否具有区别效度。Amos 进行信赖区间的估计需利用 bootstrap 方式，汉库克和奈维特（Hancock & Nevitt，J.，1999）建议在估计路径系数时 bootstrapping 至少要 250 次以上，本章在 Amos 中执行 bootstrapping 程序时设定重复抽样 5000 次，在 95% 信心水准下估计标准化系数的信赖区间，如表 5 - 21 所示。

表 5 - 21　　　　　　　　　　潜在构面区别效度信赖区间

参数			估计值	偏差校正估计		95% 置信区间	
				下限	上限	下限	上限
供方竞合合作倾向	←→	购方竞合合作倾向	0.832	0.738	0.902	0.744	0.904
供方竞合合作倾向	←→	同业竞合合作倾向	0.611	0.488	0.722	0.487	0.721
供方竞合合作倾向	←→	购方竞合竞争倾向	0.087	- 0.071	0.232	- 0.069	0.233
供方竞合合作倾向	←→	同业竞合竞争倾向	0.045	- 0.105	0.186	- 0.106	0.184
购方竞合合作倾向	←→	同业竞合合作倾向	0.658	0.525	0.774	0.524	0.774
购方竞合合作倾向	←→	购方竞合竞争倾向	0.119	- 0.042	0.274	- 0.042	0.273
购方竞合合作倾向	←→	同业竞合竞争倾向	0.064	- 0.090	0.222	- 0.094	0.219
同业竞合合作倾向	←→	购方竞合竞争倾向	0.142	- 0.016	0.295	- 0.015	0.297
同业竞合合作倾向	←→	同业竞合竞争倾向	0.141	- 0.012	0.287	- 0.012	0.287
购方竞合竞争倾向	←→	同业竞合竞争倾向	0.713	0.584	0.832	0.572	0.826
供方竞合合作倾向	←→	新创企业绩效	0.788	0.703	0.857	0.706	0.858
购方竞合合作倾向	←→	新创企业绩效	0.805	0.733	0.864	0.736	0.866
同业竞合合作关系	←→	新创企业绩效	0.697	0.597	0.781	0.598	0.781
购方竞合竞争倾向	←→	新创企业绩效	0.158	0.011	0.309	0.008	0.304
同业竞合竞争倾向	←→	新创企业绩效	0.058	- 0.086	0.211	- 0.089	0.208
供方竞合竞争倾向	←→	供方竞合合作倾向	0.099	- 0.049	0.239	- 0.048	0.240
供方竞合竞争倾向	←→	购方竞合合作倾向	0.132	- 0.010	0.267	- 0.010	0.267
供方竞合竞争倾向	←→	同业竞合合作倾向	0.164	0.017	0.311	0.017	0.310
供方竞合竞争倾向	←→	购方竞合竞争倾向	0.429	0.273	0.580	0.272	0.577
供方竞合竞争倾向	←→	同业竞合竞争倾向	0.306	0.141	0.465	0.138	0.462
供方竞合竞争倾向	←→	新创企业绩效	0.158	0.022	0.289	0.022	0.289

通过建立构面之间的皮尔森相关系数的信赖区间来检定构面区别效度，如果未能包含 1，即不包含完全相关，则表示区别效度存在（Torza-deh，Koufteros & Pflughoeft，2003）。Amos bootstrap 提供两种信赖区间的估计方式：一种为 Bias-corrected Percentile Method 估计，另一种为 Percentile Method 估计，这两种估计结果显示，所有构面的标准化相关系数信赖区间均未包含 1，因此表示所有构面之间均具有区别效度。

5.5　概念模型各影响变量的相关分析

相关分析是对两个变量之间的关联程度的分析，通过相关关系的分析可以明确两个变量之间关系程度的强弱，是一种依存和相随变动的关系（孙允午，2009），也是一种统计关系（薛薇，2014）。在采用回归分析方法对变量进行中介检验和调节检验之前，首先要对变量之间的相关关系进行分析，相关分析是回归分析的前提条件和基础，只有当变量之间的相关系数较大，并且存在一定的显著性时，才能运用回归分析研究变量之间的因果和依存关系。

5.5.1　各变量与企业绩效的相关关系

与供方竞合关系的合作倾向、与购方竞合关系的合作倾向、与同业竞合关系的合作倾向、组织学习能力、动态能力、资源获取能力对企业绩效在 0.001 水平上显著相关，除与供方竞合竞争倾向、与购方竞合竞争倾向和与同业竞合竞争倾向与企业绩效的相关系数低于 0.2 外，其他各变量与企业绩效的相关系数都大于 0.65，说明有较强的相关性。与供方竞合关系的竞争倾向、与购方竞合关系的竞争倾向对企业绩效在 0.05 水平上显著相关，但相关系数低。而与同业竞合关系的竞争倾向与企业绩效相关性不显著，如表 5 - 22 所示。

表 5 - 22　　　　　　　　各变量与企业绩效的相关关系

参数			估计值	P 值
供方竞合的合作倾向	←→	新创企业绩效	0.789	***
购方竞合的合作倾向	←→	新创企业绩效	0.805	***
同业竞合的合作倾向	←→	新创企业绩效	0.697	***
组织学习能力	←→	新创企业绩效	0.849	***
动态能力	←→	新创企业绩效	0.864	***
资源获取能力	←→	新创企业绩效	0.870	***
供方竞合的竞争倾向	←→	新创企业绩效	0.159	*
购方竞合的竞争倾向	←→	新创企业绩效	0.158	*
同业竞合的竞争倾向	←→	新创企业绩效	0.060	0.387

注：*** 表示在 0.01 水平上显著，* 表示在 0.1 水平上显著。

5.5.2　各变量与组织学习能力的相关关系

与供方竞合关系的合作倾向、与购方竞合关系的合作倾向、与同业竞合关系的合作倾向、动态能力、资源获取能力、企业绩效对组织学习能力在 0.001 水平上显著相关，除与供方竞合竞争倾向、与购方竞合竞争倾向和与同业竞合竞争倾向与组织学习能力的相关系数低于 0.2 外，其他各变量与组织学习能力的相关系数都大于 0.55，说明有较强的相关性。与供方竞合关系的竞争倾向对组织学习能力在 0.05 水平上显著相关，但相关关系弱。与购方竞合关系的竞争倾向、与同业竞合关系的竞争倾向与组织学习能力相关性不显著，如表 5 - 23 所示。

表 5 – 23 各变量与组织学习能力的相关关系

参数			估计值	P 值
供方竞合的合作倾向	←→	组织学习能力	0.892	***
购方竞合的合作倾向	←→	组织学习能力	0.833	***
同业竞合的合作倾向	←→	组织学习能力	0.598	***
动态能力	←→	组织学习能力	0.923	***
资源获取能力	←→	组织学习能力	0.887	***
新创企业绩效	←→	组织学习能力	0.849	***
供方竞合的竞争倾向	←→	组织学习能力	0.142	*
购方竞合的竞争倾向	←→	组织学习能力	0.115	0.103
同业竞合的竞争倾向	←→	组织学习能力	0.011	0.871

注：*** 表示在 0.01 水平上显著，* 表示在 0.1 水平上显著。

5.5.3 各变量与动态能力的相关关系

与供方竞合关系的合作倾向、与购方竞合关系的合作倾向、与同业竞合关系的合作倾向、组织学习能力、资源获取能力、企业绩效对动态能力在 0.001 水平上显著相关，除与供方竞合竞争倾向、与购方竞合竞争倾向和与同业竞合竞争倾向与动态能力的相关系数低于 0.3 外，其他各变量与动态能力的相关系数都大于 0.65，说明有较强的相关性。与供方竞合关系的竞争倾向对动态能力在 0.01 水平上显著相关，但两者的相关系数为 0.204，其相关关系较弱。与购方竞合关系的竞争倾向、与同业竞合的竞争倾向与动态能力相关性不显著，如表 5 – 24 所示。

表 5 – 24 各变量与动态能力的相关关系

参数			估计值	P 值
供方竞合的合作倾向	←→	动态能力	0.841	***
购方竞合的合作倾向	←→	动态能力	0.800	***

参数			估计值	P 值
同业竞合的合作倾向	←→	动态能力	0.664	***
资源获取能力	←→	动态能力	0.880	***
组织学习能力	←→	动态能力	0.923	***
新创企业绩效	←→	动态能力	0.864	***
供方竞合的竞争倾向	←→	动态能力	0.204	**
购方竞合的竞争倾向	←→	动态能力	0.130	0.075
同业竞合的竞争倾向	←→	动态能力	0.033	0.636

注：*** 表示在 0.01 水平上显著，** 表示在 0.05 水平上显著。

5.5.4　各变量与资源获取能力的相关关系

与供方竞合关系的合作倾向、与购方竞合关系的合作倾向、与同业竞合关系的合作倾向、组织学习能力、动态能力、企业绩效对资源获取能力在 0.001 水平（双侧）上显著相关，除与供方竞合竞争倾向、与购方竞合竞争倾向和与同业竞合竞争倾向与动态能力的相关系数低于 0.2 外，各变量与资源获取能力的相关系数都大于 0.7，说明有较强的相关性。与供方竞合关系的竞争倾向、与购方竞合关系的竞争倾向、与同业竞合关系的竞争倾向与资源获取能力相关性不显著，如表 5–25 所示。

表 5–25　　　　　　　各变量与资源获取能力的相关关系

参数			估计值	P 值
供方竞合的合作倾向	←→	资源获取能力	0.807	***
购方竞合的合作倾向	←→	资源获取能力	0.871	***
同业竞合的合作倾向	←→	资源获取能力	0.733	***
组织学习能力	←→	资源获取能力	0.887	***
动态能力	←→	资源获取能力	0.880	***

参数			估计值	P 值
新创企业绩效	←→	资源获取能力	0.870	***
供方竞合的竞争倾向	←→	资源获取能力	0.117	0.091
购方竞合的竞争倾向	←→	资源获取能力	0.116	0.116
同业竞合的竞争倾向	←→	资源获取能力	0.081	0.258

注： *** 表示在 0.01 水平上显著。

针对本章提出的模型假设，可以初步判断变量之间可能存在一定的关系。模型中提出的部分假设得到了初步验证：与供方竞合关系的合作倾向对于新创企业绩效有正相关关系（r = 0.789，P < 0.001），这支持了假设 H1a，与供方竞合关系的竞争倾向对于新创企业绩效有正相关关系（r = 0.159，P < 0.05），这支持假设 H1b。与供方的竞合关系对新创企业绩效有正向影响 H1 得到支持；与购方竞合关系的合作倾向对于新创企业绩效有正相关关系（r = 0.805，P < 0.001），支持了假设 H2a，与购方竞合关系的竞争倾向对于新创企业绩效有正相关关系（r = 0.158，P < 0.05）假设 H2b 得到支持，与购方的竞合关系对新创企业绩效有正向影响 H2 得到支持；与同业竞合关系的合作倾向对于新创企业绩效有正相关关系（r = 0.697，P < 0.001），这支持了假设 H3a，与同业竞合关系的竞争倾向对于新创企业绩效的相关关系不显著，则假设 H3b 得不到支持，与购方的竞合关系对新创企业绩效有正向影响 H3 得到部分支持。

5.6　竞合对新创企业绩效影响机制的假设检验

相关分析证实了变量之间的共变关系，测度了变量之间的密切程度，通过相关分析可以判断变量之间存在线性相关关系，但相关分析对变量之间的非线性关系则不能衡量，要进一步确定变量之间的因果关系以及因果关系的程度，需要通过回归分析进行进一步的深入和挖掘，以验证模型假设。

下面将以线性回归的方法为基础，重点验证三个方面：一是验证竞合对企业绩效的影响；二是验证组织学习能力、动态能力、资源获取能力对竞合与企业绩效的中介作用；三是验证行业类型对竞合与企业绩效的调节作用。在整个验证的过程中，引入与新创企业规模相关的员工数以及与新创企业的先天基础相关的企业注册资本数作为控制变量。

5.6.1　竞合对新创企业绩效影响的检验结果

前述理论分析中已经说明企业的竞合关系包含纵向产业链上与供方的竞合关系和与购方的竞合关系，以及横向产业链上与同业的竞合关系，通过因子分析可以进一步得到：三组竞合关系中分别包含合作倾向和竞争倾向两个因子。对于竞合对企业绩效影响的分析当中，将会把阐释竞合关系的六个因子、企业注册资本和员工数作为自变量，新创企业的绩效作为因变量，采用结构方程模型分析竞合对新创企业绩效的影响。

SEM 分析后获得可接受之配适度，模型配适度的评估主要目的是判断所建构的理论模式是否能够对实际观察资料予以合理的解释，是模型外在品质的重要体现。代表模型整体配适度指标分别为：其一，chi-square/df 比值（1.738），它表示假设模型的协方差矩阵与观察数据适配程度，一般其数值小于 3 代表理想水准（Chin & Todd，1995）。其二，GFI 指标是样本数据的观察矩阵与理论建构复制矩阵之差的平方和与观察的方差的比值，其数值越接近 1，表示模型的配适度越佳。本章 GFI 值为 0.910，显示模型的整体配适度良好。其三，AGFI（0.884）为调整后适配度指数，它利用假设模型的自由度与模型变量个数的比率来修正 GFI 指标。其数值介于 0~1 之间，越接近 1，表示模型路径图与实际数据拥有良好的适配度（Hu & Bentler，1999）。其四，RMSEA 也是一种配适度指标，值越大表示假设模型与数据资料越不适配，如果 RMSEA 值小于等于 0.05，表示模型有很好的配适度（Schumacker & Lomax，2004）。本章 RMSEA 值为 0.049，模型配适度可接受。其五，IFI 值为 0.961，大于 0.9，模型配适度良好（Hair，Anderson，Tatham & Black，1995）。整体而言，各项指标均达到理想水平，模型具有良好的配适度。

此外，为检验竞合关系对企业绩效的影响，本章将对供方竞合的合作倾向、供方竞合的竞争倾向、购方竞合的合作倾向、购方竞合的竞争倾向、同业竞合的合作倾向、同业竞合的竞争倾向和新创企业绩效进行多元回归分析，同时在构建的理论模型中加入注册资本和员工数这两个控制变量，结果如表 5－26 所示。

表 5－26　　　　　　　竞合对新创企业绩效影响的回归分析

假说路径			估计值	标准误差	Z 值	P 值
供方竞合的合作倾向	→	新创企业绩效	0.319	0.089	3.597	***
购方竞合的合作倾向	→	新创企业绩效	0.372	0.108	3.459	***
同业竞合的合作倾向	→	新创企业绩效	0.274	0.060	4.541	***
供方竞合的竞争倾向	→	新创企业绩效	0.015	0.055	0.275	0.784
购方竞合的竞争倾向	→	新创企业绩效	0.190	0.122	1.559	0.119
同业竞合的竞争倾向	→	新创企业绩效	−0.166	0.110	−1.510	0.131
注册资本	→	新创企业绩效	−0.028	0.029	−0.951	0.342
员工数	→	新创企业绩效	0.061	0.026	2.344	*

注：*** 表示在 0.01 水平上显著，* 表示在 0.1 水平上显著。

由竞合对新创企业绩效影响的回归分析中，模型中的部分假设得到了验证：H1a：与供方竞合的合作倾向对新创企业绩效有正向影响，是成立的；H2a：与购方竞合的合作倾向对新创企业绩效有正向影响，是成立的；H3a：与同业竞合的合作倾向对新创企业绩效有正向影响，是成立的。但 H1b、H2b、H3b 在分析中没有得到验证，它们分别是 H1b：与供方竞合的竞争倾向对新创企业绩效有正向影响，是不成立的；H2b：与购方竞合的竞争倾向对新创企业绩效有正向影响，是不成立的；H3b：与同业竞合的竞争倾向对新创企业绩效有正向影响，是不成立的。并且在众多竞合影响新创企业绩效的因素中，影响的因素强弱排序是与购方竞合的合作倾向、与供方竞合的合作倾向、与同业竞合的合作倾向。

5.6.2 组织学习能力、动态能力、资源获取能力的中介作用检验

前面通过竞合对新创企业绩效影响的回归分析已经获得了两者之间的影响关系和影响程度，在本部分试图了解竞合如何影响新创企业绩效，即探求竞合对新创企业绩效的影响机制，通过文献梳理和理论推演，发现组织学习、动态能力和资源获取能力能够对竞合与新创企业绩效产生中介效应，下面将采用中介效应检验的方法来验证这一结论。

中介效应是指自变量（X）对因变量（Y）的影响关系（X→Y）不是直接通过因果链来影响的，而是通过一个或一个以上变量（M）的间接影响作用产生的，这时可以把变量 M 称为中介变量，而 X 经由 M 产生的对 Y 的影响，称为 M 产生的中介效应。中介变量与自变量和因变量的关系可以由图 5-2 的左边来直观表现，图 5-2 的右边则是用线性回归模型来表现中介变量、自变量和因变量之间的关系（所有变量都中心化的情况下）。中介效应属于间接效应的一种，根据中介变量和中介效应的特点，因此用它描述竞合是经由何种机制影响新创企业绩效比较适宜。

对于中介效应的检验有三种方法：一是依次检验回归系数，二是检验 H0：$ab = 0$，三是检验 H0：$c - c' = 0$。温忠麟等（2014）通过对比系数乘积检验和依次检验结果，提出一个新的中介效应检验程序，如图 5-3 所示。

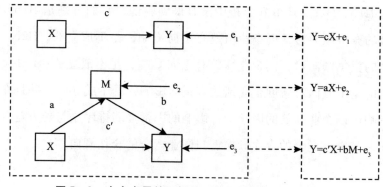

图 5 - 2　中介变量的逻辑关系与回归模型的对应关系

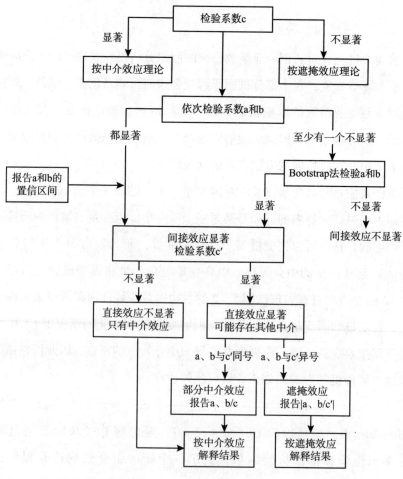

图 5 - 3　中介效应检验程序

中介效应的基本前提是自变量（X）对因变量（Y）的回归系数 c 是显著的，然后根据系数 a、b 的显著性，选择相应的检验程序，可以得到部分中介过程、完全中介效应、中介效应显著以及中介效应不显著四种结果。

在本章中竞合对新创企业绩效的影响机制引入组织学习能力、动态能力和资源获取能力三个中介变量，适用于多重中介分析的情形，多重中介分析也可以比照温忠麟等（2004）提出的中介效应的检验程序。所谓多重中介，是指当中介变量不止一个时，产生的对自变量与因变量的中介效应。对于本章而言，根据中介效应分析的前提可知，首先要保证自变量对因变量的回归模型中回归系数要显著（Baron & Kenny，1986；Preacher & Hayes，2008；温忠麟等，2004），依据竞合对新创企业绩效影响回归分析的结果，可以将竞合中的与供方竞合的合作倾向、与购方竞合的合作倾向、与同业竞合的合作倾向和作为自变量，新创企业绩效作为因变量，组织学习能力、动态能力和资源获取能力作为中介变量，建立以下多重中介模型：

$$
\begin{aligned}
Y = {}& c_0 + c_1 X_1 + c_2 X_2 + c_3 X_3 + c_4 X_4 + c_5 X_1 X_2 + c_6 X_1 X_3 + c_7 X_1 X_4 + c_8 X_2 X_3 \\
& + c_9 X_2 X_4 + c_{10} X_3 X_4 + c_{11} X_1 X_2 X_3 + c_{12} X_1 X_2 X_4 + c_{13} X_1 X_3 X_4 + c_{14} X_2 X_3 X_4 \\
& + c_{15} X_1 X_2 X_3 X_4 + e_1
\end{aligned}
\tag{5-3}
$$

$$
\begin{aligned}
M_1 = {}& a_{10} + a_{11} X_1 + a_{12} X_2 + a_{13} X_3 + a_{14} X_4 + a_{15} X_1 X_2 + a_{16} X_1 X_3 + a_{17} X_1 X_4 \\
& + a_{18} X_2 X_3 + a_{19} X_2 X_4 + a_{100} X_3 X_4 + a_{101} X_1 X_2 X_3 + a_{102} X_1 X_2 X_4 \\
& + a_{103} X_1 X_3 X_4 + a_{104} X_2 X_3 X_4 + a_{105} X_1 X_2 X_3 X_4 + e_2
\end{aligned}
\tag{5-4}
$$

$$
\begin{aligned}
M_2 = {}& a_{20} + a_{21} X_1 + a_{22} X_2 + a_{23} X_3 + a_{24} X_4 + a_{25} X_1 X_2 + a_{26} X_1 X_3 + a_{27} X_1 X_4 \\
& + a_{28} X_2 X_3 + a_{29} X_2 X_4 + a_{200} X_3 X_4 + a_{201} X_1 X_2 X_3 + a_{202} X_1 X_2 X_4 \\
& + a_{203} X_1 X_3 X_4 + a_{204} X_2 X_3 X_4 + a_{205} X_1 X_2 X_3 X_4 + e_3
\end{aligned}
\tag{5-5}
$$

$$
\begin{aligned}
M_3 = {}& a_{30} + a_{31} X_1 + a_{32} X_2 + a_{33} X_3 + a_{34} X_4 + a_{35} X_1 X_2 + a_{36} X_1 X_3 + a_{37} X_1 X_4 \\
& + a_{38} X_2 X_3 + a_{39} X_2 X_4 + a_{300} X_3 X_4 + a_{301} X_1 X_2 X_3 + a_{302} X_1 X_2 X_4 \\
& + a_{303} X_1 X_3 X_4 + a_{304} X_2 X_3 X_4 + a_{305} X_1 X_2 X_3 X_4 + e_4
\end{aligned}
\tag{5-6}
$$

$$M_1 M_2 = a_{50} + a_{51}X_1 + a_{52}X_2 + a_{53}X_3 + a_{54}X_4 + a_{55}X_1X_2 + a_{56}X_1X_3 + a_{57}X_1X_4$$
$$+ a_{58}X_2X_3 + a_{59}X_2X_4 + a_{500}X_3X_4 + a_{501}X_1X_2X_3 + a_{502}X_1X_2X_4$$
$$+ a_{503}X_1X_3X_4 + a_{504}X_2X_3X_4 + a_{505}X_1X_2X_3X_4 + e_5 \qquad (5-7)$$

$$M_1 M_3 = a_{60} + a_{61}X_1 + a_{62}X_2 + a_{63}X_3 + a_{64}X_4 + a_{65}X_1X_2 + a_{66}X_1X_3 + a_{67}X_1X_4$$
$$+ a_{68}X_2X_3 + a_{69}X_2X_4 + a_{600}X_3X_4 + a_{601}X_1X_2X_3 + a_{602}X_1X_2X_4$$
$$+ a_{603}X_1X_3X_4 + a_{604}X_2X_3X_4 + a_{605}X_1X_2X_3X_4 + e_6 \qquad (5-8)$$

$$M_2 M_3 = a_{70} + a_{71}X_1 + a_{72}X_2 + a_{73}X_3 + a_{74}X_4 + a_{75}X_1X_2 + a_{76}X_1X_3 + a_{77}X_1X_4$$
$$+ a_{78}X_2X_3 + a_{79}X_2X_4 + a_{700}X_3X_4 + a_{701}X_1X_2X_3 + a_{702}X_1X_2X_4$$
$$+ a_{703}X_1X_3X_4 + a_{704}X_2X_3X_4 + a_{705}X_1X_2X_3X_4 + e_7 \qquad (5-9)$$

$$M_1 M_2 M_3 = a_{80} + a_{81}X_1 + a_{82}X_2 + a_{83}X_3 + a_{84}X_4 + a_{85}X_1X_2 + a_{86}X_1X_3 + a_{87}X_1X_4$$
$$+ a_{88}X_2X_3 + a_{89}X_2X_4 + a_{800}X_3X_4 + a_{801}X_1X_2X_3 + a_{802}X_1X_2X_4$$
$$+ a_{803}X_1X_3X_4 + a_{804}X_2X_3X_4 + a_{805}X_1X_2X_3X_4 + e_8 \qquad (5-10)$$

$$Y = c_0' + c_1'X_1 + c_2'X_2 + c_3'X_3 + c_4'X_4 + c_5'X_1X_2 + c_6'X_1X_3 + c_7'X_1X_4 + c_8'X_2X_3$$
$$+ c_9'X_2X_4 + c_{10}'X_3X_4 + c_{11}'X_1X_2X_3 + c_{12}'X_1X_2X_4 + c_{13}'X_1X_3X_4 + c_{14}'X_2X_3X_4$$
$$+ c_{15}'X_1X_2X_3X_4 + b_1M_1 + b_2M_2 + b_3M_3 + b_4M_1M_2 + b_5M_2M_3 + b_6M_1M_3$$
$$+ b_7M_1M_2M_3 + e_9 \qquad (5-11)$$

其中，Y 代表企业绩效，M_1 代表组织学习能力，M_2 代表动态能力，M_3 代表资源获取能力，X_1 代表与供方竞合的合作倾向，X_2 代表与购方竞合的合作倾向，X_3 代表与同行竞合的合作倾向。

在多重中介模型中，涉及的变量比较多，涉及的回归方程比较复杂，尽管能够依据中介效应的检验程序来操作，但是传统检定中介效果的方法仍然存在问题：首先，判定中介效果存在仅是简单的 Z 检定。其次，中介效果（a×b）通常不符合常态分配。最后，Z 值 > |1.96|并不代表一定显著。对此本章利用 Bootstrap 技术，通过重新估计间接效果的标准误及信赖区间检定中介效果的存在。由于重点研究组织学习能力、动态能力、资源获取能力三个中介变量，对这三个变量交互的中介效应不是研究关键之所在，所以重点关注式（5-3）、式（5-4）、式（5-5）、式（5-6）和

式（5－11）。

1. 竞合对新创企业绩效影响的回归分析

通过竞合对新创企业绩效影响的回归分析，即式（5－3）的分析，可得到中介效应检验程序的 c 值。将有关结果整理如表 5－27 所示。

表 5－27   竞合对新创企业绩效影响的回归分析

因变量：新创企业绩效（Y）				
自变量	估计值	标准误差	Z 值	P 值
与供方竞合的合作倾向（x_1）	0.320	0.090	3.556	***
与购方竞合的合作倾向（x_2）	0.385	0.109	3.526	***
与同业竞合的合作倾向（x_3）	0.272	0.061	4.448	***
$\chi^2/df = 1.800$ GFI = 0.938 AGFI = 0.912 CFI = 0.978 RMSEA = 0.051				

注：*** 表示在 0.01 水平上显著。

从式（5－3）的回归数据可得，模型配适度良好，说明理论模型与样本数据资料基本拟合，用线性模型描述和反映自变量和因变量之间的关系是恰当的。从自变量的回归系数来看，与供方竞合的合作倾向、与购方竞合的合作倾向、与同业竞合的合作倾向均在 0.001 水平上与新创企业绩效显著相关，按照中介效应的检验程序，随后模型的分析重点关注以上三个自变量，分析组织学习能力、资源获取能力和动态能力在竞合关系对新创企业绩效影响路径中是否存在中介效应以及各个中介变量是否有显著差异。

2. 竞合对新创企业绩效影响的回归分析——加入资源获取能力

通过将资源获取能力加入供方竞合的合作倾向、购方竞合的合作倾向、同业竞合的合作倾向对新创企业绩效的影响路径中，具体分析中介效应存在与否。将有关结果整理如表 5－28 所示。

表 5 – 28 　　　　　资源获取能力对竞合关系与企业绩效的中介效应

项目	点估计	系数		Bootstrapping 算法				双尾显著性
				Bias-corrected 95% 置信区间		Percentile 95% 置信区间		
		标准误差	Z 值	下限	上限	下限	上限	
直接效果								
供方竞合合作倾向→新创企业绩效	0.207	0.124	1.670	– 0.008	0.492	– 0.027	0.473	0.084
购方竞合合作倾向→新创企业绩效	0.074	0.175	0.423	– 0.305	0.376	– 0.298	0.379	0.667
同业竞合合作倾向→新创企业绩效	0.123	0.085	1.447	– 0.050	0.293	– 0.054	0.286	0.159
间接效果								
供方竞合合作倾向→新创企业绩效	0.113	0.071	1.592	0.003	0.290	– 0.005	0.277	**
购方竞合合作倾向→新创企业绩效	0.307	0.135	2.274	0.110	0.633	0.107	0.630	***
同业竞合合作倾向→新创企业绩效	0.150	0.054	2.778	0.068	0.292	0.057	0.273	***
总效果								
供方竞合合作倾向→新创企业绩效	0.320	0.133	2.406	0.079	0.607	0.072	0.597	*
购方竞合合作倾向→新创企业绩效	0.380	0.139	2.734	0.079	0.635	0.105	0.652	*
同业竞合合作倾向→新创企业绩效	0.273	0.076	3.592	0.119	0.414	0.112	0.407	**

$\chi^2/\mathrm{df} = 1.895$ 　　GFI = 0.913 　　AGFI = 0.884 　　CFI = 0.968 　　RMSEA = 0.054

注：*** 表示在 0.01 水平上显著，** 表示在 0.05 水平上显著，* 表示在 0.1 水平上显著。

在竞合关系对新创企业绩效影响的回归路径中加入资源获取能力这一

中介变量后，线性模型配适度良好（ $\chi^2/df = 1.895$ ， $RMSEA = 0.054$ ），并且线性模型中标准化回归系数均没有违反估计，同时自变量之间也不存在多重共线性问题，说明此模型在一定程度上反映了基本的理论假设。接下来具体分析中介效应的存在与否以及是何种类型的中介作用，从表 5 - 28 可以看出，资源获取能力在竞合关系对新创企业绩效的影响过程中总效果和间接效果均显著，表明中介效应存在；直接效果不显著说明资源获取能力在供方竞合合作倾向、购方竞合合作倾向、同业竞合合作倾向对新创企业绩效的影响中起到完全中介的作用，验证了假设 H6。

3. 竞合对新创企业绩效影响的回归分析——加入动态能力

通过将动态能力加入供方竞合的合作倾向、购方竞合的合作倾向、同业竞合的合作倾向对新创企业绩效的影响路径中，具体分析中介效应存在与否。将有关结果整理如表 5 - 29 所示。

表 5 - 29　　　　动态能力对竞合关系与企业绩效的中介效应

项目	点估计	系数		Bootstrapping 算法				
				Bias-corrected 95% 置信区间		Percentile 95% 置信区间		双尾显著性
		标准误差	Z 值	下限	上限	下限	上限	
直接效果								
供方竞合合作倾向→新创企业绩效	0.045	0.120	0.375	-0.179	0.307	-0.198	0.284	0.725
购方竞合合作倾向→新创企业绩效	0.280	0.141	1.986	-0.307	0.517	-0.020	0.530	0.071
同业竞合合作倾向→新创企业绩效	0.165	0.079	2.089	-0.004	0.305	-0.007	0.303	0.058
间接效果								
供方竞合合作倾向→新创企业绩效	0.279	0.102	2.735	0.122	0.532	0.117	0.518	***

续表

项目	点估计	系数		Bootstrapping 算法				双尾显著性
				Bias-corrected 95% 置信区间		Percentile 95% 置信区间		
		标准误差	Z 值	下限	上限	下限	上限	
购方竞合合作倾向→新创企业绩效	0.135	0.093	1.452	-0.017	0.355	-0.030	0.335	0.113
同业竞合合作倾向→新创企业绩效	0.105	0.048	2.188	0.031	0.225	0.025	0.211	**
总效果								
供方竞合合作倾向→新创企业绩效	0.324	0.134	2.418	0.082	0.617	0.078	0.608	*
购方竞合合作倾向→新创企业绩效	0.385	0.138	2.790	0.085	0.638	0.110	0.654	*
同业竞合合作倾向→新创企业绩效	0.270	0.076	3.553	0.114	0.410	0.110	0.406	**
$\chi^2/df = 1.908$ GFI = 0.923 AGFI = 0.895 CFI = 0.971 RMSEA = 0.054								

注: ** 表示在 0.01 水平上显著，** 表示在 0.05 水平上显著，* 表示在 0.1 水平上显著。

在竞合关系对新创企业绩效影响的回归路径中加入动态能力这一中介变量后，线性模型配适度良好（$\chi^2/df = 1.908$，RMSEA = 0.054），并且线性模型中标准化回归系数均没有违反估计，同时自变量之间也不存在多重共线性问题，说明此模型在一定程度上反映了基本的理论假设。接下来具体分析中介效应的存在与否以及是何种类型的中介作用，从表 5 - 29 可以看出，动态能力在竞合关系对新创企业绩效的影响过程中总效果均显著；供方竞合合作倾向和同业竞合合作倾向对企业绩效影响的间接效果均显著，表明中介效应存在；然而购方竞合合作倾向对企业绩效影响的间接效果没有达到显著水平，中介效应不存在；直接效果均不显著说明动态能力在供方竞合合作倾向、同业竞合合作倾向对新创企业绩效的影响中起到部分中介的作用，验证了部分假设 H5。

4. 竞合对新创企业绩效影响的回归分析——加入组织学习能力

通过将组织学习能力加入供方竞合的合作倾向、购方竞合的合作倾向、同业竞合的合作倾向对新创企业绩效的影响路径中，具体分析中介效应存在与否。将有关结果整理如表 5－30 所示。

表 5－30　　　　组织学习能力对竞合关系与企业绩效的中介效应

项目	点估计	系数		Bootstrapping 算法				双尾显著性
				Bias-corrected 95% 置信区间		Percentile 95% 置信区间		
		标准误差	Z 值	下限	上限	下限	上限	
直接效果								
供方竞合合作倾向→新创企业绩效	0.100	0.064	1.563	−0.028	0.228	−0.022	0.234	0.105
购方竞合合作倾向→新创企业绩效	0.100	0.064	1.563	−0.028	0.228	−0.022	0.234	0.105
同业竞合合作倾向→新创企业绩效	0.275	0.067	4.104	0.132	0.395	0.131	0.394	***
间接效果								
供方竞合合作倾向→新创企业绩效	0.319	0.080	3.988	0.190	0.509	0.185	0.497	***
购方竞合合作倾向→新创企业绩效	0.159	0.090	1.767	0.013	0.382	−0.005	0.346	*
同业竞合合作倾向→新创企业绩效	0.010	0.029	0.345	−0.043	0.071	−0.050	0.067	0.640
总效果								
供方竞合合作倾向→新创企业绩效	0.419	0.080	5.238	0.269	0.579	0.277	0.587	***

续表

项目	点估计	系数		Bootstrapping 算法				双尾 显著性
				Bias-corrected 95% 置信区间		Percentile 95% 置信区间		
		标准误差	Z 值	下限	上限	下限	上限	
购方竞合合作倾向→ 新创企业绩效	0.259	0.073	2.790	0.102	0.394	0.103	0.395	**
同业竞合合作倾向→ 新创企业绩效	0.285	0.078	3.654	0.126	0.432	0.120	0.424	**
$\chi^2/df = 1.946$ GFI = 0.913 AGFI = 0.884 CFI = 0.971 RMSEA = 0.055								

注: ***表示在 0.01 水平上显著, **表示在 0.05 水平上显著, *表示在 0.1 水平上显著。

在竞合关系对新创企业绩效影响的回归路径中加入组织学习能力这一中介变量后,线性模型配适度良好($\chi^2/df = 1.946$,RMSEA = 0.055),并且线性模型中标准化回归系数均没有违反估计,说明此模型在一定程度上反映了基本的理论假设。此外由于自变量之间可能存在多重共线性问题,导致供方竞合合作倾向→企业绩效这一回归路径系数值为负数,为解决此问题,将共线性构面的系数设定等同(Hebert et al.,2004)。接下来具体分析中介效应的存在与否以及是何种类型的中介作用,从表 5 – 30 可以看出,组织学习能力在竞合关系对新创企业绩效的影响过程中总效果均显著;供方竞合合作倾向和购方竞合合作倾向对企业绩效影响的间接效果均显著,表明中介效应存在;然而同业竞合合作倾向对企业绩效影响的间接效果没有达到显著水平,中介效应不存在;直接效果均不显著说明组织学习能力在供方竞合合作倾向、购方竞合合作倾向对新创企业绩效的影响中起到完全中介的作用,验证了部分假设 H4。

根据模型回归分析的结果,可以对组织学习能力、动态能力、资源获取能力对竞合与新创企业绩效影响是否存在中介效应做出判断,依据中介效应的检验程序可知:首先,组织学习能力在与供方竞合的合作倾向和与购方竞合的合作倾向对新创企业绩效影响中存在完全中介效应,而在与同业竞合的合作倾向对新创企业绩效影响中不存在中介作用；其次，资源获取能力在与供方竞合的合作倾向、与购方竞合的合作倾向和与同业竞合的合作倾向对新创企业绩效影响中存在完全中介效应；最后，动态能力在与供方竞合的合作倾向和与同业竞合的合作倾向对新创企业绩效影响中存在完全中介效应，而在与购方竞合的合作倾向对新创企业绩效影响中不存在中介作用。

5. 组织学习能力、动态能力、资源获取能力中介效应的分析

通过前面的分析已经初步对三个中介变量是否存在中介效应进行了检验和判断，要具体和明晰地了解组织学习能力、动态能力和资源获取能力每一个变量中介效应的大小，还要进行进一步的分析。以下分析从竞合与供方竞合的合作倾向、与购方竞合的合作倾向、与同业竞合的合作倾向对新创企业绩效三个方面展开。首先分别将三个中介变量依次纳入与供方竞合的合作倾向、与购方竞合的合作倾向、与同业竞合的合作倾向对新创企业绩效的影响路径中，观察在多个中介变量的作用下，是否会存在中介效应以及自变量对因变量的影响机制与理论假设是否有明显差异。其次分析每一变量的特定间接效果是否存在以及特定的间接效果之间是否有显著差异。

（1）三个中介变量对与供方竞合的合作倾向与企业绩效的中介效应如表 5–31 所示。

表 5–31　　组织学习能力、动态能力、资源获取能力对与供方
竞合的合作倾向与企业绩效的中介效应

项目	点估计	系数		Bootstrapping 算法				双尾显著性
				Bias-corrected 95% 置信区间		Percentile 95% 置信区间		
		标准误差	Z 值	下限	上限	下限	上限	
间接效果								
供方竞合合作倾向→资源获取能力→新创企业绩效	0.439	0.160	2.744	0.183	0.813	0.184	0.816	**

续表

项目	点估计	系数		Bootstrapping 算法				双尾显著性
				Bias-corrected 95% 置信区间		Percentile 95% 置信区间		
		标准误差	Z 值	下限	上限	下限	上限	
供方竞合合作倾向→组织学习能力→新创企业绩效	0.198	0.335	0.591	-0.496	0.809	-0.518	0.780	0.511
供方竞合合作倾向→动态能力→新创企业绩效	0.387	0.212	1.825	0.037	0.872	0.027	0.854	*
总间接效果	1.024	0.481	2.129	0.072	1.944	0.083	1.976	*
对比								
资源获取能力-组织学习能力	0.241	0.328	0.735	-0.383	0.862	-0.309	0.948	0.317
组织学习能力-动态能力	-0.189	0.367	-0.515	-0.965	0.422	-0.987	0.409	0.519
资源获取能力-动态能力	0.052	0.272	0.191	-0.496	0.570	-0.478	0.588	0.813
$\chi^2/\mathrm{df} = 2.563$ GFI = 0.894 AGFI = 0.859 CFI = 0.958 RMSEA = 0.071								

注：** 表示在 0.05 水平上显著，* 表示在 0.1 水平上显著。

在供方竞合合作倾向对新创企业绩效影响的回归路径中加入资源获取能力、组织学习能力和动态能力后，线性模型配适度良好（$\chi^2/\mathrm{df} = 2.563$，RMSEA = 0.071），并且线性模型中标准化回归系数均没有违反估计，说明此模型在一定程度上反映了基本的理论假设。接下来具体分析总间接效果和特定的间接效果是否存在，以及特定的间接效果之间是否有显著差异。从表 5-31 可以看出，资源获取能力、组织学习能力和动态能力在供方竞合关系对新创企业绩效的影响过程中总间接效果显著；资源获取能力和动态能力在供方竞合合作倾向对企业绩效影响的特定间接效果均显著，表明中介效应存在；组织学习能力在供方竞合合作倾向对企业绩效影响的特定间接效果没有达到显著水平，中介效应不存在；此外，资源获取能力、组织学习能力和动态能力在供方竞合倾向对企业绩效的影响均没有显著差异。

从上述分析中可以得出资源获取能力和动态能力的特定间接效果均显著，但是未曾了解资源获取能力和动态能力在供方竞合的合作倾向对新创企业绩效影响中起到何种中介作用以及各中介效应大小。对此，将分析各研究假设之直接效果与间接效果，如表 5 – 32 所示。

表 5 – 32　　　　潜在变量间之直接效果、间接效果及总效果分析

变量关系	路径	效果大小	
1. 供方竞合的合作倾向（ζ）→企业绩效（η）			
直接效果	ζ→η		− 0.140
间接效果	ζ→η_1→η	$0.900 \times 0.480 = 0.432$	0.432
总效果			0.292
2. 供方竞合的合作倾向（ζ）→企业绩效（η）			
直接效果	ζ→η		− 0.140
间接效果	ζ→η_2→η	$0.940 \times 0.410 = 0.385$	0.385
总效果			0.245

就资源获取能力对供方竞合合作倾向及企业绩效之中介效果而言，直接效果为 − 0.140，间接效果为 0.432，由于间接效果占总效果的比例大于 1，因此，资源获取能力是供方竞合合作倾向及企业绩效之完全中介变量。依次分析程序，就动态能力对供方竞合合作倾向对新创企业绩效之中介效果而言，直接效果为 − 0.140，间接效果为 0.385，间接效果占总效

果的比例大于1，可见动态能力是供方竞合合作倾向及企业绩效之完全中介变量。此外，资源获取能力对与供方竞合的合作倾向与企业绩效的中介效应（0.432）比动态能力（0.385）强。

（2）三个中介变量对与购方竞合的合作倾向与企业绩效的中介效应，如表5-33所示。

表5-33 组织学习能力、动态能力、资源获取能力对与
购方竞合的合作倾向与企业绩效的中介效应

项目	点估计	系数		Bootstrapping 算法				双尾显著性
				Bias-corrected 95% 置信区间		Percentile 95% 置信区间		
		标准误差	Z 值	下限	上限	下限	上限	
间接效果								
购方竞合合作倾向→资源获取能力→新创企业绩效	0.370	0.375	0.987	-0.209	1.114	-0.215	1.101	0.158
购方竞合合作倾向→组织学习能力→新创企业绩效	0.104	0.242	0.430	-0.428	0.518	-0.460	0.499	0.692
购方竞合合作倾向→动态能力→新创企业绩效	0.317	0.294	1.078	-0.134	0.941	-0.201	0.873	0.163
总间接效果	0.791	0.649	1.219	-0.502	2.001	-0.509	1.975	0.189
对比								
资源获取能力 - 组织学习能力	0.266	0.368	0.735	-0.340	0.911	-0.272	0.979	0.264
组织学习能力 - 动态能力	-0.213	0.330	-0.515	-0.876	0.334	-0.903	0.311	0.408

续表

项目	点估计	系数		Bootstrapping 算法				
				Bias-corrected 95% 置信区间		Percentile 95% 置信区间		双尾显著性
		标准误差	Z 值	下限	上限	下限	上限	
资源获取能力 – 动态能力	0.053	0.440	0.191	– 0.668	0.876	– 0.651	0.898	0.842
$\chi^2/df = 2.733$　GFI = 0.888　AGFI = 0.850　CFI = 0.952　RMSEA = 0.075								

在购方竞合合作倾向对新创企业绩效影响的回归路径中加入资源获取能力、组织学习能力和动态能力后，线性模型配适度良好（$\chi^2/df =$ 2.733，RMSEA = 0.075），并且线性模型中标准化回归系数均没有违反估计，说明此模型在一定程度上反映了基本的理论假设。接下来具体分析总间接效果和特定的间接效果是否存在，以及特定的间接效果之间是否有显著差异。从表 5 – 33 可以看出，资源获取能力、组织学习能力和动态能力在购方竞合关系对新创企业绩效的影响过程中总间接效果不显著，说明资源获取能力、组织学习能力和动态能力在购方竞合合作倾向对企业绩效影响路径中不存在中介作用。此外，资源获取能力、组织学习能力和动态能力在供方竞合倾向对企业绩效的影响均没有显著差异。

（3）三个中介变量对与同业竞合的合作倾向与企业绩效的中介效应如表 5 – 34 所示。

表 5-34　　组织学习能力、动态能力、资源获取能力对同业竞合

关系的合作倾向与新创企业绩效中介效应的检验结果

项目	点估计	系数		Bootstrapping 算法				双尾显著性
				Bias-corrected 95% 置信区间		Percentile 95% 置信区间		
		标准误差	Z 值	下限	上限	下限	上限	
间接效果								
同业竞合合作倾向→资源获取能力→新创企业绩效	0.333	0.215	1.549	0.042	0.759	0.056	0.800	*
同业竞合合作倾向→组织学习能力→新创企业绩效	0.115	0.229	0.502	-0.315	0.438	-0.369	0.406	0.559
同业竞合合作倾向→动态能力→新创企业绩效	0.324	0.245	1.322	0.017	0.817	0.033	0.843	*
总间接效果	0.773	0.222	3.482	0.501	1.255	0.499	1.247	**
对比								
资源获取能力 - 组织学习能力	0.218	0.424	0.514	-0.365	0.993	-0.308	1.136	0.375
组织学习能力 - 动态能力	-0.209	0.464	-0.450	-1.115	0.402	-1.192	0.352	0.435
资源获取能力 - 动态能力	0.009	0.173	0.052	-0.350	0.300	-0.328	0.319	0.921
$\chi^2/df = 2.865$　GFI = 0.867　AGFI = 0.827　CFI = 0.939　RMSEA = 0.078								

注：** 表示在 0.05 水平上显著，* 表示在 0.1 水平上显著。

在同业竞合合作倾向对新创企业绩效影响的回归路径中加入资源获取能力、组织学习能力和动态能力后，线性模型配适度基本符合要求（$\chi^2/df = 2.865$，RMSEA = 0.078），并且线性模型中标准化回归系数均没有违反估计，说明此模型在一定程度上反映了基本的理论假设。接下来具体分

析总间接效果和特定的间接效果是否存在，以及特定的间接效果之间是否有显著差异。从表 5 - 34 可以看出，资源获取能力、组织学习能力和动态能力在同业竞合关系对新创企业绩效的影响过程中总间接效果显著；资源获取能力和动态能力在同业竞合合作倾向对企业绩效影响过程中特定间接效果均显著，表明中介效应存在；组织学习能力在同业竞合合作倾向对企业绩效影响的特定间接效果没有达到显著水平，中介效应不存在；此外，资源获取能力、组织学习能力和动态能力在同业竞合倾向对企业绩效的影响均没有显著差异。

从上述分析中可以得出资源获取能力和动态能力的特定间接效果均显著，但是未曾了解资源获取能力和动态能力在同业竞合的合作倾向对新创企业绩效影响中起到何种中介作用以及各中介效应大小。对此，将分析各研究假设之直接效果与间接效果，如表 5 - 35 所示。

表 5 - 35　　　　　潜在变量间之直接效果、间接效果及总效果分析

变量关系	路径	效果大小	
1. 同业竞合的合作倾向（ζ）→企业绩效（η）			
直接效果	$\zeta \rightarrow \eta$		0.070
间接效果	$\zeta \rightarrow \eta_1 \rightarrow \eta$	$0.800 \times 0.380 = 0.304$	0.304
总效果			0.374
2. 同业竞合的合作倾向（ζ）→企业绩效（η）			
直接效果	$\zeta \rightarrow \eta$		0.070
间接效果	$\zeta \rightarrow \eta_2 \rightarrow \eta$	$0.730 \times 0.400 = 0.292$	0.292
总效果			0.362

就资源获取能力对同业竞合合作倾向对新创企业绩效之中介效果而言，直接效果为 0.070，间接效果为 0.304，由于间接效果占总效果的 81.28%（$0.304/0.374 \times 100$），因此，资源获取能力是同业竞合合作倾向及企业绩效之完全中介变量。依次分析程序，就动态能力对同业竞合合

作倾向对新创企业绩效之中介效果而言，直接效果为0.070，间接效果为0.292，由于间接效果占总效果的80.66%（0.292/0.362×100），可见动态能力是同业竞合合作倾向及企业绩效之完全中介变量。此外，资源获取能力对与同行竞合的合作倾向与企业绩效的中介效应（0.304）比动态能力（0.292）强。

5.6.3 行业类型的调节作用检验

探讨竞合对新创企业绩效的影响机制，一方面要厘清竞合是"为什么"或"怎样"影响新创企业绩效；另一方面也需弄清竞合在"何种情境"或"对于谁"能够影响新创企业绩效，两方面完整而详细地说明了竞合对新创企业的影响机制，前者是对中介变量和中介效应的探讨，后者是对调节变量和调节效应的探讨，关于中介变量和中介效应已在上部分分析，本部分重点分析行业类型如何在竞合对新创企业绩效影响中的调节效应，在本书中收集了制造业和服务业两大类型的企业进行调查研究，用制造业和服务业对行业类型进行区分是研究者常用的方式（Singh；2006；耿新，2008），在本书中收集了制造业和服务业两大类型的企业进行调查研究。

调节变量是指以因变量和自变量的关系为基础，探求这组关系有效的边界条件，这个边界条件就是这组关系在不同情境下的作用范围（李艾、李君文，2008），从变量关系的角度也能对调节变量做出定义，即自变量的预测效果或者它与因变量的因果关系形态是另外某个或某些变量的函数，某个或某些变量就是调节变量，因而调节变量可以影响自变量和因变量之间关系的形态、强度或方向。从理论解释上来看，调节变量是为了对现有理论提供限制条件和适用范围，是对理论在不同条件和情境下的假设和扩展。

变量 Y 是变量 X 的函数，如果两者的这种关系又是变量 M 的函数，则 M 是调节变量，M、X、Y 之间的关系可由图 5-4 来表示。

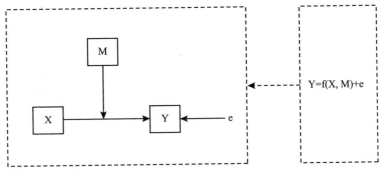

图 5－4　调节变量的逻辑关系与回归模型的对应关系

在对自变量和调节变量中心化后，可以建立一个线性回归模型来检验调节变量：$Y = aX + bM + cXM + e$（＊），Y 与 X 的关系由回归系数 $a + cM$ 来表示，它是 M 的线性函数，c 衡量了调节效应（moderating effect）的大小。如果 c 显著，说明 M 是调节变量，c 同时也反映了调节效应的大小。从检验调节变量的回归模型来看，重点是检验 c 的显著性，c 代表了 X 与 M 的交互效应，所以对调节效应的分析，就是在回归模型中重点分析交互效应。

对于调节变量检验方法分为显变量和潜变量两大类，由于本书采用显变量方法，故重点探讨此类方法：第一，方差分析。当自变量和调节变量都是类别变量时，采用两因素有交互效应的方差分析，交互效应及调节效应。第二，自变量和调节变量都是连续变量，对其进行中心化，对方程 ＊ 做层次回归，检验 XM 交互项的显著性。第三，自变量是类别变量，调节变量是连续变量时，将自变量设定成伪变量，并将自变量和调节变量中心化，对方程 ＊ 进行层次回归，检验 XM 交互项的显著性。第四，自变量是连续变量，调节变量是类别变量时，可以采用分组回归，按 M 分组，分别对方程 ＊ 进行回归，若回归系数的差异显著，则调节作用显著。也可以将调节变量化成伪变量，将自变量和调节变量中心化，步骤同第三种方法。

在本书中，是检验行业类型是否在竞合与新创企业绩效的影响中存在调节作用，行业类型是按制造业和服务业分类，是类别变量，由于在竞合与新创企业绩效影响的回归分析中，与供方竞合的合作倾向、与购方竞合的合作倾向以及与同业竞合的合作倾向这三个变量都具有显著性，所以在调节效应检验时自变量依然采用竞合的这三方面衡量，因变量采用新创企业绩效，同时方程还加入了控制变量——企业注册资本和员工人数。根据调节变量是分类变量、自变量是连续变量的特点，采用分组回归的方法进行分析，如表 5 - 36 所示。

表 5 - 36　　　　　　行业类型对竞合与新创企业绩效影响的调节效应

项目 自变量	行业比较（制造业 = 124，服务业 = 186）								
	DF	CMIN	P 值	IFI Delta - 2	χ^2/df	GFI	AGFI	CFI	RMSEA
与供方竞合的合作倾向	1	6.18	**	0.004	1.708	0.942	0.898	0.978	0.048
与购方竞合的合作倾向	1	4.618	**	0.003	1.526	0.947	0.907	0.983	0.041
与同业竞合的合作倾向	1	7.853	***	0.004	1.640	0.927	0.887	0.972	0.046

注：*** 表示在 0.01 水平上显著，** 表示在 0.05 水平上显著。

从回归的结果来看，线性模型的配适度好（χ^2/df 都小于 3，GFI、AGFI 和 CFI 均大于 0.85，RMSEA 都在 0.08 以内），说明模型采用线性模型刻画比较好，基本符合理论假设。此外，在与供方竞合的合作倾向、与购方竞合的合作倾向和与同业竞合的合作倾向对新创企业绩效的影响过程中分行业比较行业类型是否有调节作用。从表 5 - 36 中可以看出，行业比较之 P 值均小于 0.05，表示拒绝虚无假设，干扰效果成立，说明行业类型对竞合与新创企业绩效之间的关系有显著的调节效应。

为了清楚明晰地表明行业类型的调节作用，选择具有显著性的自变量与供方竞合的合作倾向、与购方竞合的合作倾向、与同业竞合的合作倾向三个变量与因变量新创企业绩效分别作调节效应图。若画行业类型对供方竞合的合作倾向与新创企业绩效的调节效应图，则其他自变量取均值，供方竞合的合作倾向取最大值和最小值及其对应的新创企业绩效作图。自变量与购方竞合的合作倾向、与同业竞合的合作倾向与新创企业绩效在行业类型下的调节效应图比照以上方法完成。

图 5 - 5 再次说明了，与供方竞合的合作倾向对新创企业绩效的影响在服务业和制造业是有差异的，并且在服务业这种影响程度稍大些，因为其图中的斜率稍大些。图 5 - 6、图 5 - 7 同样也说明了行业类型在购方、同业竞合的合作倾向对新创企业绩效的影响在服务业和制造业是有差异的，在服务业中这种影响程度更大。

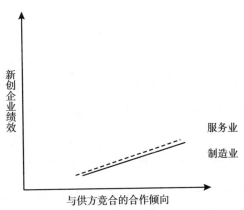

图 5 - 5　行业类型对与供方竞合的合作倾向与新创企业绩效的调节效应

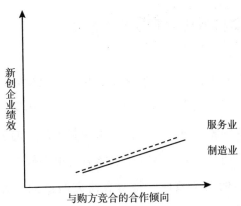

图 5 - 6　行业类型对与购方竞合的合作倾向与新创企业绩效的调节效应

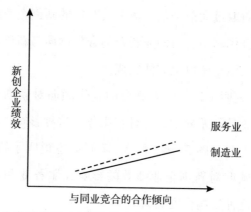

图 5 - 7　行业类型对与同业竞合的合作倾向与新创企业绩效的调节效应

通过调节效应的分析，可以对概念模型的假设进行部分验证：行业类型在竞合中的与供方竞合的合作倾向、与购方竞合的合作倾向、与同业竞合的合作倾向与新创企业绩效影响中有调节效应。由此可知：假设 H7（行业类型在竞合对新创企业绩效影响中具有调节作用）得到部分支持。与供方竞合的合作倾向、与购方竞合的合作倾向、与同业竞合的合作倾向对新创企业绩效的影响在服务业与制造业有显著不同，说明行业类型具有调节作用，并且在服务业中，与供方竞合的合作倾向、与购方竞合的合作倾向、与同业竞合的合作倾向对新创企业绩效的影响强度比制造业更大。

5.6.4　概念模型研究假设情况汇总

前面采用相关分析已对竞合各维度、新创企业绩效、中介变量、调节变量和控制变量之间的关系进行了分析，尔后又采用回归分析对竞合各维度与新创企业绩效的影响进行了分析、采用基于回归的多重中介模型分析了组织学习能力、动态能力、资源获取能力的中介效应，最后采用多组回归分析了行业类型的调节效应。将所有研究假设的验证总结如表 5 - 37 所示。

表 5 - 37　假设验证汇总

假设内容	结论	解释	延展
H1：与供方的竞合关系对新创企业绩效有正向的影响	部分支持	在与供方竞合的合作倾向对新创企业绩效的回归模型中回归系数为正数，在与供方竞合的竞争倾向对新创企业绩效的回归模型中回归系数不显著	在众多竞合影响新创企业绩效的因素中，影响竞合强弱排序是与供方竞合的合作倾向、与购方竞合的合作倾向、与同业竞合的合作倾向
H1a：与供方的合作导向型竞合关系对新创企业绩效有正向的影响	支持		
H1b：与供方的竞争导向型竞合关系对新创企业绩效有正向的影响	不支持		
H2：与买方的竞合关系对新创企业绩效有正向的影响	部分支持	在与购方竞合的合作倾向对新创企业绩效的回归模型中回归系数为正数，在与购方竞合的竞争倾向对新创企业绩效的回归模型中回归系数不显著	
H2a：与买方的合作倾向对新创企业绩效有正向的影响	支持		
H2b：与买方的竞争倾向对新创企业绩效有正向的影响	不支持		
H3：与同业的竞合关系对新创企业绩效有正向的影响	支持	在与同业竞合的合作倾向对新创企业绩效的回归模型中回归系数为正数，在与同业竞合的竞争倾向对新创企业绩效的回归模型中回归系数不显著	
H3a：与同业的合作倾向对新创企业绩效有正向的影响	支持		
H3b：与同业的竞争倾向对新创企业绩效有正向的影响	不支持		

续表

假设内容	结论	解释	延展
H4：组织学习能力在竞合影响新创企业绩效的关系中起中介作用	部分支持	组织学习能力在与供方竞合倾向和与购方竞合完全中介效应，而在与同业竞合影响中不存在中介作用	在与供方竞合的合作倾向对企业绩效影响的中介效应中，组织学习对企业绩效影响能力最强；在与同业竞合中，资源获取能力的中介能力稍弱，组织学习对企业绩效影响，动态能力稍弱，组织学习对企业绩效影响，动态能力最强；在与购方竞合中资源获取能力，动态能力，组织学习能力均不存在中介效应
H5：动态能力在竞合影响新创企业绩效的关系中起中介作用	部分支持	动态能力在与供方竞合的合作倾向对新创企业绩效的完全中介效应，而在与购方竞合影响中不存在的合作倾向中介作用	
H6：资源获取能力在竞合影响新创企业绩效的关系中起中介作用	部分支持	资源获取能力在与供方竞合的合作倾向，与购方竞合倾向和与同业竞合影响中存在完全中介效应	
H7：行业类型在竞合影响新创企业绩效的关系中起调节作用	部分支持	行业类型在竞合中与供方竞合的合作倾向，与购方竞合的合作倾向与新创企业绩效中有调节作用	在服务业中，与供方竞合的合作倾向，与购方竞合的合作倾向，与同业竞合的影响强度比制造业更大对新创企业绩效

第6章 新创企业成长性绩效评价分析

新创企业绩效一直以来是奠定新创企业发展成功与否的重要指标，以往有关新创企业发展的研究多是基于对一般性绩效的研究，对于企业成长性绩效直到最近才引起学者们的重视。理论界最初认为，评价新创企业一般绩效最开始考虑的是财务指标，由利润率、销售额、资产收益率等组成。学者们逐渐发现，单纯地使用财务指标已无法有效呈现企业绩效特别是新创企业绩效，仅仅依靠财务数据不能完全反映企业其他隐性资源价值总的效能和效率。同时，财务数据涉及新创企业的其他重要生产经营活动，大多数企业都不能准确提供或不愿意提供。理论界开始采用非财务指标与财务指标一起来评价新创企业成长性绩效。众多学者认为，新创企业具有阶段性成长的重要特点，新创企业的成长分为创立期、初创期和持续发展期，在不同的发展阶段需纳入不同的发展指标（如市场份额和社会资本等）等因素，一些盈利状况较差或发展态势不突出的企业却有可能具有较好的发展潜力。新创企业成长性绩效是企业开展一系列创业活动表现出的各种结果，客观来说其可得性和准确性能有效得到保障，它是企业在经营活动中对终期目标贡献程度的评价，既是企业组织活动的客观产物，也是人们对于企业活动过程和成果的一种主观评价，能客观全面地反映企业今后的发展态势。因此，本章着重选择新创企业成长性绩效评价研究和企业家精神对新创企业绩效的影响两部分内容作为实证分析对象，重点分析了新创企业成长性绩效指标体系的构建以及影响新创企业成长性绩效的各类因素，旨在为企业发展提供政策优化建议。

6.1 新创企业成长性绩效评价研究

党的十八大以来，全面深化改革红利的持续释放，使得中国企业发展进入前所未有的高速期，各个领域的创新创业活动呈现出方兴未艾之势，甚至在原有工作性质较好的个体也开始纷纷跨界经营，吹响了向创新创业领域进军的号角，从网易投资生猪养殖、联想高调推出现代农业品牌"佳沃"、大疆和零度智控试水农业植保飞机，再到轰动一时的"褚橙""柳桃"，不管噱头也好，逐利也罢，这至少从侧面释放出了一个重要的信号，那就是创新创业领域发展的空间逐年增大，面向大众的创新创业还将在未来一段时期持续下去。近年来，创业企业如同雨后春笋般不断涌现，这无疑会加速我国经济发展和现代化进程的脚步。然而，在高度肯定新创企业数量增长对中国经济贡献的同时，也不得不正视一个严峻的现实问题，由于新创企业本身"弱质性"以及新成立企业存在的"新进入缺陷"，例如缺乏品牌、经验、技术、市场、资金等重要资源禀赋，其经营规模小，内部管理机制不完善、人才匮乏、信用资质较差、资本运作能力欠缺、抗风险能力弱等劣势，导致了新创企业的质量并不高，其发展数量和发展质量的严重不均衡现状，使得人们越发关注新创企业的成长性问题。

6.1.1 新创企业理论

新创企业，顾名思义，就是刚刚成立不久的企业。对新创企业的理解，关键在于对"新"的理解，迄今为止，学界对于新创企业的界定各执一词，并没有一个准确的界定，但是，总的来看，对于新创企业的界定可以大致分为两种思路。一种思路是从企业生命周期的角度来研究，多数学者都认为企业的成长需要经过诞生、成长、成熟、衰退和死亡的过程，不同的企业可能由于其自身的特殊性，经历各阶段的时间上具有明显不同的差异性，但他们均认为新创企业自成立到成熟期间，都要经历一段特殊的成长阶段，处于此阶段的企业均可以称为"新创企业"。另一种思路是从新创企业的成立时间去研究新创企业的概念，这是一种相对较为简单的界定方法，不同的学者对新创企业成立时间的长短持不同的意见，国外学者比格德克通过对新创企业经历的各阶段的研究发现，企业需要经过大概8 年的时间才能达到盈利的状态，陈家贵通过对企业的研究发现，企业需经过 5 ~ 7 年的时间才能生存下来或者才能有一定的发展。对于企业界定，目前学术界也有多种提法，主要分为广义和狭义两种，普遍接受的是企业广义的界定方式，即从事农、林、牧、副、渔生产的企业，更简单地来讲，所有与农业有关的企业，无论是直接或是间接为农业生产服务的企业都可以界定为企业，按照行业对农业进行划分：从事农业生产的企业、从事农产品加工的企业、从事农产品流通的产品。结合先前学者的相关研究，将新创企业界定为：成立时间在 8 年以内，利用各种生产要素，例如土地、劳动力、资源和技术等独立从事生产、加工、流通销售与农业相关产品的活动，并且自负盈亏的企业。

6.1.2　成长性理论

企业成长理论一直是西方经济学和我国近几十年以来管理学界研究的主要热点问题，其思想最早可以追溯到古典经济学中对成长理论的概述，主要代表人物有亚当·斯密、斯蒂格勒、马歇尔等，他们认为分工形成的规模经济是企业成长的主要诱因，企业成长主要经历了三个阶段：一是基于规模经济的成长理论；二是基于组织变革的成长理论；三是基于生命周期的成长理论。彭罗斯的《企业成长理论》被誉为企业成长研究的开山之作，其将企业看作是一个具有不同用途资源相联结的集合，主要关注企业内部资源对实现企业成长的重要性。美国经济学家熊彼特提出，经济增长最重要的动力和最根本的源泉在于企业的创新，这对企业的成长有指导性意义。国内学者在分析中国企业特点基础上，对企业成长理论也做了较多的研究。结合学者们对企业成长的研究，本章认为企业的成长是一个企业从小到大、从弱到强的过程，在这一过程中，"质变"和"量变"相互统一并相互促进，形成了企业的成长过程。"质变"表现为创新能力、企业人力资本的提升、客户保持度以及对社会效应的贡献方面，而"量变"表现为经营绩效的提升，以及发展能力、盈利能力、营运能力、偿债能力、企业内部经营绩效能力等财务指标的提升。而在农业领域，如何衡量新创企业的成长性绩效，有针对性地促进新创企业持续快速成长为农业产业化龙头企业是政府、企业、理论工作者关注的焦点。在这当中，对企业成长性绩效的评价则是重中之重，最早对其进行评价的是外国学者（Graham et al.），他们用单一的财务指标评价了企业的成长性，随着研究的深入，学者们渐渐发现单一的财务指标不足以评价企业的成长性，美国学者构建了多维度指标来测度企业的成长性，随后开启了多维指标评价新创企业成长性的研究维度。根据既有研究，多维度指标可以分为财务指标和非财务指标、客观指标和主观指标、绝对指标和相对指标，因此，在设计新创企业成长性指标体系时，必须从系统、科学、全面的角度进行考量，指标中既要有反映财务情况的指标，又要有涉及其他方面的非财务性指标，既能体现主观性，又不乏客观性。

6.1.3 新创企业成长性绩效评价指标体系构建

构建新创企业成长性绩效评价指标体系是衡量新创企业成长性绩效的重要基础，其设计应当遵循科学性、数据可获得性和可操作性等原则。本章在充分认识新创企业成长特点的基础上，结合罗宾逊、波特、周思伟等多名学者的相关研究，最终确定从财务绩效、市场绩效、企业内部管理绩效和社会影响绩效四个方面来构建新创企业成长性绩效的指标体系，具体指标如表 6-1 所示。

表 6-1　　　　　　　　　　新创企业成长性绩效评价指标

一级指标	二级指标	三级指标	四级指标	一级指标	二级指标	三级指标	四级指标
财务绩效 X_1	发展能力 Y_1	主营业务收入增长率 Z_1	主要农产品业务收入增长率=(本期主营业务收入-上期主营业务收入)÷上期主营业务收入×100%	财务绩效 X_1	营运能力 Y_3	存货周转率 Z_8	存货周转率=营业收入÷存货平均余额
		固定资产增长率 Z_2	固定资产增长率=(本期增加固定资产原值-本期减少固定资产原值)÷期初固定资产原值×100%			总资产增长率 Z_9	总资产增长率=1÷2(第二年总资产额÷第一年总资产额+第三年总资产额÷第二年总资产额)-1
		利润总额增长率 Z_3	利润总额增长率=(本年度利润总额-上个年度利润总额)÷上个年度利润总额×100%		偿债能力 Y_4	资产负债率 Z_{10}	资产负债率=负债总额÷资产总额×100%
	盈利能力 Y_2	净资产收益率 Z_4	净资产收益率=净利润×2÷(本年期初净资产+本年期末净资产)×100%			速动比率 Z_{11}	速动比率=速动资产÷流动负债×100%
		营业利润率 Z_5	营业利润率=营业利润÷全部业务收入×100%			流动比率 Z_{12}	流动比率=流动资产合计÷流动负债合计×100%
		成本费用率 Z_6	成本费用利润率=(利润总额÷成本费用总额)×100%	市场绩效 X_2	客户满意度 Y_5	老客户保持率 Z_{13}	老客户保持率=稳定客户数÷客户总数×100%
	营运能力 Y_3	应收账款周转率 Z_7	应收账款周转率=(当期销售净收入-当期现销收入)÷应收账款平均余额×100%			新客户增长率 Z_{14}	新客户增长率=(本期客户数量-上期客户数量)÷上期客户数量×100%

续表

一级指标	二级指标	三级指标	四级指标	一级指标	二级指标	三级指标	四级指标
市场绩效 X_2	市场份额 Y_6	市场占有率 Z_{15}	市场占有份额 = 重点市场产品销售收入÷重点市场同行业销售总收入×100%	企业内部管理绩效 X_3	企业员工成长能力 Y_9	高学历员工比例 Z_{20}	高学历员工比率 = 大专以上学历员工÷员工总数×100%
企业内部管理绩效 X_3	经营管理能力 Y_7	无顾客投诉率 Z_{16}	无客户投诉比率 = 1 - 投诉客户数÷总客户数×100%			员工培训率 Z_{21}	员工培训率 = 每年参加培训的员工数量÷员工的总数量×100%
		产品合格率 Z_{17}	农产品合格率 = 合格产品数量÷总产出产品数量×100%			新员工数量增长率 Z_{22}	新员工数量增长率 = (本年员工数量 - 去年员工数量)÷本年员工数量×100%
		准时交货率 Z_{18}	准时交货率 = 交货延时次数÷采购应交货次数×100%	社会影响绩效 X_4	生态功能 Y_{10}	环境保护投入率 Z_{23}	环境保护投入率 = 环境保护投入支出÷企业支出×100%
	创新能力 Y_8	新产品或服务开发速度 Z_{19}	新产品或服务开发速度 = 新产品销售额÷所有产品销售总额×100%		社会效益 Y_{11}	吸收就业率 Z_{24}	吸收就业率 = 农村员工数量÷全部员工数量×100%

6.1.4 指标权重的测量与综合评价

1. 测量方法

目前国内外学者对企业成长性评价计量分析的方法主要集中于：层次分析法、数据包络分析法、灰色关联度分析法、模糊综合评价法等，为了全面分析新创企业的绩效水平，故选择层次分析法来确定各指标的权重，因为层次分析法最大的特征是其层次本身，可以更加全面地考虑和衡量各指标之间的相对重要性，更加准确地评价新创企业成长性绩效。层次分析法的基本步骤是根据表 6 - 2 中的 1 ~ 9 标度方法把同一级别中指标的相对重要性进行比较，形成判断矩阵，然后通过计算其最大特征值和特征向量，并经一致性检验，从而得出各指标的具体权重。

表 6 − 2　　　　　　　　　判断矩阵标度及其含义

标度	含义
1	表示两因素相比，同样重要
3	表示两因素相比，一个比另一个稍微重要
5	表示两因素相比，一个比另一个明显重要
7	表示两因素相比，一个比另一个强烈重要
9	表示两因素相比，一个比另一个极端重要
2，4，6，8	上述相邻判断的中间值
倒数	因素 i 与因素 j 比较得到判断 a_{ij}，则因素 j 与 i 比较的判断为 $a_{ji} = 1/a_{ij}$

（1）确定层次结构。对于层次分析法来说，构建一个有效的结构层次模型是第一步，也是最关键的一步。通过上述评价指标体系分析，可以确定新创企业成长性绩效评价分析模型分为三层。最高目标层为新创企业成长性绩效，中间策略层分别为财务绩效、市场绩效、企业内部管理绩效和社会影响绩效，最下一层指标层为三级指标。

（2）构造判断矩阵。在构建判断矩阵之前，首先要对各层元素进行两两比较，给各指标元素打分。在参考了大量相关研究的同时，针对本章所列举的元素询问了多名相关专家，综合各专家打分结果最终构造出以下判断矩阵：

$$
\begin{pmatrix}
1 & 2 & \frac{1}{4} & 2 \\
\frac{1}{2} & 1 & \frac{1}{5} & \frac{1}{3} \\
4 & 5 & 1 & 3 \\
\frac{1}{2} & 3 & \frac{1}{3} & 1
\end{pmatrix}
\begin{pmatrix}
1 & 2 & 3 & 5 \\
\frac{1}{2} & 1 & \frac{1}{2} & 3 \\
\frac{1}{3} & 2 & 1 & 2 \\
\frac{1}{5} & \frac{1}{3} & \frac{1}{2} & 1
\end{pmatrix}
\begin{pmatrix}
1 & \frac{2}{3} \\
\frac{3}{2} & 1
\end{pmatrix}
\begin{pmatrix}
1 & 5 & 4 \\
\frac{1}{5} & 1 & 2 \\
\frac{1}{4} & \frac{1}{2} & 1
\end{pmatrix}
\begin{pmatrix}
1 & \frac{1}{2} \\
2 & 1
\end{pmatrix}
$$

$$
\begin{pmatrix} 1 & \frac{1}{3} & 2 \\ 3 & 1 & 5 \\ \frac{1}{2} & \frac{1}{5} & 1 \end{pmatrix}
\begin{pmatrix} 1 & 2 & \frac{1}{3} \\ 3 & 1 & 5 \\ \frac{1}{2} & \frac{1}{5} & 1 \end{pmatrix}
\begin{pmatrix} 1 & \frac{2}{3} & 4 \\ \frac{3}{2} & 1 & 5 \\ \frac{1}{4} & \frac{1}{5} & 1 \end{pmatrix}
\begin{pmatrix} 1 & \frac{3}{2} & \frac{5}{4} \\ \frac{2}{3} & 1 & \frac{3}{2} \\ \frac{4}{5} & \frac{2}{3} & 1 \end{pmatrix}
\begin{pmatrix} 1 & \frac{1}{4} & \frac{1}{3} \\ 4 & 1 & 2 \\ 3 & \frac{1}{2} & 1 \end{pmatrix}
\begin{pmatrix} 1 & \frac{2}{3} & \frac{1}{2} \\ \frac{3}{2} & 1 & \frac{4}{5} \\ 2 & \frac{5}{4} & 1 \end{pmatrix}
$$

（3）判断矩阵的计算与检验。

计算判断矩阵每一行元素的乘积 M_i，$M_i = \prod_{j=1}^{n} a_{ij}$，$i = 1, 2, \cdots, n$；

计算 M_i 的 n 次方根 W_i，其中 $W_i = \sqrt[n]{M_i}$；

对向量 $W' = [\overline{w}_1 \overline{w}_2 \cdots \overline{w}_n]^T$ 归一化处理得到 $w_i = \dfrac{\overline{w}_i}{\sum_{i=1}^{n} \overline{w}_j}$；

则 $w_i = [w_1 w_2 \cdots w_n]^T$ 即为所求的特征向量，如果每个 n 阶矩阵相应的一致性比例为 $CR = \dfrac{CI}{CR} < 0.1$，其中 $CI = \dfrac{\lambda_{max} - n}{n - 1}$，RI 为平均随机一致性指标，取值如表 6 - 3 所示。

表 6 - 3　　　　　　　　　1 ~ 9 阶判断矩阵的 RI 值

1	2	3	4	5	6	7	8	9
0.00	0.00	0.58	0.90	1.12	1.24	1.32	1.41	1.45

若 $CR = \dfrac{CI}{CR} < 0.1$，则判断矩阵一致性满足要求，即判断结果可靠，否则需要重新构建判断矩阵。

根据特征方程 $Aw_i = \lambda_{max} w_i$ 计算判断矩阵的最大特征值 λ_{max}，根据公式求出对应的 CI 和 CR，表 6 - 4 为一级指标两两比较分析结果。

表6-4　　　　　　　　　一级指标分析结果

项目	x_1	x_2	x_3	x_4	M_i	W_i	w_i	Aw_i	Aw_i/w_i	CI	CR
x_1	1.000000	2.000000	3.000000	5.000000	30.000000	2.340347	0.490350	2.003370	4.085591	0.084434	0.093815
x_2	0.500000	1.000000	0.500000	3.000000	0.750000	0.930605	0.194981	0.821303	4.212233		
x_3	0.333333	2.000000	1.000000	2.000000	1.333333	1.074570	0.225144	0.957606	4.253301		
x_4	0.200000	0.333333	0.500000	1.000000	0.033333	0.427287	0.089525	0.365161	4.078858		

　　其他类的指标也可以通过这种方法或者直接用matlab软件计算各级指标的权重并进行一致性检验，在此不再赘述。表6-5为各个指标所得的权重。

表6-5　　　　　新创企业成长性绩效评价指标模型和权重一览

目标层	策略层		指标层	权重	归一化
新创企业成长性绩效评价指标体系	财务绩效 X_1 0.490350	发展能力 Y_1 0.197967	主营收入增长率 Z_1	0.229651	0.022293
			固定资产增长率 Z_2	0.648329	0.062935
			利润总额增长率 Z_3	0.122020	0.011845
		盈利能力 Y_2 0.084589	净资产收益率 Z_4	0.238487	0.009892
			营业利润率 Z_5	0.136500	0.005662
			成本费用率 Z_6	0.625013	0.025924
		营运能力 Y_3 0.550974	应收账款周转率 Z_7	0.373522	0.100914
			存货周转率 Z_8	0.527246	0.142446
			总资产增长率 Z_9	0.099232	0.026810
		偿债能力 Y_4 0.166470	资产负债率 Z_{10}	0.405085	0.033067
			速动比率 Z_{11}	0.328508	0.026816
			流动比率 Z_{12}	0.266407	0.021746
	客户绩效 X_2 0.194981	客户满意度 Y_5 0.400000	客户保持率 Z_{13}	0.555556	0.043329
			新客户增长 Z_{14}	0.444444	0.034663
		市场份额 Y_6 0.600000	市场占有率 Z_{15}	1.000000	0.116989

目标层	策略层	指标层	权重	归一化
新创企业成长性绩效评价指标体系	企业内部管理绩效 X_3 0.225144 — 经营管理能力 Y_7 0.686981	无顾客投诉率 Z_{16}	0.121957	0.018863
		产品合格率 Z_{17}	0.558425	0.086371
		准时交货率 Z_{18}	0.319618	0.049435
	创新能力 Y_8 0.186475	新产品贡献率 Z_{19}	1.000000	0.041984
	企业员工能力 Y_9 0.126543	高学历员工比例 Z_{20}	0.222715	0.006345
		员工培训率 Z_{21}	0.341336	0.009725
		新员工数量增长率 Z_{22}	0.435949	0.012421
	社会责任 X_4 0.089525 — 生态功能 Y_{10} 0.333333	环境保护投入率 Z_{23}	1.000000	0.029842
	社会效益 Y_{11} 0.666667	吸收就业率 Z_{24}	1.000000	0.059683

2. 综合评价

根据对不同企业问卷调查得到的原始数据进行分析整理，将每一个指标数值（a_i）和归一化权重 x_i 做累加相乘，得出每个企业的绩效值，并将绩效结果百分数化，即 $W = \sum_{24}^{i=1} x_i \times a_i$ 和提前确定好的绩效评价值做比较，从而得出各个企业的绩效等级。根据新创企业的成长特点，我们将该指标体系的评价等级确定为 $V = \{A，B，C，D，E\}$ 五个等级，分别对应的为很好、较好、一般、较差和很差，与之相对应的分数为 $W = \{100，80，60，40，20，0\}$。

6.1.5 评价结果

本章将验证上述研究确定的绩效评价指标体系和评价方法实效性，选取了三家生产类型、所处区域和生产规模均不同的新创企业进行实证检验。

　　三家企业分别涉及养殖、种植以及农业社会化服务三个农业生产经营领域，因为研究涉及公司生产经营的一些核心财务指标，按照学术惯例对公司名称进行了技术处理，分别用 X 公司、D 公司和 Y 公司替代。X 公司于 2011 年 3 月成立，主要经营的是野山猪、笨鸡、大雁等动物的养殖和销售，年收入近 100 万元，在当地同行业企业中，发展速度较快。D 公司成立于 2014 年，主要经营的业务是板栗、蔬菜、水果种植与销售、农产品初加工和销售预包装食品等，注册资金 500 万元，总资产 3300 余万元。按照"公司 + 合作社 + 农户"的模式，该公司通过合作社带动农户 223户，发展板栗种植面积 2 万多亩，板栗年产 6000 多吨，种植户户均收入达 6 万 ~ 10 万元。Y 公司成立为 2011 年 12 月，主要从事水果种植、果木育苗、农业观光旅游等经营业务，共有种植、育苗基地 5000 多亩，公司同时还提供农资、农技、水果承销等业务，公司年销售额在 500 万元左右。上述三家新创企业的基本生产经营情况如表 6 - 6 所示，成长性绩效评价结果如表 6 - 7 所示。

表 6 - 6　　　　　　　　　　　案例企业的基本生产经营情况

公司名称	成立年份	员工数（人）	主营业务收入（万元）	主营业务利润（万元）	固定资产（万元）	新增固定资产（万元）	主营业务类型
X 公司	2011 年	60	200	80	500	220	养殖
D 公司	2014 年	200	60	15	210	98	种植
Y 公司	2011 年	108	500	80	490	250	农业服务

表 6 - 7　　　　　　　　　　　各企业绩效评价结果

策略层		指标层	X 公司	D 公司	Y 公司
财务绩效 X_1	发展能力 Y_1	主营收入增长率 Z_1	0.005573	0.005573	0.000994
		固定资产增长率 Z_2	0.049448	0	0.052872
		利润总额增长率 Z_3	0.005076	0.002419	0.000526

续表

策略层		指标层	X 公司	D 公司	Y 公司
财务绩效 X_1	盈利能力 Y_2	净资产收益率 Z_4	0.010551	0.000346	0.002700
		营业利润率 Z_5	0.002384	0.000641	0.005662
		成本费用率 Z_6	0.010801	0.007707	0.004859
	营运能力 Y_3	应收账款周转率 Z_7	0.113023	0.002280	0.106990
		存货周转率 Z_8	0.115340	0.142446	0
		总资产增长率 Z_9	0.024575	0.000402	0.015596
	偿债能力 Y_4	资产负债率 Z_{10}	0.013777	0.000459	0.026024
		速动比率 Z_{11}	0.080448	0.096255	0.026209
		流动比率 Z_{12}	0.065238	0.078056	0.021254
客户绩效 X_2	客户满意度 Y_5	客户保持率 Z_{13}	0.016248	0.023905	0.009191
		新客户增长 Z_{14}	0.011554	0.021182	0.002536
	市场份额 Y_6	市场占有率 Z_{15}	0.070193	0.011698	0.000584
企业内部管理绩效 X_3	经营管理能力 Y_7	无顾客投诉率 Z_{16}	0.018863	0.018863	0.018863
		产品合格率 Z_{17}	0.086371	0.084643	0.086371
		准时交货率 Z_{18}	0.049435	0.049435	0.049435
	创新能力 Y_8	新产品贡献率 Z_{19}	0.037270	0	0
	企业员工能力 Y_9	高学历员工比例 Z_{20}	0.003172	0.000317	0.000293
		员工培训率 Z_{21}	0.003241	0.000729	0.009004
		新员工数量增长率 Z_{22}	0.006210	0.004140	0.002484
社会责任 X_4	生态功能 Y_{10}	环境保护投入率 Z_{23}	0.006217	0	0.000792
	社会效益 Y_{11}	吸收就业率 Z_{24}	0.029841	0.044762	0.055814
合计			0.834858	0.596268	0.499062

结果显示，X 公司的绩效评价结果最高，得分转化为百分制为 83.49 分，在当地新创企业中属于发展"很好"的企业，绩效评价等级为"A"，而 D 公司和 Y 公司的绩效评价结果则非常"一般"，百分制得分分别为 59.63 分和 49.91 分，对应的绩效评价等级为"C"。在分析评价指标体系的各个要素中，发现市场占有率、新产品增长率、应收账款周转率和总资

产增长率是决定新创企业成长性绩效高低的关键因素。

（1）市场占有率从一定角度来讲是企业整体竞争力的有力反映。一般情况下，市场占有率越大，企业的绩效越好。在这一方面，X 公司的市场占有率远高于 D 公司和 Y 公司，这是由于 X 公司多样化的销售渠道以及优质的农业产品，其销售渠道不仅包括传统的门店销售，还引进了先进的互联网技术，有自家的微信销售平台和淘宝网店支持，促使企业销售收入稳步增长。

（2）创新是企业生存和发展的源泉和动力，是企业在实现盈利之后基于自身资源的优势而主动进行变革的能力。企业利用所控制的不同优质资源和创新能力在市场上获得更大的竞争优势，在现有产品之上不断开拓创新，增加产品的附加值，才能够稳定发展壮大。在这方面，D 公司和 Y 公司的得分为"0"，大大拉低了其绩效水平，若创新能力长期得不到改善，就会影响企业的可持续发展。就 D 公司而言，其成立时间晚，公司内部管理机制还不完善，创新的意识和动力还不强，其最大的目标是在农业市场中站稳脚跟，所以自成立以来，还没有进行必要的创新活动。

（3）应收账款周转率是一个企业资金使用效率的最好体现。企业只有在拥有足够的现金流做支撑下，才能不断地进行再生产，产生规模经济效应。X 公司和 Y 公司的资金利用率较 D 公司略强一些，为了稳定客户群体，D 公司在销售产品的过程中给予了客户一定的延期付款的优惠措施，致使其资金不能及时收回，但这一举措却能在确保其进行正常生产经营活动的同时，获得足够的市场占有率和忠诚的客户资源，而这些因素对于一个新创企业的成长而言，尤为关键。

（4）资产不仅是企业获取稳定利润的重要资源，也是企业偿还债务的保障。资产的平稳增长是企业发展的保证，总资产增长率能够反映企业资产规模的增长变化情况。一般而言，总资产增长率越高，表明企业在一定时期内资产经营规模扩张的速度越快，那么企业利润也会相应提升。资产增长对公司发展至关重要，发展性高的公司通常能保持资产的稳定快速增长。D公司由于刚成立，产品和市场的磨合程度还不够，对市场需求的把握程度不准确，产品有待转换升级，销售模式仍处于探索阶段，所以总资产没有大规模的增加，而其他两个企业均已成立6年，相对于D公司而言资产的扩张规模较大。

6.1.6　评价结果分析

通过实证研究发现，在新创企业的成长过程中，首先，创新能力是至关重要的，它决定了新创企业在发展初期的快速平稳发展，由于企业成立时间较短，产品质量和品牌效应都远不及成熟企业，所以只有不断推陈出新，以多样化产品和灵活多样的销售策略来提高企业的竞争力，例如目前来势较好的电子商务是一种比较有效的营销工具和方法，能与消费者形成良好的沟通氛围，企业可以尝试结合类似新的营销手段和途径，让新创企业的发展道路更加顺畅。其次，市场占有率对于新创企业的成长而言也是必不可少的，它在一定程度上决定了产品的销售额，而产品的销售额又是保证企业利润来源最主要的组成部分，X公司在这一方面做得比较好，大大提高了其绩效水平，增强了其竞争力，而D公司和Y公司在这一方面做得较差，所以就导致其相应绩效偏低，一些学者的研究也得出过类似的结论。最后，研究发现存货和应收账款周转率与新创企业的成长性绩效呈正相关关系，这两个重要因素的正常化，为企业的发展和再生产提供了坚实保障。由于企业具有明显的季节性和稳定的周期性，所以每个新创企业都要根据自身产品的不同特点，制定适合本企业的运营模式和库存计划。提高企业的现金周转率以及存货周转率，可以保证企业有足够的存货和现金流，从而不断扩大规模，产生经济效益，但同时也要注意利润率和库存率的悖反现象，不能以大量存货积压为代价去获得较大的利润率，对此，蔡红等曾做过深入探讨。

企业发展受宏观政策的影响是直接而显著的，随着党的十九大提出的一系列有关企业问题的重大政策全面实施，尤其是乡村振兴战略的深入推进，新一轮企业创新创业的浪潮将会以更加迅猛的势头一往无前，对于新创企业而言，新的发展机遇期即将来临。在这样的关键时期，对新创企业的成长性进行客观、全面的分析研究，不仅可以发现影响企业成长壮大的关键要素，以便于其随时调整战略重点，动态确立正确的发展道路和方向，同时也可以为产业政策的制定提供科学依据，从而有效提升新常态下新创企业的存活率和竞争力。

6.2　企业家精神对新创企业成长性绩效的影响

新创企业的成立则是必然之势，同时各新创企业的不断产生更是加剧了企业之间的竞争环境，使得新创企业的生存举步维艰。在各企业的成长初期，其所面临的生存环境以及生存要素大致相同的情况下，各企业之间的决策和战略走向是决定企业成败的关键性因素，这就取决于各企业不同的企业家精神。举一个众所周知的例子，海尔集团成立之初只是一个街道小厂，而在张瑞敏接手后，逐渐发展成为全球最大的家电制造商，这之间的转变源自一场轰轰烈烈的"怒砸冰箱"事件。一次，顾客去店里买冰箱，挑来挑去，发现每个冰箱或多或少都存在一定的问题，而后张瑞敏仔细研究了每一台冰箱，发现确有此事，他做了一个大胆的决定，将库存的76 台冰箱全部砸毁，而当时每台冰箱相当于一个职工两年的工资，这一举动深深地震撼了全体员工和民众，所有职工从此都树立了品质第一的观点，消费者也对海尔的质量感到放心，从此奠定了海尔的市场价值。由此可见，企业家精神对企业发展的重要性，所以，本部分基于新创企业的产生和发展，研究新创企业的企业家精神对企业成长性绩效的影响机制，将创业导向和环境不确定性引入两者中去，深入探讨这四者之间的影响机制，为新创企业的成长和发展提供理论依据和实践指导。

6.2.1 研究的理论基础

1. 企业家精神理论

对于企业家精神的研究，学术界经历了一个比较明显的转变过程，最初对企业家精神的研究对象往往是创业者个体或者单个个体的企业家，局限于研究单个企业家应具备的认知能力及创新能力等，而后延伸至整个公司层面的企业家精神，研究如何使整个企业都具备企业家精神。目前关于企业家精神的研究，国外的理论发展较为成熟，但中国学术界关于企业家精神的研究却很少。国外学者对企业家精神的研究核心主要集中在开发新产品、创造新组织等一系列具有创新、冒险、进取等精神的行为活动，他们认为，企业家精神是一种不断创新进取，利用企业家自身具备地对市场的敏感力及洞察力为企业获取新的资源，创造新的组织机构。其中，最具代表性的就是扎赫拉（1991），他认为企业家精神体现在组织更新的过程中，一是创新和创业，二是战略更新。企业家精神是企业冒险以及创新活动的总和。国内学者薛红志、张玉利（2003）将企业家精神是企业家行为的高度概括，企业家行为（一般指创业行为）则是企业家精神的外在变现。陈忠卫（2008）认为企业家精神的普遍特征是：具有创新和变革的意识、具有风险承担的能力、具有发现机会的能力、具有强烈的使命感和事业心、具有良好的沟通、组织、领导与经营管理能力，且社会政策、文化水平、制度环境等有利于企业家精神的发展。综合先前学者对企业家精神的定义，本章认为，企业家精神是企业生存和发展的主要发展动力，企业家精神是企业活动的动力源泉，有效的企业家精神对企业的绩效产生正向影响。

2. 创业导向理论

创业导向被看作现今动荡和极具活力的商业环境中寻求成功企业的先决条件，反映出企业追求创业行为的承诺、能力和抱负。创业导向塑造了新创企业的创业态度和意愿，他促使新创企业在经营的过程中更偏向采取创新思维。在创业领域，很多研究表明创业导向能够对新创企业的绩效有显著影响作用，创业导向的重要意义在于它体现的是一种企业层面的战略姿态，能够反映企业在战略制定和执行过程中是否具有创新精神、是否具有长远发展的战略目光，对新创企业的绩效具有极为重要的意义。最具代表性的学者认为，创业导向也可以被看作是一种企业层面的战略决策过程，企业通过这个过程实现组织的目标，实现企业的愿景，并创造竞争优势（Rauch，Wiklund，Frese & Lumpkin，2004）。总的来说，创业导向是新创企业企业家为完成企业使命，实现企业愿景，以及创造持续的企业市场竞争优势而进行的具有创新性、风险承担性、超前行动性行动等的行为。

3. 环境不确定性理论

所有的企业都在不同的环境中生存和发展，环境是企业赖以生存和发展的物质基础。环境的不确定性对于不同的企业来讲，既可能是机会，也可能是威胁。环境是独立于企业之外的不可控因素，是对企业的生产经营销售能够产生各种影响的主要外生变量。有学者认为，环境不确定性即组织进行决策时必须考虑的经济、社会等各因素的综合体，同时，不确定性体现在决策时对相关信息和不相关信息，从而不能精准地预测结果（Duncan，1972）。对于环境不确定性的划分经历了一个由浅到深的过程。有学者将环境不确定性划分为宽松性、动态性和复杂性三个维度（Dess & Beard）。有学者将环境不确定性划分为环境不自由性、环境变化性以及复杂性三个维度，并且认为环境的复杂性受组织活动范围和差异的影响（Child）。有学者认为环境包括环境敌对性和动态性两个维度（Lumpkin，2001）。本章综合考虑当今的社会现状，考虑到政府政策对新创企业的政策支持以及扶持，以及大量新创企业的竞相迸发，将环境不确定性划分为环境的敌对性和环境友好性。

4. 新创企业的成长性绩效理论

新创企业的成长性绩效与普通成熟企业的绩效有所区别，一般企业的绩效通常仅着眼于企业当前的财务状况，是一个相对静态的评价指标，而企业的成长性绩效是组织绩效的维度之一，企业的成长性绩效是在企业成长基础上获得的，更注重的是企业的成长过程，偏向于动态的评价过程，选用的指标为动态指标。大部分学者均认为企业的成长性绩效应当包括员工增长、销售增长以及市场份额增长这三个指标，有学者在此基础上增加了新经营场所增长、顾客数量增长来衡量企业的成长性绩效（Melnyk，Stewart & Swink，2003），有学者认为应该增加市场份额来反映新创企业的绩效（Robinson）；珀特斯又增加了现金流、流动比率等指标，国内学者周思伟根据新创企业的特征提出了由运营绩效、生存绩效和满意绩效构成的三维多元化评价体系，每个维度下的具体指标选取又分主观指标和客观指标；耿新分别从创新绩效和经营成长绩效两个维度选取了新业务开发量、市场份额、新业务销售收入占销售总收入比重、销售总额、新业务数量占企业业务总数比例、公司盈利状况、员工数量变化、公司整体竞争能力8个测项用于测度新创企业绩效。在结合以上各位学者的观点下，主要选取主营业务收入增长率、利润总额增长率、应收账款周转率、总资产增长率、市场占有率、产品合格率、准时交货率、新产品开发速度、对环保的投入和吸纳农村员工数量10个指标来测量新创企业的成长性绩效。

6.2.2 模型的构建以及研究假设

1. 模型的构建

本章基于对新创企业成长性绩效、企业家精神、创业导向、环境不确定性理论的综合考虑下，对各新创企业的内涵及特征做出准确的分析和深入的探讨，并从新创企业的企业家精神着手，将企业家精神分成四个主要的维度，以创业导向为中介变量，环境不确定性为调节变量去探讨企业家精神对新创企业成长性绩效的影响机理及路径模式，通过提出相关假设，分析新创企业的成长性绩效的影响因素。由以上三个假设即可以构建本章的相关概念模型，如图6-1所示。

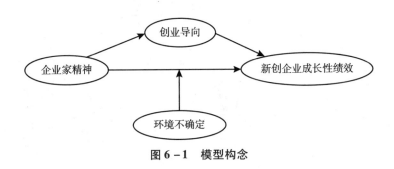

图6-1　模型构念

图6-1、图6-2是根据本章的研究假设以及模型构念，考虑新创企业的企业家精神、创业导向、环境不确定性以及企业的成长性绩效之间复杂的关系，运用AMOS 22.0软件对上述模型构念进行进一步分析，深层次研究判别变量间的相关关系和相关假设，整体的理论路径模型如图6-2所示。

此结构方程模型中，各字母的内涵为：

（1）外因潜变量。

外因潜变量包括企业家精神 η_1 和环境不确定性因素 ξ，企业家精神包括4个内因潜变量，分别是创新精神 η_{11}、冒险精神 η_{12}、开创精神 η_{13}、合作精神 η_{14}。$\varepsilon_1 - \varepsilon_{11}$，$\varepsilon_{28} - \varepsilon_{31}$ 是企业家精神各个维度所对应的误差项。

（2）内因潜变量。

内因潜变量包括创业导向 η_2 和新创企业的成长性绩效 η_3，创业导向包括创新性、风险承担性和超前行动性。新创企业的成长性绩效包括主营业务收入增长率、利润总额增长率、应收账款周转率、总资产增长率、市场占有率、产品合格率、准时交货率、新产品开发速度、对环保的投入和吸纳农村员工数量。

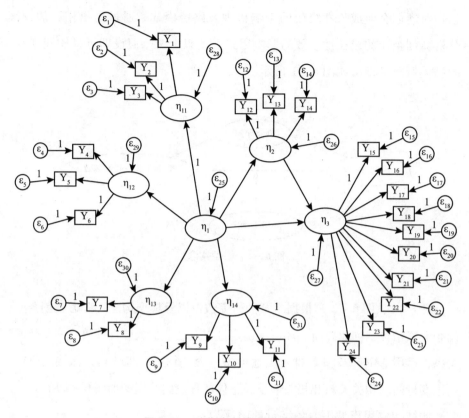

图 6 - 2 结构方程模型的路径模型

创新精神包括 3 个内因观测变量，分别为 Y_1、Y_2、Y_3，冒险精神包括 3 个内因观测变量，分别为 Y_4、Y_5、Y_6，开创精神包括 2 个内因观测变量，分别是 Y_7、Y_8，合作精神包括 3 个内因观测变量，分别是 Y_9、Y_{10}、Y_{11}。创新导向包括 3 个内因观测变量，分别是创新性 Y_{12}、风险承担性 Y_{13}和超前行动能力 Y_{14}，企业的成长性绩效包括 10 个内因观测变量，分别是主营业务收入增长率 Y_{15}、利润总额增长率 Y_{16}、应收账款周转率 Y_{17}、总资产增长率 Y_{18}、市场占有率 Y_{19}、产品合格率 Y_{20}、准时交货率 Y_{21}、新产品开发速度 Y_{22}、对环保的投入 Y_{23} 和吸纳农村员工数量 Y_{24}。ε_1，ε_2，$\cdots$，ε_{31} 分别代表 24 个内因观测变量和 7 个内因潜变量的误差项。

2. 研究假设的提出

（1）企业家精神对新创企业成长性绩效的影响分析。

企业家精神是新创企业能否在激烈竞争的环境中生存下来的关键因素，是新创企业在市场上是否具有强大竞争力的重要影响因素。新创企业往往由于本身的"后进入劣势"，很难从自身所拥有的资源中获取竞争优势，从而面临着很大的生存压力和成长阻力，因此，在新创企业的成长过程中，企业的领导者们首先应该发挥自己企业家精神的带头作用，用企业家精神的作用带领全部员工克服困难，获得有价值的资源和信息、识别和开发有潜在市场，从而使新创企业绩效不断提升。在企业家精神的具体内容中，应该包括四个方面：创新精神、冒险精神、开创精神以及合作精神。首先，创新精神体现在企业家的思想意识、思维活动和心理状态中，是企业家群体独有的特质，企业家精神是创新过程的关键。只有不断突破思维方式的制约，对任何事物均保持一种质疑的心态，才能使企业不墨守成规，以创新性的产品赢得产品先机。其次，冒险精神也是企业家精神中不可或缺的一部分，只要是创新活动，在创新的过程中不会一路畅通，必然也会遭遇到失误或者失败。一定程度上说，想要实现创新，必须冒险。怕犯错误与失败，只能因循守旧、墨守成规，跟不上时代的步伐，而经过创新活动过后，才有可能取得突破，走向成功。再次，开创性是企业在追求机遇过程中体现出的大胆、首创的精神。具有开创精神的企业试图通过一系列侵略性活动达到占领市场主要部分、操纵市场价格、设置行业进入壁垒等目的，并且试图建立产品的行业标准。这些目的的实现保证了企业拥有较高的利润率。最后，合作精神是团队精神中的精华。企业家通过身体力行，树立合作的楷模，下属会纷纷效仿，从企业家本人到每个员工，都有一种合作精神，在这样的一种环境中，人人都会感觉到心情舒畅。企业的员工有着共同的行为目标，企业的生产经营效率自然会大大提高。

基于以上描述，企业家精神对新创企业的生存和发展有正向作用，而且企业家精神对企业绩效的生存和发展的作用和意义都有显著影响，因此，基于以上分析提出假设一：

H1：企业家精神对新创企业的成长性绩效有正向影响。

H1a：企业家精神的创新性对新创企业的成长性绩效有正向影响。

H1b：企业家精神的冒险精神对新创企业成长性绩效有正向影响。

H1c：企业家精神的开创性对新创企业成长性绩效有正向影响。

H1d：企业家精神的团结合作性对新创企业的成长性绩效有正向影响。

（2）创业导向的中介作用。

创业活动在提升企业竞争力方面有显著着重要的作用。在信息技术不断发展的互联网时代，国家不断提倡大众创新、万众创业的背景下，各种新创企业应运而生，不同的商品也不断涌现出来，产品的更新换代也逐渐加速，企业若仅通过原有固定不变的产品，则很难在当今市场站稳脚跟，持续生存和发展。无论企业处在哪个阶段，都需要不断地寻求商业机会和市场机遇，创业导向都可以帮助企业实现不断更新的目标，从而更加有效地提高企业绩效。所以，在激烈的市场竞争环境中，企业家自身的创业导向会直接导致企业的创新活动以及创新氛围，将直接影响企业的成功与失败。

本章将创业导向分为三个维度，包括创新性、风险承担性以及超前行动性。首先，创新性是指企业在引入新产品新服务过程中支持创造性活动和试验的意愿，以及开发新工艺过程中强调新颖性、技术领先和研发导向。风险承担性是企业能够承担的风险度，报酬总是和风险对等的，高报酬就意味着高风险，企业越具有风险承受性，便越愿意将大量资金放在高报酬的投资上。最后，先发优势能够将市场机会予以资本化，利用市场信息的不对称性获取超额利润。相对于追随者而言，先行企业能够获得明显的竞争优势，具备超前行动性创业导向的公司，更能够掌握未来市场的变化趋势、识别现有消费者的潜在需求，预测能够带来创业机会的需求变化（Lumpkin & Dess，2005），在掌握新机会上展现出先行者而非跟随着的前瞻性和意志。

综上所述，创业导向和企业绩效之间存在正向的相关关系，由此得出假设二：

H2：创业导向在企业家精神和新创企业之间起中介作用。

H2a：企业家精神对创业导向有正向影响。

H2b：创业导向对新创企业的成长性绩效有正向相关影响。

H2c：企业家精神通过创业导向的中介作用对新创企业的成长性绩效有正向相关的影响。

3. 环境不确定性的调节作用

对于新创企业而言，党的十九大以来，国家号召"大众创新、万众创业"，政府纷纷出台了一系列的政策支持企业的发展，正是新创企业发展的良好时机，这对于新创企业而言是机遇，也是挑战。正是因为新创企业的政策如此优越，所以，新创企业的数量成倍数增长，发展势头势如破竹，这也造成新创企业竞争激烈，也对各新创企业的发展造成一定压力。所以，本章认为环境不确定性在企业家精神与新创企业的成长性绩效关系中起着调节作用，而环境的不确定性可以从两个维度来划分：一是环境的优势，即政府政策的优待性；二是市场竞争的敌对性。

基于以上的分析，提出假设三：

H3：环境不确定性在企业家精神对新创企业成长性绩效的影响关系中起调节作用。

4. 研究变量的测量

本章将企业家精神作为自变量，基本上参考有些学者对企业家精神的维度划分，在"创新、开创和冒险"三个方面进行延伸（Covin & Slevin），在激烈竞争的市场环境下，企业一定要保持良好的团结性，只有团队具有良好的团结性，企业家能够号召企业员工共同努力，才能创造出更好的企业绩效。综合考虑新创企业的特征以及环境背景，将新创企业的企业家精神划分为四个维度，分别是创新性、冒险精神、开创性以及团结性。将创业导向作为中介变量，并参考有些学者的题项，将创业导向划分为创新性、风险承担性和超前行动性（Miller，1983）。将创业导向分为三个维度，三个问项来进行测量，将环境不确定性作为调节变量，原因在于企业家精神和新创企业的成长性绩效极易受到外部环境不确定性的影响，很多研究均认为环境的敌对性和动态性是环境不确定性的两个维度，他们是当今企业面临外部条件的两个重要的方面。考虑到当今新创企业面临的市场环境，国家政策对于新创企业的成立有相当大的政策优惠和扶持力度，这对新创企业的发展存在极大的友好性；但同时现存的新创企业增速的不断扩大，也给新创企业的发展带来了一定的敌对性及劣势，所以，整合考虑当今环境形势，本章将环境不确定性分为两个维度、两个问项进行考虑。将企业的成长性绩效作为因变量，在充分认识新创企业成长特点的基础上，多选用增长率等指标来体现成长性的特征，结合罗宾逊、波特、周思伟等多名学者的相关研究，最终选择 10 个指标来构成新创企业成长性绩效的评价量表。具体量表结果如表 6-8 所示。

表 6-8　　　　　　　　　　　　研究变量量表

项目	测量维度	测量指标问项
企业家精神	创新精神	企业家能够抓住瞬息万变的市场机会
		企业家能够发现别人看不到的市场机会
		企业家特别注重新产品与新技术的研发以及创新
	冒险精神	敢于将新产品、新技术和新机器投入到生产中
		富有冒险精神
		富有挑战性
创业导向	开创性	存在市场竞争时能够采取主动策略
		市场关注伙伴信息，积极寻求合作机会
	团结性	善于组建有效运作的理事会团队，领导团队社员
		能和别人在合作过程中建立长期的合作关系
		在运行中推行新的举措时可以得到社员的支持

续表

项目	测量维度	测量指标问项
创业导向	创新性	企业具有创新性，关注创新氛围的建设
	风险承担性	企业通常能选择风险较高的项目，鼓励管理者和员工承担运营风险和财务风险
	超前行动性	企业通常能够提前早于市场采取行动
环境不确定性	环境优待性	国家政策对新创企业的支持
	环境的敌对性	新创企业增加对竞争环境的激烈性
新创企业成长性绩效	主营业务收入增长率	
	利润总额增长率	
	应收账款周转率	
	总资产增长率	
	市场占有率	
	产品合格率	
	准时交货率	
	新产品开发速度	
	对环保的投入	
	吸纳农村员工数量	

6.2.3 模型估计结果分析

1. 问卷的设计与收回

本问卷采用 Likert 量表计分方法进行统计，被调查对象在填写被调查问卷时，需对每个调查问项进行相应的打分，1 表示"非常不同意"或者"非常差"，5 表示"非常同意"或"非常好"，其他顺序均匀地放在其中间。采取随机抽样的方式，调查形式为书面问卷。调查对象均为 2010 年以来新成立的新创企业，被调查企业的调查形式为现场调查，要求被调查企业的企业家现场填写调查问卷。具体的问卷收回情况如表 6-9 所示。

表6-9 问卷的收回情况分析

统计项目	有效问卷	无效问卷	小计	未收回问卷	总计
数量	186	4	190	10	200
百分比（%）	97.89	2.11	95	5	100

2. 信度和效度检验

信度及效度检验是保障研究过程严谨性的基础，也是提高研究结论准确性、科学性的有效方法。信度是效度的必要条件，效度则是调查问卷的首要条件，信度及效度检验能够影响成果质量。信度检验，本章采用克伦巴赫（Cronbach，1951）提出的 Cronbach's α 值的取舍标准，它是目前主流研究中最广泛使用的信度分析方法。它表明量表中每一题得分间的一致性，该方法适用于项目多重记分的测验数据或问卷数据，具体结果如表6-10 和表6-11 所示。结构效度包括收敛效度和区别效度。利用 SPSS 22.0 软件进行探索性因子分析以验证收敛效度，在进行因子分析之前，一般采用 KMO（Kaiser - Meyer - Olkin）检验和巴特莱特球体检验（Bartlett Test of Sphericity），当巴特莱特球体检验统计值的显著性概率≤0.001，且 KMO 值越大时，样本才适合做因子分析。具体的判定标准和验证结果如表6-12 和表6-13 所示，各变量的方差最大化正交旋转后的因子载荷矩阵结果见表6-14。在采用 AMOS 22.0 软件对各因素进行验证性因子以验证区别效度，分析实际的测量数据与理论构架的适配程度。首先验证各因子的拟合程度，用 χ^2/dy、AGFI、GFI、RMSEA、NFI、CFI、IFI 等作为对本章问卷调查拟合度的衡量指标，一般情况下，认为 $\chi^2/dy < 3$，则模型的拟合程度好，AGFI、GFI、NFI、CFI、IFI > 0.9 则表明模型拟合程度好，RMSEA < 0.08 则表明模型的拟合程度好。具体的各变量验证性效度检验分析结果如表6-15 所示。然后再进行验证性因子分析，首先检验组成信度（CR），信一致性越强，度越高则再检验平均变异数萃取量（AVE），AVE 大于 0.5，则效果越好，具体的验证性分析结果如表6-16 所示。

表 6 – 10　　　　　　　　　　　Cronbach's α 值的判断依据

Cronbach's α 值	> 0. 7	0. 35 ~ 0. 7	< 0. 35
可信度	高可信度	中等可信度	低可信度

表 6 – 11　　　　　　　　　　　Cronbach's α 值的判断结果

变量名称	题目数量	Cronbach's α 值
企业家精神	11	0. 863
创业导向	3	0. 855
环境不确定性	2	0. 762
企业成长性绩效	10	0. 702
全部变量	26	0. 895

　　根据 SPSS 软件得出的结论，企业家精神、创业导向、环境不确定性和新创企业的成长性绩效的 Cronbach's α 值分别为均 0. 863、0. 855、0. 762、0. 702，均大于 0. 7，全部变量的 Cronbach's α 值为 0. 895，表明各变量的可信度均属于高可信度水平。

表 6 – 12　　　　　　　　　　　KMO 样本测度法判别标准

KMO 值	≥0. 8	0. 7 ~ 0. 8	0. 6 ~ 0. 7	0. 5 ~ 0. 6	≤0. 5
适合程度	非常适合	合适	不太适合	很勉强	不合适

表 6 – 13　　　　　　　　　　　KMO 和 Bartlett 的检验

企业家精神 η_1	KMO 和 Bartlett 的检验		0. 875
	Bartlett 的球形度检验	近似方差	738. 068
		自由度	55
		显著性概率	0. 000

续表

创业导向 η_2	KMO 和 Bartlett 的检验		0.819
	Bartlett 的球形度检验	近似方差	238.891
		自由度	3
		显著性概率	0.000
环境不确定性 ξ	KMO 和 Bartlett 的检验		0.895
	Bartlett 的球形度检验	近似方差	226.684
		自由度	18
		显著性概率	0.000
新创企业成长性绩效 η_3	KMO 和 Bartlett 的检验		0.757
	Bartlett 的球形度检验	近似方差	214.487
		自由度	45
		显著性概率	0.000
全部变量	KMO 和 Bartlett 的检验		0.875
	Bartlett 的球形度检验	近似方差	1418.130
		自由度	325
		显著性概率	0.000

表 6 – 13 为各变量 KMO 值检验与巴特利特球形检验结果，结果显示，企业家精神、创业导向、企业的成长性绩效和环境不确定性的 KMO 值均大于 0.7，因此适合做因子分析方法，显著性概率均小于 0.01，说明高度显著，这则说明数据相关系数矩阵不是单位矩阵，由此可以得出本模型中的各个变量均适合做因子分析。

表 6 – 14   各变量的方差最大化正交旋转后的因子载荷矩阵

分类	题项	问项内容	因子						
			1	2	3	4	5	6	7
创新精神	Y_1	抓住瞬息万变的市场机会	0.563						

续表

分类	题项	问项内容	因子						
			1	2	3	4	5	6	7
创新精神	Y_2	能发现别人看不见的市场机会	0.527						
	Y_3	特别注重新产品的研究与开发	0.633						
冒险精神	Y_4	敢于开发新产品、新技术和新机器		0.570					
	Y_5	有冒险精神		0.661					
	Y_6	富有挑战性		0.574					
开创精神	Y_7	存在市场机会时能够采取主动策略			0.562				
	Y_8	积极寻求合作机会			0.793				
团结精神	Y_9	能够组建团队、团结员工				0.642			
	Y_{10}	能够与别人在合作过程中建立长期合作关系				0.790			
	Y_{11}	在运行中推行政策能够得到员工支持				0.572			
创业导向	Y_{12}	有创新性					0.509		
	Y_{13}	风险承担性					0.685		
	Y_{14}	超前行动能力					0.629		
新创企业的成长性绩效	Y_{15}	主营业务收入增长率						0.752	
	Y_{16}	利润总额增长率						0.599	
	Y_{17}	应收账款周转率						0.596	
	Y_{18}	总资产增长率						0.648	
	Y_{19}	市场占有率						0.734	
	Y_{20}	产品合格率						0.639	

续表

分类	题项	问项内容	因子						
			1	2	3	4	5	6	7
新创企业的成长性绩效	Y_{21}	准时交货率						0.829	
	Y_{22}	新产品开发速度						0.648	
	Y_{23}	对环保的投入						0.842	
	Y_{24}	吸纳农村员工数量						0.847	
环境不确定性	X_1	政府政策的优势							0.784
	X_2	市场竞争的敌对性							0.833
累计解释方差（%）			68.49						

表 6-14 为所有变量的探索性因子分析的载荷矩阵（方差最大化正交旋转后），由此可以看出所有变量可以分为 7 个因子、26 个问项，分别为创新精神、冒险精神、开创精神、合作精神、创业导向、新创企业的成长性绩效和环境不确定性，所有的因子载荷均大于 0.5，并且累计解释量方差为 68.49%，具有较强的解释性。

表 6-15   各变量验证性效度检验

拟合度指标	χ^2/dy	AGFI	GFI	NFI	CFI	IFI	RMSEA
检测结果	1.497	0.925	0.954	0.917	0.981	0.984	0.052
参考值	< 3	> 0.9	> 0.9	> 0.9	> 0.9	> 0.9	< 0.08
是否拟合	是	是	是	是	是	是	是

表 6-15 为新创企业的企业家精神通过创业导向的中介变量的中介效应对企业成长性绩效影响的结构方程模型的效度分析结果，验证结果表明，χ^2/dy 为 1.497，AGFI、GFI、NFI、CFI、IFI 均大于 0.9，RMSEA 小于 0.08，均达到拟合标准。

表 6-16   验证性因子分析结果

变量	CR	AVE
创新精神 η_{11}	0.76	0.568
冒险精神 η_{12}	0.77	0.561
开创精神 η_{13}	0.79	0.585
合作精神 η_{14}	0.75	0.567
创业导向 η_2	0.88	0.504
新创企业成长性绩效 η_3	0.98	0.815

表 6-16 为验证性因子分析的结果，各变量的组成信度 CR 均大于 0.7，平均变异萃取值 AVE 均大于 0.5，均符合收敛效度的测度标准，拟合程度在理想的范围内，因此，本章的量表构建良好。

3. 相关性分析

在验证企业家精神、创业导向、环境不确定以及新创企业成长性绩效的相关关系之前，先使用 SPSS 22.0 中 Pearson 相关分析法对创新精神、冒险精神、开创精神、合作精神、环境不确定性、新创企业成长性绩效进行相关性分析，进一步观察各个变量之间相关关系是否显著，研究变量之间的拟合程度。具体结果如表 6-17 所示。

表 6-17   主要变量的 Pearson 分析结果

类型		创新精神 η_{11}	冒险精神 η_{12}	开创精神 η_{13}	合作精神 η_{14}	企业家精神 η_2	创业导向 η_2	环境不确定性 ξ	企业成长性绩效 η_3
创新精神 η_{11}	Pearson 相关系数	1	0.640 **	0.603 **	0.572 **	0.870 **	0.587 **	0.712 **	0.428 **
	显著性（双侧）		0.000	0.000	0.000	0.000	0.000	0.000	0.000
冒险精神 η_{12}	Pearson 相关系数	0.640 **	1	0.481 **	0.557 **	0.828 **	0.398 **	0.548 **	0.362 **
	显著性（双侧）	0.000		0.000	0.000	0.000	0.000	0.000	0.000

类型		创新精神 η_{11}	冒险精神 η_{12}	开创精神 η_{13}	合作精神 η_{14}	企业家精神 η_2	创业导向 η_2	环境不确定性 ξ	企业成长性绩效 η_3
开创精神 η_{13}	Pearson 相关系数	0.603 **	0.481 **	1	0.655 **	0.785 **	0.326 **	0.525 **	0.549 **
	显著性（双侧）	0.000	0.000		0.000	0.000	0.000	0.000	0.000
合作精神 η_{14}	Pearson 相关系数	0.572 **	0.557	0.655 **	1	0.826 **	0.288 * 8	0.543 **	0.558 **
	显著性（双侧）	0.000	0.000	0.000		0.000	0.000	0.000	0.000
企业家精神 η_1	Pearson 相关系数	0.870 **	0.828 **	0.785 **	0.826 **	1	0.498 **	0.711 **	0.291 *
	显著性（双侧）	0.000	0.000	0.000	0.000		0.000	0.000	0.044
创业导向 η_2	Pearson 相关系数	0.587 **	0.398 **	0.326 **	0.288 **	0.498 **	1	0.576 **	0.147 *
	显著性（双侧）	0.000	0.000	0.000	0.000	0.000		0.000	0.045
环境不确定性 ξ	Pearson 相关系数	0.712 **	0.548 **	0.525 **	0.543 **	0.711 **	0.576 **	1	0.672 **
	显著性（双侧）	0.000	0.000	0.000	0.000	0.000	0.000		0.000
企业成长性绩效 η_3	Pearson 相关系数	0.428 **	0.362 **	0.549 **	0.558 **	0.291 *	0.147 *	0.627 **	1
	显著性（双侧）	0.000	0.000	0.000	0.000	0.044	0.045	0.000	

注：** 代表在 0.01 水平（双侧）上显著相关，* 代表在 0.05 水平上显著相关。

从表 6－17 可以得到，创新精神、冒险精神、开创精神以及合作精神和企业家精神之间的相关系数分别为 0.870、0.828、0.785、0.826，企业家精神的四个维度相互之间的相关系数也存在正向的相关关系，企业家精神、创业导向和企业家精神之间也存在正向的相关关系，显著性水平均为 0.000，说明企业家精神的培养有利于新创企业的成长性绩效的提高，创业导向的建立对新创企业的成长性绩效也有正向相关关系。相关关系的分析初步验证了部分假设，探索变量间的具体关系还需做进一步的分析。

4. 企业家精神、创业导向和新创企业成长性绩效的关系

（1）企业家精神和新创企业的关系。

首先仅研究企业家精神和新创企业成长性绩效之间的关系，以验证假设一的合理性。通过前面的文献综述，建立了两者之间的概念模型，并建立了相关的假设，经过测试表明模型拟合程度较高，通过了检验，本部分研究以企业家精神 η_1 为自变量，将自变量分为创新精神 η_{11}、冒险精神 η_{12}、开创精神 η_{13} 和合作精神 η_{14}，以新创企业的成长性绩效为因变量，通过 AMOS 22.0 软件得出结论，路径系数均大于 0.5，P 值均为 0.000，效果显著，所以假设一成立，具体如图 6 - 3、表 6 - 18 所示。

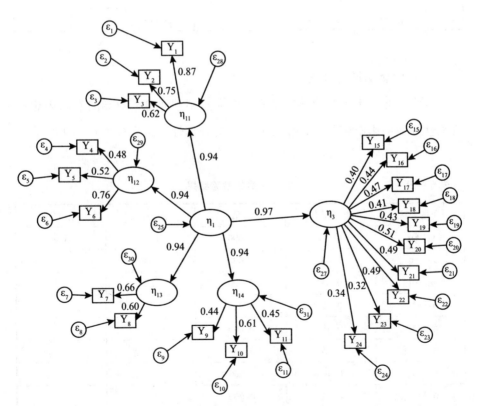

图 6 - 3 企业家精神和新创企业的关系

表 6-18   企业家精神和新创企业的关系验证

变量关系		路径系数		P 值	对应假设	验证结果
$\eta_1 \rightarrow \eta_{11}$	$Y_1 \rightarrow \eta_{11}$	0.94	0.87	0.000	H1a	成立
	$Y_2 \rightarrow \eta_{11}$		0.75			
	$Y_3 \rightarrow \eta_{11}$		0.62			
$\eta_1 \rightarrow \eta_{12}$	$Y_4 \rightarrow \eta_{12}$	0.94	0.48	0.000	H1b	成立
	$Y_5 \rightarrow \eta_{12}$		0.52			
	$Y_6 \rightarrow \eta_{12}$		0.76			
$\eta_1 \rightarrow \eta_{13}$	$Y_7 \rightarrow \eta_{13}$	0.94	0.66	0.000	H1c	成立
	$Y_8 \rightarrow \eta_{13}$		0.60			
$\eta_1 \rightarrow \eta_{14}$	$Y_9 \rightarrow \eta_{14}$	0.94	0.64	0.000	H1d	成立
	$Y_{10} \rightarrow \eta_{14}$		0.61			
	$Y_{11} \rightarrow \eta_{14}$		0.45			
$\eta_1 \rightarrow \eta_3$		0.97		0.000	H1	成立

（2）中介变量的验证。

将中介变量带入创业导向来研究企业家精神通过创业导向对新创企业成长性绩效的影响路径，以验证假设二的合理性。结果如表 6-19 所示。

表 6-19   中介变量的检验结果

变量关系	路径系数	P 值	对应假设	验证结果
$\eta_1 \rightarrow \eta_2$	0.8	0.000	H2a	成立
$\eta_2 \rightarrow \eta_3$	0.43	0.000	H2b	
$\eta_1 \rightarrow \eta_3$	0.63	0.000	H2c	
$\eta_2 \rightarrow Y_{12}$	0.72	0.000	H2	
$\eta_2 \rightarrow Y_{13}$	0.38	0.000		
$\eta_2 \rightarrow Y_{14}$	0.45	0.000		
$\eta_3 \rightarrow Y_{15}$	0.40	0.000		
$\eta_3 \rightarrow Y_{16}$	0.44	0.000		

变量关系	路径系数	P 值	对应假设	验证结果
$\eta_3 \rightarrow Y_{17}$	0.48	0.000		
$\eta_3 \rightarrow Y_{18}$	0.42	0.000		
$\eta_3 \rightarrow Y_{19}$	0.44	0.000		
$\eta_3 \rightarrow Y_{20}$	0.51	0.000		
$\eta_3 \rightarrow Y_{21}$	0.47	0.000		
$\eta_3 \rightarrow Y_{22}$	0.79	0.000		
$\eta_3 \rightarrow Y_{23}$	0.33	0.000		
$\eta_3 \rightarrow Y_{24}$	0.32	0.000		

再将新创企业的企业家精神、创业导向和企业的成长性绩效做回归分析，运用 SPSS 22.0 统计软件用三步回归检验法来检验中介效应，检验创业导向在企业家精神与新创企业成长性绩效的中介效应。首先，将自变量企业家精神和中介变量创业导向之间做回归分析；其次，将自变量企业家精神和因变量新创企业成长性绩效之间做回归分析；最后，将自变量企业家精神、中介变量创业导向和因变量新创企业成长性绩效之间做回归分析，回归结果分别如表 6-20 至表 6-22 所示。

表 6-20　　　　　　　企业家精神与创业导向的回归结果

自变量	企业创业导向	
	β	t 值
创新精神	0.549	9.827 ***
冒险精神	0.407	5.888 ***
开创精神	0.337	4.676 ***
合作精神	0.332	4.082 ***
企业家精神	0.617	7.795 ***
F	60.766	
R^2	0.248 ***	
调整 R^2	0.244 ***	

注：*** 代表在 0.01 水平（双侧）上显著相关。

表 6 – 21　　　　　　企业家精神与企业成长性绩效的回归结果

自变量	企业成长性绩效	
	β	t 值
创新精神	0.464	13.750 ***
冒险精神	0.391	8.882 ***
开创精神	0.378	8.359 ***
合作精神	0.436	8.774 ***
企业家精神	0.613	13.705 ***
F	187.838	
R²	0.505 ***	
调整 R²	0.502 ***	

注：*** 代表在 0.01 水平（双侧）上显著相关。

表 6 – 22　　　企业家精神、创业导向与企业成长性绩效的回归结果

自变量	企业成长性绩效	
	β	t 值
创新精神	0.245	4.756 ***
冒险精神	0.359	8.126 ***
开创精神	0.350	8.235 ***
合作精神	0.136	2.378 **
创业导向	0.176	4.237 ***
F	106.388	
R²	0.583 ***	
调整 R²	0.572 ***	

注：*** 代表在 0.01 水平（双侧）上显著相关，** 代表在 0.05 水平上显著相关。

由检测结果来看，所有变量回归的结果中 Sig. = 0.000，效果显著，表 6 – 22 中自变量和中介变量对因变量的系数小于表 6 – 21 中自变量对因变量的系数，所以，本章中中介变量创业导向对新创企业成长性绩效的影

响是部分中介效应。

（3）调节变量的检验。

研究通过 SPSS 22.2 验证环境不确定性的调节作用，首先得到自变量企业家精神、调节变量环境不确定性以及因变量新创企业成长性绩效的平均数，再得到自变量和调节变量平均数的成绩作为交互项，并将这些数据做中心化和标准化处理，然后带入回归方程进行分析，根据测试，得到交互项的调整 R^2 的 Sig. = 为 0.041，小于 0.05，符合调节变量的条件。具体模型数据结果如表 6 – 23 所示。根据结果，可以得出一个回归方程：$\eta_3 = -0.996 - 0.145 \times \eta_1 \times (X \times \eta_1)$，其中 η_3 表示新创企业的成长性绩效，η_1 表示企业家精神，X 代表环境不确定性，$X \times \eta_1$ 表示交互项。结果表明，环境不确定性对企业家精神和新创企业的成长性绩效存在调节效应，且存在负向的调节效应。换句话说，外界环境的不确定性越大，则企业家精神通过创业导向对新创企业的成长性绩效的影响程度越深。

表 6 – 23　　　　　　　　　　　调节变量的验证结果

模型		标准化系数		标准系数	t	Sig.
		B	标准误差			
1	（常数）	0.985	0.189		5.213	0.000
	企业家精神	0.613	0.045	0.711	13.705	0.000
2	（常数）	0.915	0.214		4.270	0.000
	企业家精神	0.608	0.045	0.705	13.445	0.000
	环境不确定性	0.028	0.040	0.037	0.701	0.142
3	（常数）	−0.963	1.020		−0.944	0.246
	企业家精神 η_1	1.045	0.236	1.211	4.426	0.000
	环境不确定性 X	0.619	0.317	0.820	1.956	0.013
	企业家精神 × 环境不确定性 $X \times \eta_1$	−0.145	0.073	−0.996	−1.883	0.021
	R^2					0.041

6.2.4　结论启示

在当代大力推崇"大众创业、万众创新"的创业浪潮下，千万新创企业不断兴起但存活率却不高的大环境背景下，通过对国内外相关文献的回顾分析以及全国范围内186家新创企业的问卷调查收集数据，调查相关新创企业的企业家精神、创业导向、环境不确定性以及企业的成长性绩效的相关关系，得到以下结论：

（1）我国新创企业的企业家精神可以从四个维度进行分析，包括创新精神、冒险精神、开创精神以及合作精神。首先，传统的生产方式或者销售模式已经不能满足日益进步的消费需求，创新是企业在当代繁杂的市场中生存的首要守则，所以企业家精神中排在首位的非创新精神莫属。其次，冒险精神也是新创企业企业家精神必不可少的一个组成部分，企业进行创新活动研究出新的创新成果或者遇到瞬息万变的市场机会，企业家能够抓住时机，敢于将想法付诸实际行动。再就是，各新创企业的企业家要随时关注同行业其他竞争对手的相关近况及发展动态，及时根据竞争对手的决策修改自己的发展方式及战略方向。最后，企业家一定要具备一定的号召力，除了职位职权赋予企业家的职位权利，企业家还需要具备一定的人格魅力，可以影响员工主动向企业家学习，贯彻落实企业家布置下来的任务，完成工作要求，这可以通过正式实证之前的 Pearson 相关系数矩阵得到验证。

（2）企业家精神对新创企业的成长性绩效具有正向相关影响。由于新创企业刚成立，所有的新创企业普遍都在物质方面缺乏相关一系列的资源、人力、财力支持，对于单个新创企业而言，造成不同新创企业成长性差异的主要原因就是企业家精神的差异。根据以上结论，新创企业的企业家精神越强，创新意识越高、冒险精神越强、开创精神以及合作精神越强烈，则企业的成长性绩效越好。

（3）企业家精神通过创业导向对新创企业的成长性绩效有正向相关影响。创业导向是一个企业的企业家为实现企业的愿景而进行的一系列活动，包括了企业的创新活动、风险承担性和超前行动能力，企业的创新行为越多、创新氛围越强烈，得到的创新成果越多，则企业的创新能力越强，企业的成长性绩效越高。企业的创新产品投入市场，势必要承担一定的风险，新创企业的风险承担性越强，企业的成长性绩效则越强。企业的行动能力越强，越超前，投入市场的产品的时间就越提前，则能尽早地进入市场，占据一定的市场地位，赢得品牌先机，所以，企业的超前行动能力越强，企业的成长性绩效越强。

（4）环境不确定性对企业家精神和新创企业的成长性绩效起到负向的调节作用。当今的政府政策对于新创企业的产生和发展具有很优惠的政策支持，纯粹的环境优待性对于新创企业的发展有很大的推动作用，正是因为政府的优厚政策，新创企业的数量如同雨后春笋般不断涌现出来，使得有限的市场中新创企业的数量趋于饱和，加剧了新创企业之间的竞争，也使得新创企业的生存和发展存在很大的阻力，降低了新创企业的存活率，这种环境的敌对性对于企业的成长性绩效有负向的相关影响，这种环境的敌对性相对于环境的优待性更加强烈，所以，整个环境对于新创企业的成长性绩效而言是一种负相关影响，环境的不确定性越强，则新创企业的成长性绩效越差。

第 7 章　新创企业竞合的案例分析

以新创企业为核心，可以衍生出"新创企业—同业者""新创企业—供方""新创企业—购方"竞合三个层次的竞合分析概念模型，这三个层次分析概念模型如同同一事物的三个方面，有机融为一体，构成了新创企业"四方竞合"分析模型以及其理论体系。由此进行的系统分析可以让新创企业对自己所处的市场势态、竞争领域、合作空间有较为清晰的了解，进而选择有效的竞合战略。因此，本章在理论阐析和定量研究的基础上，分别引用三只松鼠股份有限公司（以下简称"三只松鼠"）、重庆江小白酒业有限公司（以下简称"江小白"）、深圳百果园实业发展有限公司（以下简称"百果园"）、韩都衣舍电子商务集团股份有限公司（以下简称"韩都衣舍"）四个新创企业发展的案例来简要说明新创企业发展中竞合关系的应用。

7.1　三只松鼠案例[①]

7.1.1　企业概况

随着"释放新需求，创造新供给""互联网＋""大众创新、万众创

---

① 笔者根据三只松鼠相关报道整理所得。

业"等被写进国家战略,供给侧改革成为"十三五"乃至今后一段时间的国家经济战略。我国对于创新的提倡已是人尽皆知,并且人们也在积极响应着国家的政策。对于"互联网 + 企业"这一巨大的蓝海市场,一大批互联网企业应声而起,逐渐改变着传统企业的"颓废势态",为企业的发展注入了新的活力。最有代表性的应当属知名"网红"三只松鼠,三只松鼠成立于 2012 年,一直致力于打造一个互联网时代的生态产业链,经过六年的不懈努力,终于初步奠定了其在坚果行业龙头老大的地位。作为初代淘品牌的三只松鼠,在营销策略上也另辟蹊径,用卖萌式的服务方式和包装吸引广大消费者,称消费者为"主人",在情感上给予消费者极大的心理满足感。在产品本身方面,三只松鼠也在尽量追求完美,给消费者足够的消费体验,其创立了时尚有质感的双层包装,将坚果制作得更加容易剥离,若消费者从网上购买了三只松鼠的产品,网站在安排发货后第一时间就会给消费者发信息"主人,鼠小箱已穿戴整齐,快马加鞭正向您狂奔而来,耐心等下哦!"并且在包装袋中提供各种辅助剥离坚果的工具,例如开果器、封口夹子、简易垃圾纸袋、擦手纸巾等,在产品方面尽可能地做到尽善尽美,尽量满足消费者的所有需求。三只松鼠定位于"森林系",倡导"慢食快活"的生活方式,率先提出了森林食品这一概念,正好满足现代日益追求健康生活的人们的消费需求,同时将目标人群锁定在喜欢上网购物的"80 后"和"90 后"中,通过强大的情感营销,注重消费者的心里体验,为其赢得了丰厚的利润。2017 年 9 月三只松鼠在电商平台累计销量突破 100 亿元,成为天猫平台首家破百亿的零食品牌。

7.1.2 发展历程

梳理三只松鼠的发展历程,其快速崛起并一跃成为坚果行业的守擂者的过程可以分为三个阶段①：

第一阶段，2012年2月至2013年1月——初创拓展期。在此阶段，三只松鼠处于新创企业的生存期，面临各种生存考验，企业增长较为缓慢，市场还处于培育期。在这一阶段，三只松鼠为了扩大自己的市场份额，让更多的人了解自己的品牌，也采取了低价策略，在销售初期，三只松鼠的两包420克的碧根果才卖31.9元，而当时的碧根果供价是500克26元，三只松鼠在初期放弃了自己的利润空间，烧钱形成自己的口碑，为企业引入了第一批客户。同时，三只松鼠也在以积极的态度寻求合作，深度依靠天猫、京东等电商平台销售产品，从此开启了其"网红"的生涯，为其发展奠定了稳定的基础。除此之外，三只松鼠也在积极寻求各大投资企业的资金支持，先后获得美国国际数据集团（IDG）的150万美元A轮天使投资和今日资本的600万美元B轮投资，以此获得跨越新创企业"生死"鸿沟的关键资源，平稳地度过了新创企业的生存期。

第二阶段，2013年2月至2015年12月——快速增长期。在这一阶段，三只松鼠的营业额快速增长，2013年三只松鼠营业收入达到3亿元，2014年营业收入翻了3倍多，达到9.24亿元，2015年营业收入翻2倍多，达到20.43亿元，净利润897.3万元，把企业成功的扭亏为盈。由于三只松鼠强大的成长能力，其融资也变得容易了许多，分别在2014年3月和2015年9月完成了C轮融资和D轮融资，分别获得了今日资本、IDG资本的1627万美元和峰瑞资本3亿元的融资额，借助融资额进行产品研发和品质保证，以最大限度保证产品的质量和提升客户数量。而在第D轮的融资过程中，三只松鼠也显得格外轻松，瑞丰资本的李丰打了个电话，3亿元的融资款就在瞬间搞定。这体现的是瑞峰资本对三只松鼠前景的看好，并不是由于各种人际关系，资本市场永远是逐利的，只要该项目

---

① 侯隽：《IPO步步惊心　自身短板难解　谁拽住了三只松鼠的尾巴》，载于《中国经济周刊》2017年第50期，第68~69页。

或企业有足够的利润空间，才会有资本的光顾，所以三只松鼠的轻松融资也反映了其发展的状态。在这一阶段中，三只松鼠的成长也不是一帆风顺的，但其运用良好的风险管理很好地化解了成长中的危机。坚果销售行业每年的 1 月份都是坚果销售的旺季，2014 年 1 月份，三只松鼠的订货量每天都以 1000 万元的速度持续增长，由于正赶上过年，国内于 1 月 24 日停止发货，即使三只松鼠每天发货量高达 1000 多万元，22 日之后仍有将近 3000 多万元的货物被积压，由于积压的订单带来巨大的客户投诉量，公司也产生了前所未有的风险，面对这一困境，松鼠老爹"章燎原"为了稳定已有的客源，三只松鼠在"舍"与"得"之间做了一个艰难的抉择，对于在春节之前不能收到货的客户，三只松鼠均会给予客户订单金额 30% 的赔偿，虽然这一决定使三只松鼠在当时承受了 81 万元的损失，但这一举动也使客户体谅了三只松鼠维护客户的决心，反而增加了三只松鼠的客户数。在这事件之后，三只松鼠的销量又进一步的提升，进一步提高了其营业额。

第三阶段，2016 年至今——跨越式增长。在这一阶段，三只松鼠的销售额呈现出井喷式的增长，销售额实现直线上升。2016 年三只松鼠的销售额达 44.23 亿元，净利润高达 2.37 亿元，而 2017 年上半年，三只松鼠的销售额达 28.94 亿元，净利润已超过 2016 年一整年的净利润，达到 2.41 亿元。据悉，2017 年 3 月，三只松鼠已向证监会递交招股说明书，正式向首次公开募股（IPO）发起冲击。在这一阶段，三只松鼠主要利用大众媒体、影视广告植入等手段扩大其影响力，2016 年，由刘涛、蒋欣、杨紫等主演的《欢乐颂》一上映，就引起了人们的追捧，人们对"五美"的生活加以热议，与此同时，剧中时时出现的三只松鼠也引起了人们的关注，健康、减肥等词逐渐被人们熟知，同期上映的还有由郑爽、杨洋等主演的《微微一笑很倾城》；刘恺威、古力娜扎等主演的《柠檬初上》；孙红雷、江疏影等主演的《好先生》等，这些都是具有现代气息的都市剧、偶像剧，正对准三只松鼠的主流消费者，而这些电视剧几乎同时上映或者相继上映，使观众不管在看哪部电视剧，都能看见三只松鼠的影子，在无形间强行将三只松鼠的概念植入观众的脑中，这也对三只松鼠加强其影响力注入了强力的动力，促进了其销售额的增长。除了在影视方面的不断植入为三只松鼠创造的强大影响力，三只松鼠在电商平台上也在不断拓展，灵活的运用各种营销策略为企业的销售额做了进一步的贡献。

7.1.3　竞合战略分析

纵观三只松鼠发展历程的各关键环节，可以清晰梳理出其作为一个新创企业在战略实施中的竞合行为逻辑和价值取向。虽然坚果行业是一个红海市场，但在坚果市场内，碧根果还处于一个浅红市场，加之当前市场尚没有专门针对年轻人这一细分市场的互联网品牌，在这两个机会同时被三只松鼠的创始人瞄准时，章燎原果断出击，于 2012 年成立了三只松鼠，在品牌创立初期，三只松鼠积极进行融资，以确保有足够的资金去打开市场，让更多的消费者去了解并接受一个全新的互联网坚果品牌。起初三只松鼠只获得了 IDG 资本 150 万美元的融资，但三只松鼠强大的爆发力和成长力也逐渐吸引了更多的投资者自愿对其进行投资，短短四年时间，三只松鼠完成了四轮融资，展现了强大的成长力和融资力。三只松鼠从最初艰难寻找资金到后期的轻松融资，其背后折射出来的是新创企业与投资者（资金供给方）的竞合：投资者只会做锦上添花的事，雪中送炭的投资必定增大投资方面临的风险系数，对于新创企业而言，处于起步阶段时，更倾向于通过各种方式快速而有效的验证自己的商业模式，以此作为获取发展资源的重要筹码，此时其与投资者之间的关系多以合作为主，且往往在合作中处于相对劣势的地位；随着市场份额的提升，创业企业具备了更多谈判的筹码和能力，因而与投资者的关系中虽以合作为主，但不时也交织着一些与投资者意图相悖的因素。三只松鼠和其供应商之间也存在着竞合关系，在三只松鼠成立之初，三只松鼠和其供应商采取的战略属于合作战略，先获取供应商的信任，同供应商的关系也相对和谐，但随着三只松鼠销量的增长，加之有些电商平台的压榨，三只松鼠为了获取超额利润，只能对其供应商加以压力，由于三只松鼠掌握品牌的话语权、定价权，并决定其订货量，所以供应商也只能听任安排，在这个阶段，三只松鼠和其供应商的关系已经由以合作为主转变为竞争为主，在以后的合作期间，三只松鼠有必要重新审视其和供应商的关系，一旦供应商绝地反击，三只松鼠的供应链断裂，会给企业造成不可挽回的结果。三只松鼠在成立之初，为了吸引更多的顾客，采取了低价策略，成本为 26 元碧根果仅卖 31.9 元，三只松鼠在初期放弃了自己的利润空间，烧钱形成自己的口碑，引入第一批客户，在这一阶段，三只松鼠和其消费者主要以合作为主，但后来随着广告等营销手段的扩展，现在三只松鼠的价格已经在同行业中处于高价位的状态，根据 2017 年 7 月京东商城的数据，以夏威夷果为例，三只松鼠的单价为 9.14 元、来伊份的单价为 8.8 元、百草味的单价为 8.4 元、良品铺子的单价为 8.54 元，在这个阶段三只松鼠和消费者的关系主要以竞争为主。这种竞争关系也不是一直存续的，在一些特殊节日，三只松鼠也会和消费者进行合作，最大的合作就是每年的"双十一"了，三折、五折，或者满 199 减 110 等活动各不相同，消费者可以根据自己消费需求选择心仪的产品，三只松鼠在这一天通过降价给消费者返利，同时也通过薄利多销的方式进一步提升了自己的营业量和营业额，使双方都达到双赢。三只松鼠就在这种竞合关系的不断转化中使自己的利润达到最大。这些动态销售政策的不断调整，实际上呈现出的是企业与消费者之间竞合博弈的结果。在市场尚未成熟，且未被顾客认识接受时，企业选择的是偏合作的战略行为，具体体现为通过消费补贴的形式来让利甚至亏损烧钱以博取消费者的认同，当市场发展到一定阶段，产品或服务逐渐为消费者接纳并成为某种形式上的消费习惯后，企业则会更多体现出竞争导向的战略选择，通过降低、取消消费补贴，甚至适时提高产品或服务的价格以此收回前期投入，实现企业的利润目标。

7.2 江小白案例①

7.2.1 企业概况

提起白酒，首先想到的就是贵州茅台、四川的五粮液等高端酒品，几乎所有的酒类生产商和销售商也尽可能地将白酒和"高端"结合在一起，似乎只有年代悠久才是白酒的生存之道，这就使白酒脱离了其主要消费群体：普通老百姓。以至于随着互联网时代的不断深入，白酒行业逐步进入寒冬期，茅台、国窖等老品牌酒业的经营呈现出举步维艰的态势。但是却有一个新兴的白酒品牌异军突起，创造了白酒行业的一个神话，5年销售额破10亿元，它，就是江小白。中国白酒文化历史悠久，传承深远，从酒类行业整体来看，白酒行业已进入红海市场。从白酒香型分类来看，可以分为清香型、浓香型、酱香型和其他，浓香型酒以五粮液、剑南春、泸州老窖为代表；清香型酒以山西汾酒最为出名，其次就是河南的宝丰酒、厦门高粱酒等；酱香型酒以茅台为首；其他酒类包括西安的西凤酒、河南的杜康酒、董酒等。从酒曲来看，大曲、小曲、红曲、麦曲等也是应有尽有；按其原料来分，可以分为大米酒、高粱酒、小麦酒、玉米酒等，其中最受欢迎的就是高粱酒。但从白酒的消费者层次来看，专门针对年轻人的酒类还处于一个蓝海市场，江小白正是看到了这一机会，将年轻人和高粱酒这一最受欢迎的酒类联系在一起，根据年轻人的喜好对传统的高粱酒进行改造，开发出一款适合年轻人的轻口味的高粱酒。它定位于"青春小酒"，亲切地走进大众老百姓的生活中，将白酒和生活、小聚联系在一起，使白酒突破圆桌文化、阶层文化，成为人人都可以接受的新生聚会必备。现有白酒企业都是在不断推崇

---

① 笔者根据江小白相关报道整理所得。

其白酒质量的优质，注重于白酒的功能性诉求，忽视了消费者的情感性诉求，江小白反其道而行，进入白酒行业后，它不断推出各种带有情感诉求的小段子，这一举动引起了消费者良好的反响，很多消费者是为了集齐某一系列的江小白语录而购买消费，并且江小白灵活的运用微博、微信等公共社交平台，和消费者沟通交流，充分引起大家的关注，增加其销售额。

7.2.2　发展历程

纵观江小白的发展历程，江小白能够在白酒行业中异军突起，形成互联网时代下白酒行业的标杆性企业的过程大致可以分为三个阶段：

第一阶段，2011～2013 年——初创生存期。江小白于 2011 年成立，成立之初，江小白通过约酒大会等活动进入人们的视野，同时，其销售团队深耕于各市场的街头，江小白最初的市场是成都，当时的江小白可谓是"无人无枪无钱"，更谈不上什么品牌，经过一段时间的协商，江小白和雪花啤酒达成协议，江小白使用雪花啤酒的渠道进入市场，并返给雪花啤酒相应的利润，江小白以这种方式顺利地进入成都市场，并通过成都市场顺延至整个四川市场，这成为其奠定南方战役成功的战略拐点。在这一阶段，江小白实现了收支平衡，在短短的两年内收回了成本，这为江小白的发展奠定了良好的基础。

第二阶段，2014～2016 年——快速增长期。在这个阶段，江小白的销售额呈现出爆发式增长的态势，增长率将近 100%，2014 年销售额破亿元，2015 年销售额达到 2 亿元，2016 年销售额突破 4 亿元。[1] 除了销售额翻倍增长，江小白的融资也顺风顺水，2014 年 1 月 22 日，江小白完成了 A 轮融资，获 IDG 资本的数千万人民币的融资，2015 年 5 月又获天图资

---

① 梁祎：《江小白商业模式分析——基于九要素理念》，载于《现代营销（下旬刊）》2019 年第 10 期，第 100～101 页。

本的 2771.2 万元投资额，完成其 A + 轮融资。① 在这一阶段，奠定江小白全国化的基础在于征服了河南市场，河南平台商在这场战役中功不可没，带领其销售团队日夜奋战在河南的大街小巷中，把江小白的品牌影响力推到最高峰，占据河南的绝大部分市场，销售量最好的时候，一个月达到 1 亿元的销售量，完成了 100 个客户的全省布局，为江小白全国化奠定了不可动摇的基础。除此之外，江小白充分利用媒体营销，充斥于各大影视剧中，为江小白的品牌影响力再添推动力。例如，2013 年，江小白首次在影视剧中进入大众的视野，《致青春》的播出使一大部分年轻人听说了江小白这一品牌；2014 年随着《同桌的你》《匆匆那年》的上映，江小白的知名度越发扩大；2015 年，江小白出现在由徐峥和包贝尔等主演的《港囧》中，良好的票房成绩为江小白的传播奠定了坚实的基础；2016 年，在孙红雷、江疏影等主演的《好先生》中，江小白频频出现，一时间成为家喻户晓的白酒品牌。而由邓超、白百何、岳云鹏等主演的电影《从你的全世界路过》票房过亿元，江小白成了其中广告植入的最大赢家。同期上映的还有《火锅英雄》《小别离》等，一时间江小白几乎家喻户晓，这也为其销售额的快速增长提供了保证。

第三阶段，2017 年至今——稳步发展期。2017 年江小白的销售额达到 5 亿元，呈现出稳步增长的态势，2017 年 11 月 30 日，江小白获黑蚁资本提供的融资额，具体金额未披露，完成了 B 轮融资。② 在这一阶段，江小白继续出现在各影视剧的植入中，例如 2017 年播出的《北上广依然相信爱情》，为其品牌的提高和维护提供了助推力。

7.2.3 竞合战略分析

纵观江小白发展的各个历程，可以为分析其作为一个新创企业在其成

---

①② 马云飞：《完成新一轮融资，江小白距离上市还有多远?》，载于《国际金融报》2020 年 9 月 24 日。

长阶段使用竞合战略的行为逻辑和价值取向。虽然整个白酒行业在互联网的冲击下已步入寒冬期，并且由于人们对白酒的感性理解，使白酒的发展举步维艰，但是江小白在发展受限且早已饱和的市场中找出了一个蓝海市场，将白酒联合年轻、互联网等因素，推出了适合广大年轻人、白领的酒品——江小白。江小白成立初期，其主要通过开展各种约酒活动以及在各大饭店举行品酒活动来吸引消费者的注意力，在扩展市场方面，初期主要是通过进驻各大一线城市的小饭馆，江小白秉承"大象理论"，即各大省会就像是大象的肚子，市场足够大，则自我造血功能就越强大，只要攻破各省的省会，再拿下周边的两三个城市，打造了几条象腿后，一个大象就成立了，此时，市场就会自然地向周边扩散。江小白在成立初期，营销渠道匮乏，市场知名度小，毫无品牌而言，为了将江小白迅速推向市场，其销售团队运用保姆式营销，和雪花啤酒合作，嫁接雪花啤酒的 1/3 的配送商，成功打通了成都市场，并通过一系列的社会化营销，在地铁开通广告，分众传媒的立体营销，加之线下各种推广活动的开展，硬生生地在 10 个月的时间内把成都打造为一个样板市场。这体现了新创企业在其成长过程中的竞合博弈，在其成立初期，各种资源都十分匮乏的情况下，为了开拓市场，其更倾向于和其竞争对手进行合作，共享推广渠道，以求顺利进入市场，避免在渠道方面花费更多的精力和竞合博弈，可以使其将更多的精力放在产品的推广上。在和消费者的竞合博弈中，江小白在进入市场初期，推出了很多约酒活动和试酒活动，其通过使顾客免费品尝酒来获得顾客的青睐，扩大江小白的知名度，据统计，在初期扩展成都市场中，单赠送饮用酒就赠送了 100 万瓶，可见初期江小白在扩展市场期间的投入之大。到江小白的市场知名度扩展之后，江小白的价格就持续稳定在 25 元左右，价格稳定，一般不会发生很大的变化。但在一年中的"双十一"这一天，江小白也会搞一些活动，返利给其顾客，最经典的就是江小白推出了一生一世的酒的活动，即花 11111 元即可得到江小白一生免费赠酒的活动：一生中每月一箱 100ml × 12 瓶的情绪表达经典款酒、每年一次

100ml×12 瓶箱装酒的语录定制酒、江小白新酒优先免费体验、每年一个江小白生日大礼包，这个活动对于喜欢喝酒的消费者而言无疑是一个上佳选择。江小白就是这样在特殊的日子中适当让利给消费者，以求稳定消费者的购买力，获取消费者的新鲜感和认同感，将自己的利益达到最大化，实现企业盈利的目标。

7.3　百果园案例[①]

7.3.1　企业概况

水果连锁店是最近十年来水果零售业的新业态，精致的店面装修、优质的水果品质以及专业化经营与服务越来越被当代消费者接受。其中最具代表性的就是位于深圳的百果园，百果园是一家集水果种植、营销拓展、品牌运营、门店零售、物流仓储、品质分级、科研培训为一体的大型水果连锁企业。从 2001 年成立至今，其名下门店已经超过 2800 个，遍布全国 41 个城市，有 17 个配送中心，230 多个水果基地，一举成为我国规模最大的水果连锁经营企业。其主要经营的是进口水果，将消费顾客锁定于中高端人群，并承诺水果不好吃可以"三无"退款，即不好吃可无小票、无实物、无理由的信任退货，为客户提供最优质的服务。百果园是"水果连锁业态"的开创者，其发展速度之所以这么快，不仅归功于其强大的团队成员、完善的供应链管理系统以及优越的营销体系，更在于其动态竞合战略的调整，使其在复杂多变的市场环境中更加灵活，竞争力更强。

---

① 笔者根据百果园相关报道整理所得。

7.3.2 发展历程

纵观百果园的发展历程,其快速崛起并占据生鲜行业的龙头老大地位的历程大致可分为三个阶段:

第一阶段,2001～2009 年——初创生存期。在此阶段,百果园发展缓慢,致力于探索一条可以复制的门店发展模式。2001 年,百果园正是成立公司,2002 年,百果园在深圳开出了第一家水果连锁专卖店,点起了其水果连锁的第一把火,刚成立的百果园发展缓慢,在生产经营中也遇到了各种各样的问题,例如百果园的总经理刚开始采购时,从供货商处进了五板橙子、六板青提,但最终到货的时候,损失超过 30%,橙子被压烂,而青提则不新鲜,颜色发黄。后来经过研究才发现,青提要一直经过白光的照射,才能保持青色,而橙子只要保持最底层不受损即可以。在水果运输中,百果园也煞费苦心,为了保证水果的正宗和口感,所有的水果都从其原产地运输到各地再进行销售,而运输则是最容易损坏水果质量的,例如丹东草莓,需要从其产地丹东运输到深圳,最开始时损耗量高达 70%～80%,百果园经过 4 年的研究,花费 100 多万元定制了一套冷藏柜,可以实现快速制冷,再实现迅速升温至 4 摄氏度,这才能保证草莓完美无损,这才将损耗量控制在 4%。所有水果的运输、储存、销售等都是经过百果园的不断试错改进,才形成了一套可以复制的运输、储存模式,供以后各店参考。

第二阶段,2010 年至 2015 年 6 月——市场扩展期。在这一阶段,百果园的门店数量迅速增长,2009 年时,百果园的门店有 100 家,2010 年,门店突破 200 家,2012 年门店突破 300 家。2013 年,百果园正是提出了"三无"退款的概念,奠定了其发展基调,要做高端水果的决心。2015 年,百果园的门店数量突破 1000 家。迅速扩展其市场占有率。[①]

---

① 《百果园十六周年,构建果业上下游价值链》,每日经济,2019 年 1 月 3 日,http://cn.dailyeconomic.com/roll/2019/01/03/40987.html。

　　第三阶段，2015 年 7 月至今——爆发式发展。在这一阶段，百果园将竞合战略运用得淋漓尽致。首先，百果园完成了两大轮融资，2015 年 9 月 22 日，天图资本率先领投 3.5 亿元，随后广发信德等机构跟投 0.5 亿元，百果园完成了 A 轮融资，2015 年 12 月 29 日，前海母基金进行了跟投，百果园完成了 A＋轮融资，2018 年 1 月 11 日，百果园完成 B 轮融资，源码资本、基石资本、中金智德、广州越秀产业基金等共投资 15 亿元，有了资本的支持，百果园的发展越发的快速，2015 年 11 月 19 日，百果园推出了自己的 App 平台，开始线上营销，将线上线下相结合，截至 2017 年，百果园的门店已超 2800 家，线上单月销售额破亿元，日销售额高峰值达到了 60 万元，线上符合增长率保持在 25% 以上，百果园秉承线上订单，由其最近的百果园分店送达水果至消费者手中，既节省了中间时间，又能使顾客吃上新鲜的水果，完成线上线下一体化布局。在这一阶段，百果园进行了大量的收购活动，2015 年，百果园有了进军北京市场的打算，当年 8 月，百果园正式进军北京，在北京开启了第一家百果园连锁超市，在其后短短数月中，就有 10 余家百果园在北京悄然开业，而当时北京市场的水果业龙头企业果多美正是百果园的首要竞争对手，果多美当然不会让百果园轻易进入北京市场并抢占其市场份额，于是外界纷纷传言：北京水果界必然会有一场腥风血雨之争，一场"烧钱大战"在所难免。然而这种传言并没有持续多久，11 月 19 日，百果园就对外宣布将通过注资换股的方式对果多美进行并购重组，不动干戈地结束了"两果"之间"南北之争"，使百果园在北京的市场中稳中求胜。在这之后，百果园先后一共又进行了 4 次收购活动，2016 年 4 月 25 日，并购南京鲜时代，占领南京市场；6 月 6 日，并购了宁波百果园，虽然两者名字相同，但姓氏不一，在收购之后，两家做到了真正的合二为一；12 月，并购了水果电商一米鲜；2017 年 6 月 22 日，与重庆龙头水果超奇达成了战略合作关系，为进入重庆市场铺平了道路。经过这一系列的并购合作，战略合作，百果园的市场份额逐年上升，销售额也在节节攀高，促进了百果园的发展。

7.3.3 竞合战略分析

纵观百果园的发展历程，可以看出其在发展中运用竞合行为的逻辑。百果园将其水果定位于高端水平，只销售好吃的水果，为此，百果园每一位业务干部随身的标配是五件套：测糖仪、硬度计、量尺、称和温度计。而大家对于水果好吃的界定不一，百果园经过长时间的经验积累，用四度（糖酸度、新鲜度、爽脆度和细嫩度）、一味（香味）、一安全作为衡量好吃水果的标准，每一家连锁店的水果在销售之前都经过了严格的审查程序，这才使卖出的水果无退货率。百果园在成立初期并没有去追求高的销售额，而是在营业过程中不断完善自己的经营模式，在每一家新的连锁店开张营业后总结经验，终于总结了一套可以复制的经营模式，在这之后，百果园开始迅速扩张门店的数量，寻求资本的支持，以巩固其已有的市场地位。随后，百果园不断地向北进军，在进军新市场时，百果园选择和其竞争对手共赢的战略，并购竞争对手，在并购发生困难时，百果园选择和其战略合作，减少了进入市场的压力。正所谓商业世界中"没有永远的敌人，只有永久的利益"，百果园和果多美以及后来多次并购的竞合案例对此做出了生动的诠释，即企业生存发展的终极目标是获利，在内外部环境变化的情境下诱发竞合即兴行为的产生，企业会在竞合规则和竞合规范的驱使下进行理性权衡并确定即兴行为的响应方式是竞争、合作，还是竞合。

无论是对竞合关系演化机理还是对竞合关系治理的分析，最终都是想对竞合关系的实质进行全面的把握，从而让企业得以在不同场景中选择恰如其分的措施和切实可行的机制对这一关系进行有效治理。并且企业之间想要实现弹性战略联盟，其行为选择和价值取向完全满足了弹性战略联盟的四个先决条件：它们的愿景高度一致，即要时刻保持对智能电子产品市场的绝对掌控以获取近乎垄断的高额利润；企业之间没有股权的纠葛，有利于各自独立决策而免受管理内耗的影响；有效拓展了智能化服务新的价值边界，为巩固既有市场和发现新市场奠定了坚实基础；即便机会主义行为时有发生，但主流仍是合作，且既往的合作表明双方均实现了显著双赢。在具体的联盟方式上，信任承诺、外包、专用性资产（资源）垄断、技术嵌入等多种形式有机组合在了一起，以百果园并购果多美为例，果多美于 2009 年成立，经过 6 年的艰辛创业，已成为北京地区最大的水果连锁超市，拥有接近 50 家连锁门店，主要设置在北京各街道的交叉路口处，主要产品是干果和休闲零食，店面门口摆放着当季的应季水果，价格定位不高，主要通过压低成本降低价格来吸引客户，消费主体为大众群体，其采取区域聚焦策略，深耕北京市场成为区域龙头，并在运营管理上积累了丰富经验。对于百果园而言，由于刚进入北京市场，其在全国网络中还处于孤岛的状态，供应链成本极高，店里 80% 的水果都要靠上海或者深圳运输而来，有些小批次的单品，更是需要将产品从产地直接空运至北京，除了质量无法保证之外，高昂的运输成本加剧了百果园的成长压力，并且店面刚开张，冷藏设备供应不足，使百果园的发展困难重重。若此时和果多美进行正面竞争无疑是死路一条，只有选择和果多美进行战略合作才能快速进入北京市场，不被淘汰。并且，百果园的精品小店模式和果多美的大众经营的差异正好进行互补，使消费市场全面覆盖中高端市场和大众市场，店面分布扩大至大卖场，价格划分也更加合理，并且可以共享供应链、零售经验和管理人才，正好弥补了百果园新进入北京市场的进入障碍，在供应商和运输成本方面都有所缓解。对于果多美而言，与百果园的并购使其可以更加迅速地扩展至全国市场，百果园的连锁店遍布全国，尤其是在南方地区尤为多，这对于想要南下的北方企业而言是一种巨大的捷径，在已有的百果园店面中加入果多美的销售经验和定价策略，使百果园的市场更加广泛，不仅局限于中高端的客户，有利于扩大市场份额，甚至于共同走向国际市场。"两果"之间的合作使双方避免一场恶意竞争，通过相互竞价而两败俱伤，并购重组使企业重新整合企业的上下游，利用双方的业务资源进行优势互补，使两个企业共同发展，重组后形成的完善的供应链体系和店面布局也为企业实行 O2O 战略奠定了基础。从百果园的一系列并购行为可以看出，其并非为了打败对方而进行并购活动，而是为了快速打开一片空白市场，和当地已有企业共同更好的生存，从而实现"双赢"的竞合关系，走共同发展的道路。

百果园一系列的并购活动生动地体现了在利润最大化的驱使下，竞合企业间这种"你中有我，我中有你"的关系中究竟是合作多一些还是竞争多一些，取决于双方的完全理性权衡，即对于竞争剩余和合作剩余的比较。第一，优势互补是竞合的基础。强强联合的目的是要实现资源互补，使对立的双方变成可以携手同行的伙伴，共享对方的市场和品牌，产品和设备，学习对方的长处以及经营理念，扩张自己的市场范围以及完善供应链体系，从而转换为自己的生产力并提升自己的竞争力。第二，通过合作共同创造市场。企业之间的竞争是永恒的，但这并不意味着无休止的恶意竞争，有时需要通过与竞争对手合作来进行资源互换、利益共享，共同创造更大的市场价值，使企业间的竞争良性发展。百果园在发展的过程中和消费者也有密不可分的竞合关系。对于生鲜行业，价格往往是消费者判断其品质好坏和档次高低的标准，而在这方面，百果园有其独特的定价方法，百果园每周都会有推荐的水果，回馈顾客的水果，这些水果的价格往往较低，但是水果品质不会因为价格的降低而降低，而一些新品水果，百果园的售价要比同行业的价格高。百果园在其门店门口摆放着当季的新鲜水果，以吸引顾客的光临，刺激顾客消费标价更高的产品。除此之外，百果园还会举行试吃活动，这主要针对一些因为正常运输途中擦破表皮而无法销售的水果，百果园将其切开来吸引顾客品尝，满足顾客的味蕾，提高其消费体验，一旦水果符合消费者的口感，有助于促进其消费。就这样，百果园通过每天的回馈水果给顾客返利，通过试吃活动提升其购物的愉悦感，同时又通过其他高价产品为企业赚取利润，这实际上是企业与消费者之间的竞合博弈行为，百果园通过动态调整其价格为企业赢得盈利空间。

7.4 韩都衣舍案例①

7.4.1 企业概况

当前快时尚品牌服饰占据了服装行业的一大巨头，对当代年轻人而言产生了巨大的吸引力，对于快时尚品牌，年轻人最先想到的就是 ZARA、UNIQLO 和 H&M 等国外高街品牌，几乎所有的快时尚服饰都与国外品牌绑定在一起，国内服饰品牌长期处于低迷状态，这就使得"快时尚"逐渐偏离了我国的销售渠道。随着互联网服饰品牌的时尚浪潮不断推陈出新，一个具有代表性的本土品牌韩都衣舍则开拓了国内的新市场，2016年实现营收 14.31 亿元，净利润达 8833.89 万元，同比增长 160.96%，增速极为显著，公司致力于成为具有全球影响力的时尚品牌孵化平台。从我国现代服装行业进行分析，追求年轻、潮流的服装行业风头正茂，韩都衣舍正是瞄准了这一机会，充分利用互联网优势，将年轻人的"快餐服饰"消费心理联系在一起，遵循年轻人的风格对传统的服装模式进行创新，凭借独特的裂变式产品小组制和柔性供应链管理构建了强大的竞争优势。韩都衣舍每年产品开发量达 30000 款，甚至超过了 ZARA 每年 22000款的历史开发纪录，一举夺得全球第一。独创了"B2B2C"的互联网渠道品牌模式，定位于"快时尚"的电子商务服装企业，在京东商城、当当网、麦考林、凡客诚品等国内各大平台都有销售，成为淘宝网服饰类综合实力排名第一的品牌。2010 年获"十大网货品牌"以及"最佳全球化实践网商"的称号；2012～2016 年，在国内各大电子商务平台，连续五年行业

---

① 笔者根据韩都衣舍相关报道整理所得。

综合排名均排第一，2014 年，韩都衣舍女装取得了天猫历史上第一个全年度、"双十一"、"双十二"、"三冠王"，男装取得天猫原创年度第一名、童装列天猫原创年度第三名，2016 年 7 月获批成为互联网服饰品牌第一股。

7.4.2　发展历程

纵览韩都衣舍的成长历程，其能在快速变化的市场环境中扶摇直上并且成为同行业的佼佼者分为三个阶段：

第一阶段，2008～2010 年——初创生存期，韩都衣舍于 2008 年成立，在此阶段，正式创立的韩都衣舍无疑是快时尚服装业的新来者，其创始人均来自不同行业，缺乏从业经验和相关的知识积累，然而都对电子商务和信息技术所引致的生产方式变革和商业生态变化极其敏锐，总经理赵迎光已有 7 年在电子商务领域摸爬打拼的经历。这使韩都衣舍从创业那天起就成为一个天生的互联网品牌服装提供商。起初，韩都衣舍并不熟悉传统服装业运作方式，在刚刚崭露头角的电子商务平台下经营快时尚服装，恰恰与 ZARA、UNIQLO 和 H&M 等同行业的国外高街品牌处于同一起跑线上。由此，韩都衣舍通过互联网商业模式快速学习、聚焦资源、创新升级在产品上实现差异化突破以及自我裂变、不断进化的方式，挖掘服装行业内的冗余价值，经历艰苦但短暂的探索过程，打造出了一个完全颠覆传统企业理念的新型服装企业，初步具备了快速的竞争优势。虽然在总体规模、产品品质和品牌知名度等方面韩都衣舍与行业内国际巨擘仍存在较大差距，但款式新颖度、更新迭代速度以及新品牌孵化率等指标已经能够与同行业平分秋色，甚至有望超越。在这一阶段，韩都衣舍顺利进入当前市场并存活了下来，基础设施、平台、软件等各方面的运作稳定，在短短的两年内实现了收支平衡，为韩都衣舍的发展奠定了坚实的基础。

第二阶段，2011～2014 年——快速增长期期，在这一阶段，能动性极强的公司内部小组就像一个个强力运转的发动机，支撑着韩都衣舍的高速发展，2011 年，IDG 向韩都衣舍注资千万美元。2011 年 5 月员工人数达到 700 人，日发包裹突破 1 万单，同年 10 月员工人数达到 1100 人，年销售额破 3 亿元。2013 年，韩都衣舍正式将基于互联网的多品牌运营商定位企业发展战略，将旗下品牌按发展阶段分为成熟品牌、成长品牌、种子品牌，对不同发展阶段的品牌提供有针对性的运营支持，实现多品牌的共荣共生。2014 年 4 月，韩都衣舍签约韩国巨星"国民女神"全智贤，10 月签约"国民弟弟"安宰贤，2015 年 3 月，签约新生代"亚洲女神"朴信惠，10 月签约韩国实力派明星池昌旭。随着明星效应的扩散，韩都衣舍的品牌扩张力度更大，一段时间内风靡全亚洲，引起了广大年轻人群的狂热追捧，同时也是中国拥有国际明星代言人最多的互联网企业。2014 年 9 月，获得由李冰冰、黄晓明、任泉三人成立的 Star VC 投资，系其首个投资项目，灵活地运用各种营销方式为企业的模式发展和营销业绩做了进一步的贡献。2014 年，韩都衣舍决定向平台化转型，明确要将韩都衣舍做成时尚品牌孵化平台，公司的营业额与建设继转型后呈现出迅猛发展的良好势头。

第三阶段，2015 年至今——稳步发展期。在此阶段，韩都衣舍逐渐为企业打造新型的开放平台，韩都衣舍建立了两个公司：第一个韩都动力，主要帮助中小企业做代运营，或者跟这些品牌合资；第二个叫智慧蓝海，这是一个孵化基地，两个公司相互配合。智慧蓝海负责从 0 到 1 孵化品牌，韩都动力负责"从 1 到 10，再到 100"帮助品牌继续加速，实现突破。2016 年，韩都衣舍重新定位为互联网品牌生态系统服务商，即"品牌+服务商"双重模式，开始同时具备品牌商和服务商的双重角色。韩都衣舍坚持使用差异化品牌传播策略，通过小组制、建设品牌孵化基地、创新升级等途径，创立了 28 个成功的子品牌，并与越来越多的优秀品牌达成战略合作，品牌的裂变之路越走越广，其营运能力的不断提升助力公司业绩蒸蒸日上，助推韩都衣舍快速发展。

7.4.3　竞合战略分析

基于上述研究和前期探索，可以分析得出新创企业在应对动荡环境所产生组织危机时所运用的竞合战略以及决策和行动过程。国外快时尚品牌对国内市场的严重冲击下，国内服饰行业的发展已被严重压制。但是韩都衣舍在面对国际巨擘的压迫下探寻到一片未被开发的服装领域，开创中国快时尚服装行业的新领域，将服装结合青春、新颖、线上潮流等元素，海量款式对顾客产生较大吸引力，其最重要的特征即高性价比优势。韩都衣舍将公司定位于互联网快时尚服饰品牌，要在复杂多变的市场网络中站稳脚跟，不断变化的网络营销策略就显得尤为重要。在品牌创立初期，韩都衣舍开始了多品牌的业务复制模式，2013 年更是提出战略定位：基于互联网的多品牌运营策略。随着现代潮流的快速演变，年轻消费群体对服饰的热情逐年递增，确实需要更多的新兴品牌供以支撑，特别是在追求个性、时尚、潮流、二次元等目标的年轻人心中，更需要在众多品牌中寻找到适合自己的品牌。因此，韩都衣舍斥巨资运营着大约 80 个品牌，包括 26 个自主孵化的子品牌，2 个合资品牌，及 52 个战略合作品牌，俨然是一个品牌生态系统，实现了与众多品牌的竞合友谊联盟。同时，依托众多品牌的强大支撑，韩都衣舍凭借独特的裂变式产品"小组制"和弹性供应链管理构建了强大的竞争优势。韩都衣舍在与同行业者的竞合博弈中，初期以独创的"以产品小组为核心的单品全程运营体系"，这种具备竞争性质的自主运营体系极大提高了效率，将重心放到产品研发和扩张上，才得以顺利进入市场。后期韩都衣舍旗下的合作品牌主要有两个来源：一是内部孵化产生，如娜娜日记、班尼诗、樱桃小镇等；二是外部收购控股，如素缕、迪葵纳。前者是由熟悉韩都衣舍内部生产设计流程的核心员工在公司内部创业发展而来的，沿袭了韩都衣舍较成熟的买手制做法，后者基本为设计师品牌，韩都衣舍通过投资控股的方式将其融入后，品牌在人员配置、平台支持方面都需要更多的适应时间，其成长发展对小组制的对外实用性和支持平台的兼容性来讲都是一次重大的考验。韩都衣舍 2016 年至今的"品牌+服务商"双重模式，正是与同行业内的中小企业的一个竞合模式，既帮助了同行的发展，也提高了自身品牌的知名度，将同行业的竞争引向了一个良性竞争的方向。在与消费者的竞合博弈中，韩都衣舍在 2014 年之后就陆续签约全智贤、安宰贤、朴信惠和池昌旭等韩流明星，已成为中国拥有国际明星代言人最多的互联网企业，明星广告效应在强有力地树立品牌形象的同时刺激消费者，使韩都衣舍在国际和国内商业竞争中取得了巨大的成功。到后期知名度打开之后，2016 年韩都衣舍举办十周年庆典活动，首先就是为购买过的消费者发短信提前通知有这个活动，力度大、优惠多，大部分的消费者通过购物网站首页，或者进入韩都衣舍网店后得知这一活动，引发消费者强烈的购买行为。类似的活动不胜枚举，韩都衣舍多次利用天猫平台上的聚划算，定期举行限时团购活动，拿出一部分产品低价销售，来吸引消费者对品牌产生忠诚度，进而促进店内其他产品的销售。再例如，利用"双十一"的风潮，打折销售，给消费者一种得到优惠的愉悦感，如果产品能够让消费者满意，价格又便宜，他们自然会持续购买。韩都衣舍通过举行活动回馈和稳定老客户，同时又通过团购活动吸引和招揽新客户，这实际上体现出了企业与顾客之间的竞合行为，在这样特殊的日子里适当让利给消费者，以巩固客源，赢得新老客户认可，达到企业利益最大化，实现企业盈利的目标。

第8章 研究结论与展望

由竞争走向竞合是现代企业战略管理的重大转向，竞合已成为现代商业世界企业间建构组织关系的基本战略起点。诸多理论和实践表明，企业已经意识到竞合对于提升自身竞争优势具有重要的战略意义和实践价值。当前我国如火如荼的创业浪潮正处于全面推进、高速发展阶段，新创企业正成为经济"新常态"下驱动经济增长的新动力。本书从理论和实证角度，对竞合的维度、新创企业绩效构成、竞合对新创企业绩效的影响以及相关中介和调节因素进行了深入探讨，着重围绕"竞合对新创企业绩效的影响机制"这一核心问题展开研究，既要分析透彻竞合对新创企业绩效影响的"果"的状态，也要知晓其"因"，试图揭开竞合影响新创企业绩效的"黑箱"。本章对研究的主要结论进行归纳概括，在此基础上总结出研究的理论贡献和实践意义，并指出研究的局限和未来可以拓展的方向。

8.1 主要研究结论

8.1.1 与供方、购方和同业三方主体的竞合关系均对新创企业绩效有正向影响，但影响的程度不同

实证结果表明中心企业与供方、购方和同业三方主体的竞合关系对新

创企业绩效都有显著的影响，其中与供方、购方、同业竞合关系中的合作倾向对新创企业绩效有正向影响，而竞合关系中竞争倾向对新创企业绩效的驱动作用没有显著的统计学意义。

（1）与供方、购方竞合中的合作倾向对新创企业绩效有正向的影响。

原假设中关于"与供方、购方竞合关系中竞争倾向对新创企业绩效有正向影响"的推测未获得实证结果支持。供方和购方分别位于产业链的上下游，通过积极的合作行为，新创企业与上游的原材料供应商、互补品生产商和下游的经销商、顾客建立良好的协作关系，使得各方之间得以有效的交流信息、共享资源、互补能力、共创价值和分享利润，有助于建立起稳定、完整、持续的产业链，这对于处于创设初期的新创企业具有重要意义。但必须认识到，这里所说的合作并非传统意义上所指的纯粹的合作，而是指竞合关系下的合作倾向，意即与其他主体之间竞争与合作行为同时并存，只是合作比竞争的倾向更明显、力度更大。由于新创企业的"新进入劣势"，它不可能单靠自身资源和能力支撑其存续发展的重担，从产业分工和资源专属性角度看，新创企业与上下游企业之间竞合行为中的合作倾向可以让其以更低的耗费和更高的效率获得比单干更多的资源，与专业化供应商、服务商、顾客、经销商通过共通性和互补性联结成一个有机链条可以有效地创造价值、拓展市场和实现互利共赢。一些研究从系统共生和产业集群角度对此过程和竞合发生作用的机理进行了系统的研究（李福成和韩文海，2010），这主要是通过系统共生、战略协同和能力互补三个机制发生作用。就系统共生而言，新创企业与上下游企业在共同所处的环境作用下生成一个企业生态系统，在此系统中，各企业之间的竞合互动尤其是合作倾向促进了生态系统规模的扩大和相互连接程度的提升，上述价值创造和共生系统生成对处于产业链中的各企业尤其是新创企业起到了良好的保护和延续作用。就战略协同而言，与上下游竞合的合作倾向通过资源技能的共享、纵向一体化、战略联盟、谈判、联合等方式（Tim Hindle，2004）产生协同效应，这种效应一方面可以共同拓宽甚至创造新的市场，从而将原有蛋糕做大，实践中，中心企业经常与上下游企业按比例共同出资用于广告宣传和产品推介，以此提升产品知名度和刺激市场需求；另一方面可以企业之间的共同研发和产品合作设计开发新产品、细分市场，同时共同承担研发的风险和分担研发成本；同时还能避免产业链内的恶性竞争，竞合关系下的合作倾向更易于引导行业内的企业共同关注长远利益和行业利益，更注重行业利益的整体提升而非纯粹的个体利益，从而能有效降低上下游价格施压的可能性，这有助于优化商业运营环境，提高新创企业及相关利益主体获利的能力。就战略互补而言，竞合关系下的合作倾向有利于避免行业过度竞争，增进企业间信息、技能和知识的分享（Lado，Boyd & Hanlon，1997），从而促进新创企业能力的整体提升。本书验证的该结论不仅印证了本特森和科克等（2002）提出的"在相互联系的企业竞合中开展合作可以增加公司利润"的论断，还在一定程度上得到了其他中国情境的实证研究的支撑，国内一些学者从产业链和产业集群角度对中心企业与相关企业的竞合关系进行探讨后发现，与上游的供应商、互补品生产商的竞合关系若表现为合作关系，则可以保证中心企业随时都能获得所需的物料，若通过更深层次的技术合作，可以更有效地促进产品的升级和核心能力的形成，与下游的经销商、批发商的竞合若表现为合作关系，可以使中心企业快速获得市场需求反馈，从而能有效缩短产品上市周期和降低对流动资金的挤占（黎继子和刘春玲，2006）。

（2）与同业的竞合关系对新创企业绩效有部分驱动作用。

实证分析表明，与同业的竞合关系中的合作倾向对新创企业绩效有显著的正向影响，而竞合关系中竞争倾向对新创企业绩效的驱动作用没有显著的统计学意义。近年来，理论界对同业之间竞合关系的认识已经超越了传统战略管理理论的束缚，逐渐认同了适度的同业之间合作和竞争均可推动企业发展的观点，这种合作和竞争是同时存在的（Luo，2005），二者是推动价值创造和利益分配的主要因素（Brandenburger & Nalebuff，1996）。一般而言，在竞合过程中，新创企业与同行企业的竞争往往出现在接近消费者的市场开拓和产品营销环节上，而合作则主要出现在远离消费者的研发和生产环节上，企业会根据内外部环境和对机会、风险的判断，决定在某个环节或领域具体的竞合战略究竟是竞争还是合作（马骏，2014）。但是在当今急剧变化的市场中，由于新创企业与同业之间生产或提供服务的产品具有一定程度的相似性，在生存和发展内在动力和资源稀缺性的驱动下，新创企业会产生先天的竞争反应。即使这种竞争关系在一定程度上可以激发新创企业创新与变革的斗志和潜能（任新建，2006），但新创企业单纯依靠自身力量无法在激烈竞争的市场中立足，为了获取更多的资源和快速形成企业核心能力，它需要通过合作获取互补性和异质性的资源以降低风险和实现有效的利益诉求。企业间的合作共存可以显著推动企业绩效的提升，理论界对此已经进行了大量研究，乔德和蒂斯（1989）的研究表明，合作可以降低和分摊研发制造成本，从而克服技术外溢。安德森和纳鲁斯（J. C. Anderson & J. A. Narus，1990）认为合作可以促进企业间生产、销售环节的效率，提高组织绩效。通过建立稳定持久的合作关系还有助于快速应对技术变革、动荡的竞争环境以及其他压力性因素（Ring，2000）。同时企业双方在合作过程中合作质量持久性和公平灵活性直接影响企业绩效的提高，新创企业与同业之间的合作关系对提高企业创新能力、获得独特性资源、形成核心能力、降低成本、防范市场风险、发现市场机会、信息共享等方面产生积极作用从而显著提升绩效（Singh & Shapiro，1985；Luo，2002）。

（3）不同维度下的竞合对新创企业绩效影响程度呈现明显的差异性。

在众多竞合影响新创企业绩效的因素中，影响的因素按强弱程度排序依次是：与购方竞合的合作倾向、与供方竞合的合作倾向、与同业竞合的合作倾向。与购方竞合的合作倾向对新创企业绩效正向影响程度最高。相比成熟企业，新创企业更需要花费大量的时间和精力来建立和维系与经销商、消费者等购方的关系，依赖这种关系有助于新创企业获得创业灵感、信息、资源，进而更有效地识别和开发创业机会（李雪灵等，2011），提升经销商和消费者的认同感和忠诚度，有利于新创企业赢得有利的支付条件（Peng & Luo，2000），最终获得稳定的市场地位（Child，1994；Freeman，1999；Hoang & Young，2000）。研究表明与经销商和顾客等建立合作伙伴关系是新创企业获得成功的重要因素，与新创企业有良好的合作关系的第一批经销商和消费者往往会通过自己的关系网络来传播新创企业及其产品信息，通过这种方式免费为新创企业开拓市场的现象被称为"雪球效应"（Blgenhold，1989），尤其是在深受儒家思想影响下的东亚转型经济国家，这种亲帮亲、熟帮熟的关系对于新创企业更为重要（Hwang，1987）。创业之初，新创企业对购方而言是陌生的，产品、信誉、质量和未来发展高度不确定，此时积极建设并维护好与购方的良好关系，在竞合中体现出更多建立在信任和承诺基础上的合作倾向，可使新创企业更有竞争力，并实现更好的企业绩效，有学者通过案例分析已经对此做出了比较有说服力的研究（Human & Provan，1996）。

与供方竞合的合作倾向对新创企业绩效正向影响程度位于其次。根据本书在第 4 章的界定，供方主要包括要素供应方、资源提供方、互补品供应方，对于新创企业而言，供方提供的要素和资源是其生存和成长最关键的保障和最重要的基础，如何以低成本获得更多更好的要素和资源是新创企业避免"新进入劣势"（liability of newness）的关键战略（Elfring & Hulsink，2003），新创企业自身劣势和外部环境使得新创企业不具备通过内部创造资源的能力（朱秀梅等，2010），因此企业在与供方的竞合关系中呈现出更多的合作倾向，通过与供方建立良好的友谊、信任关系能大幅降低新创企业获取资源要素的成本（Starr & MacMillan，1990）。关键资源和要素的获取是新创企业的重要前提（刘芳等，2014），新创企业通过与供方的合作倾向可以获取更多关键的异质性资源和要素，从而在企业成长和绩效提升方面呈现出显著的动态加强态势（Premaratne，2002；Heirman & Clarysse，2004；张君立，2008；常冠群，2009）。供方的另一个重要主体是互补品生产者。研究表明，与互补品生产者进行合作已成为新的商业潮流（Noonan & Wallace，2003），新创企业与互补品生产者之间的合作可以推动企业成长乃至行业发展。

与同业竞合关系中的合作倾向对新创企业绩效正向影响程度位列第三位。同业间的竞合可以获得比单独的竞争或合作战略更显著的经济租金，有利于新创企业产品质量、声誉的提升（Lado，Boyd & Hanlon，1997），竞合关系中的竞争因素和合作因素分别通过不同渠道发挥各自的作用从而改善新创企业的绩效。马骏（2014）通过对广药集团与加多宝集团根据不同情况权变调整竞合战略从而将一个名不见经传的地方凉茶品牌"王老吉"打造成蜚声海内外的国际知名品牌的案例分析表明，合作可以让企业低成本的快速获得更多的互补性资源以形成核心竞争优势，从而能显著改善企业绩效。对于新创企业而言，同业之间的合作往往发生在远离市场的研发、生产环节，在企业处于起步阶段，掌握的资源、技术以及自身竞争优势并不明显时，合作倾向容易为企业提供一个低成本学习的机会，从而有利于企业低成本、高效率的生产产品或提供服务，因此与同业竞合关系中的合作倾向对新创企业绩效的影响程度较之竞争倾向更显著也更直接。当然竞争倾向在新创企业成长中有利于激发企业活力，促使企业进一步合理配置资源、优化内部结构和提高资源利用效率，最终驱动企业绩效提升，只不过这种驱动程度要小于合作倾向。一项关于竞合战略与企业技术创新绩效关系的研究也表明，竞合主体之间的合作倾向比竞争倾向在推动技术创新绩效方面更具显著性（徐亮等，2010）。现实中一旦新创企业发展到一定规模并且掌握到核心发展资源时，则极有可能根据内外部经营环境适时调整合作和竞争倾向，从而形成新的竞合策略（Kotzab & Teller，2003）。

8.1.2 组织学习能力、动态能力和资源获取能力在竞合对新创企业绩效的驱动中起中介作用

有关组织间竞合对绩效影响的研究多得出了前者促进后者的结论，但

也有个别研究并未发展这一正向推动作用，一些学者认为，这可能是由于竞合行为发生作用时存在一定的情境依赖性，即某些其他的关键变量在其中起了中介作用，这些变量可能在竞合影响企业绩效的过程中产生促进或阻碍作用，如在竞争与合作的平衡中会导致企业知识获取和知识外溢，从而影响企业运用知识来创造价值的能力，进而对绩效产生间接影响（刘衡等，2009）。罗（2006）通过对中国163家企业进行的实证研究证明，市场学习在竞合与企业绩效的关系中发挥了中介的作用。其他一些研究则指出竞合关系中尤其是企业间合作水平可以通过动态能力下的机会感知、系统支持和资源整合三个渠道来推动企业绩效的提升（刘磊磊，2008），而如果合作过程中出现不信任或紧张关系则可能制约企业间的信息交流和学习效果，进而阻碍企业绩效的提升（Owen – Smith & Powell，2004；Gargiulo & Benassi，2000）。竞合关系的强度和密度通过对资源获取能力的影响作用于企业绩效，网络强度和密度越高，网络联系越频繁、维系实践越长，说明企业与其他竞合主体的联系越密切也越广泛，双方或各方之间进行多方面接触交流的可能性越大，企业从中获取必要资源的能力也越强，从而对企业绩效的驱动作用也越显著（罗志恒等，2009）。考虑到已有关于竞合对绩效影响机制的文献中对中介变量研究的不足（刘衡等，2009），在参考相关文献后，针对新创企业成长的特殊属性，本书对有可能在竞合影响新创企业绩效过程中发挥影响作用的相关变量适当扩大了考察的范围，将组织学习、动态能力和资源获取能力作为竞合影响新创企业绩效的中介变量，并对上述假设进行了检验，结果支持了相关假设：组织学习能力、动态能力和资源获取能力均在竞合驱动新创企业绩效的过程中起中介作用。其中，组织学习能力在与供方竞合的合作倾向和与购方竞合的合作倾向对新创企业绩效影响存在部分中介作用；动态能力在与供方竞合的合作倾向和与同业竞合的合作倾向对企业绩效影响存在部分中介作用；资源获取能力在与供方竞合的合作倾向、与购方竞合的合作倾向和与同业竞合的合作倾向对新创企业绩效影响存在部分中介效应。同时还发现，在不同维度的竞合态势下，上述三个中介变量所起的中介效应呈现出差异性，在与供方、同业竞合的合作倾向影响新创企业绩效过程中，都呈现出资源获取能力的中介效应最强，动态能力稍弱，组织学习能力最弱的特征；但在与购方竞合的合作倾向影响新创企业绩效过程中，资源获取能力、组织学习能力和动态能力的中介效应却不存在。该结论说明了不同竞合情境下，中介变量作用的强度和方式发生变化，这一结果在一定程度上与魏江和郑小勇（2010）的一项研究相互印证，他们在研究中指出，组织学习能力在企业竞合关系影响技术创新绩效的过程中所起的中介作用具有动态差异性，组织学习能力作为一个关键变量在上述过程中扮演的角色视企业间竞合关系强弱的不同而不同，就渐进式创新而言，组织学习能力在强竞合关系的作用过程中呈现出中介性因素的角色，而在弱关系的作用过程中则呈现出调节性特征；就突破性创新而言，组织学习能力在强关系的作用过程中只表现出中介性效应，而在弱关系的作用过程中既发挥了中介性作用，也呈现出了调节性特征。

8.1.3 行业类型在竞合对新创企业绩效的驱动中起调节作用

仅仅通过竞合与企业绩效直接关系的双变量模型或引入中介变量的三变量模型难以准确、全面地对竞合与新创企业绩效之间的关系做出有效的解释，本书从权变角度引入了调节变量。既有研究中对影响企业绩效的调节变量主要认为有环境和组织内部因素两类（彭正龙和何培旭，2015），前者主要包括环境动荡性、复杂性和行业异质性等，后者包括资源、结构、文化和战略导向等，劳克等（Rauch et al.，2009）研究了企业规模和产业类型在企业绩效形成过程中起到明显的调节作用，该研究发现高技术企业的创业导向与绩效的相关系数比其他类型的企业更明显，伦普金和德斯等（Lumpkin & Dess et al.，1996）的研究表明，高绩效是前因变量与调节变量协调匹配的结果。但现有文献中还极少有人探讨不同行业类型下竞合对新创企业绩效的影响有何差异。本书将行业类型作为调节变量的主要原因是，对于新创企业行业类型不同，其面临的外部环境和内部结构均呈现明显的差异性，行业类型基本上涵盖了前述所指外部环境和内部结构这两类影响企业绩效的主要调节性因素的特质，从而可以更广泛地呈现出各种不同的组织情境因素。研究表明，行业类型分别在与供方竞合的合作倾向、与购方竞合的合作倾向、与同业竞合的合作倾向影响新创企业绩效中均有调节作用。同时还发现，在服务业中，与供方、购方、同业的竞合合作倾向对新创企业绩效的影响强度比制造业更大，这可能是由于行业的特性决定了服务行业的核心技术保护壁垒较低，而制造业的核心技术不易出现外溢，因此服务行业中的新创企业更容易通过合作倾向以较低成本快速获取关键资源和核心能力，从而能在短期内迅速推动绩效的提升。

8.2 本书的理论贡献

8.2.1 丰富了新创企业研究的理论视野

实践的发展驱动理论的创新和不断完善，创新创业的浪潮将令新创企业研究成为理论界和实践关注的焦点。虽然近年来国内学者开始借鉴国外的研究范式和方法来分析国内的新创企业，也有些学者在积极地开发中国情境下的新创企业研究理论模型，但多维度的研究主题还需进一步丰富。本书针对新创企业的特质，对竞合的理论内涵和维度划分做了详细的阐释，构建了"新创企业—供方—购方—同业"四方主体竞合参与模型，对于竞合分别从合作倾向和竞争倾向进行测量，在参考其他文献的基础上开发了用于竞合与新创企业绩效的测度量表及测项，进一步扩大了中介变量的范围，探讨了组织学习能力、动态能力和资源获取能力的中介变量效应，分析了行业类型的调节效应。本书所构建的涵盖了四方竞合、组织学习能力、动态能力和资源获取能力、行业类型以及新创企业类型在内的研究模型及相关研究结论客观、全面地展示了不同竞合态势下新创企业绩效特点，同时也为后续研究提供了值得探索挖掘的理论空间和现实热点。

8.2.2 阐释了竞合对新创企业绩效的影响机理

基于本书提出的四方竞合参与主体分析框架，针对竞合对新创企业绩效的影响提出了若干假设并进行了实证检验，对于竞合是如何影响新创企业绩效的这一"黑盒子"内的运行机制有了比较清楚的认知。分别将新创企业与供方、购方和同业的竞合与相应的绩效进行相关回归分析，发现与不同主体的竞合行为对新创企业绩效均有正向影响，但是所表现出的竞合行为倾向有所不同，与供方、购方和同业的竞合关系中的合作倾向均对新创企业绩效有正向驱动作用，但竞争倾向对新创企业绩效的正向驱动作用均不存在于三种主体的竞合关系中，竞争倾向没有表现出显著驱动新创企业绩效的作用。组织学习能力、动态能力和资源获取能力中介与竞合与新创企业绩效的关系，但在与不同主体的竞合关系作用于新创企业绩效的过程中，上述三个变量所起的中介效应呈现出明显差异性。行业类型在竞合驱动新创企业绩效的过程中表现出明显的调节作用，同时发现，服务业对于竞合正向影响新创企业绩效的调节效应要明显高于制造业。

8.2.3 明晰了新创企业权变选择竞合战略的理论标准

竞合互动交融已经成为企业面临的常态战略情境，新创企业应积极适应这一常态。本书为新创企业有效的运用竞合战略工具提供了清晰的理论参照。新创企业与供方、购方的合作倾向对绩效具有显著正向驱动作用，因此可以采取积极行为，通过承诺、契约、联盟或其他有效方式表现出更多的合作倾向；在与同业的竞合关系中，合作倾向表现出了明显的正向驱动作用，竞争倾向的显著性反而不存在。因此，新创企业在初创阶段处理与同业关系时应该结合自身所具有的优势以及存在的劣势灵活的运用竞合战略，根据实际情况推动竞争与合作之间的演化互动，以最大限度地提升绩效。

8.3　本书的管理启示

新创企业的存活率普遍不高，对于中国情境下，这一问题更为突出。由于新创企业未来发展的不确定性，很多研究结论无法当下验证，受后验式思维的影响，现有研究多以成熟企业为分析对象，其得出相关结论和建议对新创企业的实际价值究竟有多高还值得商榷。本书以新创企业的数据为样本进行规范的实证研究，相关结论对于指导新创企业灵活运用竞合战略以获得更好的绩效具有一定指导意义，本书对于新创企业的启示作用归纳起来主要有如下几点：

（1）新创企业应重视合作倾向对绩效提升的重要作用。

通过实证研究发现，不管与供方、购方还是同业之间的竞合合作倾向对新创企业绩效都具有显著的正向影响作用，合作程度越高，新创企业的绩效越显著。与不同竞合主体的合作倾向对新创企业绩效的影响强度不同，与购方竞合的合作倾向影响程度最高，与供方竞合的合作倾向次之，随后是与同业竞合的合作倾向。因此，新创企业应采取各种积极手段和措施高度重视与供方、购方和同业之间建立持续、良好的合作关系，以此低成本的获得更多的关键资源，形成核心能力，从而有效提升企业绩效。尤其要重视与原材料供应商、互补品生产商等供方的关系，着眼于关系的持续性和稳定性，寻求双方的利益共同点，尽量清晰准确地表达合作意图，尽力创造宽松、良好的合作氛围（项保华和任新建，2007）。

（2）灵活运用竞合战略工具，权变平衡竞争与合作倾向。

研究表明，新创企业所处的市场态势、掌握的核心能力以及所处的行业类型均会对企业绩效的形成产生明显影响。新创企业应适时根据内外部环境、发展态势、核心能力大小以及所处的行业类型特质，在竞争倾向与合作倾向之间做出及时有效的权变平衡。通过对竞合战略工具的有效运用，能有效地促进竞争与合作的适时演化，适合以合作倾向为主企业积极体现合作行为，适合以竞争倾向为主企业积极做出适度的竞争行为。要清楚认识到，竞争与合作战略并非相互冲突、互不融合的对立战略，良好的竞合充分体现了竞争与合作的相互融合，新创企业必须在竞合战略中有机融合竞争和合作这两大战略工具，充分发挥二者在不同领域和环节的特点，增强企业战略运用的灵活性，如此才能获得较好的绩效。

（3）新创企业应充分认识竞争倾向的价值。

对竞争行为以及由竞争可能形成的优势已被理论界关注多年，但竞争可以产生持续的绩效这一结论却一直未得到令人信服的研究支持（Powell，2001）。因此对竞争倾向有利性的怀疑和对竞争消极作用根深蒂固的认识，使得人们更多的关注合作对企业绩效的驱动作用和竞争可能给企业带来的劣势，而忽略了竞争也同样可能为企业带来明显的优势，从而产生卓越的绩效。本书研究后发现，无论是与供方、购方之间的竞争倾向还是同业之间的竞争倾向均对于新创企业绩效没有显著的促进作用。企业应该重新认识到竞争不但可以激发变革创新的动力，同时也能有助于企业获得资源和形成能力优势（任新建，2006），而不仅要依靠合作来促进企业成长，更要不断改进完善与利益相关者的竞争关系。

（4）培养和开发某些关键能力是提升新创企业绩效的重要途径。

动态能力、组织学习能力和资源获取能力在竞合驱动新创企业绩效过程中表现出明显的中介作用，这些关键能力的培育和提升可以有效改变新创企业"新进入劣势"的制约，有助于新创企业最大化地发挥现有资源的使用效率，从而显著改变企业既有的资源位势，使自身得以在激烈的竞争和动态的环境中获得生存和发展的机会。

8.4　研究不足与未来研究展望

近年来有关企业绩效方面的研究逐渐为学界关注，一些研究开始在中国情境下运用竞合理论对企业绩效的影响做相应探讨（Luo，2002，2006；徐亮，2010），也得出一些具有重要借鉴意义的结论，但针对新创企业的类似研究则相对比较少见。本书虽然初步构建了一个分析竞合与新创企业绩效关系的理论分析框架，并据此进行了实证检验，从理论和实践层面也做了一些有意义的贡献，但由于所涉及研究问题的复杂性，加之受限于时间、成本及数据来源等因素的影响，研究中难免会存在一些不足之处：

（1）关于样本数据。由于时间、人力和成本的因素影响，本书仅选取了服务业和制造业这两类行业的新创企业作为样本采集对象，考虑到行业类型对于新创企业特质的影响，如果能够扩大行业类型的范围，从更多的行业中采集数据，则会对竞合与新创企业绩效关系的认识更加深入、全面。同时，由于本书选取的样本都是存活下来的企业，即基本上是已经步入新创阶段中较为成熟周期的企业，如果能对那些在新创阶段初期未存活的企业进行深入调查，则可能进一步增强本书的理论价值和实践意义。

（2）变量测量。学术界对于企业竞合和新创企业绩效的测量仍处于探索阶段，尤其是对于竞合的测量在理论界还未达成共识，尚无成熟且得到一致认可的量表来测量企业竞合。本书所选取的竞合及新创企业绩效的测量题项均从该领域的权威研究中借鉴而来，量表反映的信度和效度也经统计检验比较好，但由于相关研究整体还处于探索阶段，所以基于前人研究的测量题项所完成的竞合和新创企业绩效测度可能还存在一定偏差。

（3）研究模型。本书构建了四方主体参与竞合的分析框架，同时还以组织学习能力、动态能力和资源获取能力作为中介变量，以行业类型为调节变量，构建了竞合影响新创企业绩效的理论模型，研究中也引入了公司注册资本和企业的员工数作为控制变量，但若能在研究模型中加入更多的相关变量则可能使研究模型更为全面，解释力也更加显著。

根据已经得出的研究结论和上述不足，后续研究可从如下一些方面予以拓展深化：

（1）竞合研究视角的拓展。现有的竞合理论研究多从组织关系层面展开，而关于个体竞合行为对组织间竞合关系以及对新创企业绩效的影响还缺乏应有关注，而作为组织成员的个体，其内部之间的关系会对组织竞合战略的确立产生直接影响，从而对新创企业绩效产生促进或阻碍作用。同时，进一步的研究还应对新创企业的前组织阶段（preorganization）、初创阶段及其发展到一定规模后的竞合与企业绩效的关系予以关注，尤其是要强化那些在初创阶段就未存活下来的企业的案例研究和数据分析，从而为新创企业成长全过程中如何有效运用竞合战略以提升企业绩效提供全面的理论参考。

（2）竞合与新创企业绩效双向互动机理研究。既有研究多关注竞合对新创企业绩效的影响，但不可否认的是，企业绩效对竞合行为的选择也有较强的影响，在竞合与新创企业绩效之间存在的是双向互动，相互影响、互为作用的关系，因此，绩效对新创企业竞合行为的反向作用同样应引起学界关注。

（3）中国情境下竞合与绩效量表的开发。迄今为止，还没有一套竞合构念量表得到学界一直认可，企业绩效的量表也不成熟，这极大制约了研究的深入和对某些重要理论假设的实证检验。当前我国全民创业浪潮正处于方兴未艾之势，急需一套成熟、系统的理论来引导和推进。因此，基于中国情境下，针对不同行业和企业的不同发展周期开发和完善具有良好信度和效度的测量量表，将是该领域研究水平显著提升的关键环节。

参 考 文 献

［1］亚当·斯密:《国民财富的性质和原因的研究》,郭大力,王亚南译,商务印书馆1972年版。

［2］埃哈尔·费埃德伯格:《权力与规则——组织行动的动力》,张月等译,上海人民出版社2005年版。

［3］陈长彬、陈功玉:《供应链合作关系的形成与发展研究》,载于《工业技术经济》2006年第11期。

［4］陈国权:《组织学习和学习型组织:概念、能力模型、测量及对绩效的影响》,载于《管理评论》2009年第1期。

［5］陈佳贵:《关于企业生命周期和企业蜕变的思考》,载于《中国工业经济》1995年第11期。

［6］杜鹏、万后芬:《市场导向与创新导向的融合研究》,载于《管理评论》2008年第11期。

［7］耿紫珍、刘新梅、杨晨辉:《战略导向、外部知识获取对组织创造力的影响》,载于《南开管理评论》2012年第4期。

［8］郭爱芳、陈劲:《基于科学经验的学习对企业创新绩效的影响:环境动态性的调节作用》,载于《科研管理》2013年第6期。

［9］郭贤达、孙瑾、吴坚等:《顾客导向和创新导向对企业绩效的影响机制研究》,载于《南开管理评论》2009年第3期。

［10］胡望斌、张玉利:《新企业创业导向转化为绩效的新企业能力:理论模型与中国的实证研究》,载于《南开管理评论》2011年第1期。

[11] 胡望斌、张玉利：《新企业创业导向的测量与功效：基于中国经验的实证研究》，载于《管理评论》2012 年第 3 期。

[12] 黄勇、彭纪生：《组织即兴：现状与展望》，载于《管理学报》2012 年第 7 期。

[13] 黄敏学：《协作型竞争—网络经济时代竞争新形态》，载于《中国软科学》2000 年第 5 期。

[14] 蒋小花、沈卓之、张楠楠、廖洪秀、徐海燕：《问卷的信度和效度分析》，载于《现代预防医学》2010 年第 3 期。

[15] 焦斌龙、孙晓芳：《劳动力异质性及其流动——兼论我国劳动力从自发流动向自主流动转变》，载于《当代经济研究》2013 年第 9 期。

[16] 李艾、李君文：《调节变量辨析：类型表述和识别》，载于《数理统计与管理》2008 年第 2 期。

[17] 李朝敏：《供应链竞争中的企业跳链壁垒及跳链路径研究》，载于《物流技术》2010 年第 1 期。

[18] 李晓彬、葛红岩：《基于层次分析法的企业内外部环境适应性研究》，载于《改革与战略》2009 年第 8 期。

[19] 李雪灵、马文杰、姚一玮：《转型经济情境下创业研究评述与体系构建》，载于《外国经济与管理》2010 年第 4 期。

[20] 林秉贤：《心理咨询的理论与测验》，天津科学技术出版社 2009 年版。

[21] 刘衡、王龙伟、李垣：《竞合理论研究前沿探析》，载于《外国经济与管理》2009 年第 9 期。

[22] 刘新梅、耿紫珍、朱睿等：《战略导向与组织创造力——三种类型组织学习的中介效应》，载于《研究与发展管理》2013 年第 4 期。

[23] 罗胜强、姜嬿：《管理学问卷调查研究方法》，重庆大学出版社 2014 年版。

[24] 马刚：《企业竞争优势的内涵界定及其相关理论评述》，载于

《经济评论》2006 年第 1 期。

[25] 马浩：《竞争优势：解剖与集合》，北京大学出版社 2010 年版。

[26] 马士华、林勇：《供应链管理（第二版）》，机械工业出版社 2005 年版。

[27] ［美］迈克尔·波特：《竞争战略》，陈小悦译，华夏出版社 2005 年版。

[28] 孟宣宇：《创业者领导行为、组织学习能力与新创企业竞争优势关系研究》，吉林大学博士论文，2013 年。

[29] 倪宗瓒：《医学统计学》，高等教育出版社 2003 年版。

[30] 彭正龙、何培旭：《企业战略导向的权变选择及差别绩效效应：探索性/利用性学习的中介作用和产业类型的调节作用》，载于《管理评论》2015 年第 205 期。

[31] 任新建、项保华：《链式联盟合作困境及突破探析》，载于《科研管理》2005 年第 5 期。

[32] 束景虹：《证券投资分析》，对外经济贸易大学出版社 2008 年版。

[33] 孙允午：《统计学》，上海财经大学出版社 2009 年版。

[34] 田宇、张怀英：《理性权衡即兴行为视角下的企业竞合关系：基本逻辑、演化机理及其治理》，载于《四川大学学报（哲学社会科学版）》2016 年第 3 期。

[35] 薛镭、杨艳、朱恒源：《战略导向对我国企业产品创新绩效的影响———一个高科技行业—非高科技行业企业的比较》，载于《科研管理》2011 年第 12 期。

[36] 薛薇：《基于 SPSS 的数据分析》，中国人民大学出版社 2014 年版。

[37] 王炳成：《企业生命周期研究述评》，载于《技术经济与管理研究》2011 年第 4 期。

[38] 王青梅：《组织决策非正式规则研究》，吉林大学博士论文，

2012 年。

[39] 王强：《新创企业的界定标准研究》，吉林大学硕士论文，2012 年。

[40] 王迎军、韩炜：《新创企业成长过程中商业模式的构建研究》，载于《科学学与科学技术管理》2011 年第 9 期。

[41] 王瑞：《网络经济下的企业竞合关系的演变》，载于《黑龙江对外经贸》2007 年第 3 期。

[42] 魏东：《基于博弈论视角对竞争与竞合的分析》，载于《北方经济》2012 年第 9 期。

[43] 魏明海：《股份公司会计与财务管理实务》，广东科技出版社 1996 年版。

[44] 温忠麟、张雷、侯杰泰、刘红云：《中介效应检验程序及其应用》，载于《心理学报》2004 年第 5 期。

[45] 许涤新：《政治经济学辞典》，人民出版社 1980 年版。

[46] 杨波：《新创企业知识、能力、战略与竞争优势的关系研究》，重庆大学博士论文，2014 年。

[47] 杨隽萍、唐鲁滨、于晓宇：《创业网络、创业学习与新创企业成长》，载于《管理评论》2013 年第 1 期。

[48] 杨立岩：《合作与竞争的选择机制》，载于《山东社会科学》2001 年第 1 期。

[49] 杨曦东：《战略导向、组织学习对产品创新的影响研究》，载于《管理评论》2010 年第 4 期。

[50] 杨智、张茜岚、谢春燕：《企业战略导向的选择：市场导向或创新导向——基于湖南省高新技术开发区企业的实证研究》，载于《科学学研究》2009 年第 2 期。

[51] 郁义鸿、管锡展：《产业纵向控制与经济规制》，复旦大学出版社 2006 年版。

[52] 张徽燕等:《高绩效工作系统、组织学习能力与企业绩效的关系研究》,载于《中国管理科学》2015 年第 5 期。

[53] 张婧、段艳玲:《我国制造型企业市场导向和创新导向对新产品绩效影响的实证研究》,载于《南开管理评论》2010 年第 1 期。

[54] 张骁、胡丽娜:《市场导向和创业导向的混合绩效效应研究前沿探析与未来展望》,载于《外国经济与管理》2012 年第 3 期。

[55] 张玉利、李新春:《创业管理》,清华大学出版社 2006 年版。

[56] 詹姆斯·弗·穆尔:《竞争的衰亡:商业生态系统时代的领导与战略》,北京出版社 1999 年版。

[57] 赵锡军、魏建华:《投资学》,北京师范大学出版社 2009 年版。

[58] 朱秀梅、韩蓉、陈海涛:《战略导向的构成及相互作用关系实证研究》,载于《科学学研究》2012 年第 8 期。

[59] 庄贵军:《市场调查与预测》,北京大学出版社 2014 年版。

[60] Adam M. Brandenburger, Barry J. Nalebuff. Co - Opetition, New York: Crown Business Press, 1997: 22 - 25.

[61] Amit R., Schoemaker P. J. H. Strategic Assets and Organizational Rent. Strategic Management Journal, 1993, 14: 33 - 46.

[62] Anderson, James C., Narus, James A. A Model of Distributor Firm And Manufacturer Firm Working Partnerships. Journal of Marketing, 1990, 54: 42 - 58.

[63] Arend R. J., Bromiley P., Assessing the Dynamic Capabilities View: Spare Change, Everyone? Strategic Organization, 2009, 7: 75 - 90.

[64] Atuahene - Gima K., Murray J. Y. Exploratory and Exploitative Learning in New Product Development: A Social Capital Perspective on New Technology Ventures in China. Journal of International Marketing, 2007, 15 (2): 1 - 29.

[65] Baker W. E, Sinkula J. M. The Complementary Effects of Market

Orientation and Entrepreneurial Orientation on Profitability in Small Businesses. Journal of Small Business Management, 2009, 47 (4): 443 – 464.

［66］ Baker W. E. , Sinkula J. M. The Synergistic Effect of Market Orientation and Learning Orientation on Organizational Performance. Journal of the Academy of Marketing Science, 1999, 27 (4): 411 – 427.

［67］ Balasubramanyam V. N. , Salisu M. , Sapsford D. , Foreign Direct Investment and Growth in EP and is Countries. The Economic Journal, 1996, 106 (434): 92 – 105.

［68］ Barney J. Firm resources and sustained competitive advantage. Journal of Management, 1991, 171 (1): 99 – 120.

［69］ Baron R. M. , Kenny D. A. The mediator-moderator variable distinction in social psychological research: Conceptual, strategic, and statistical considerations. Journal of Personality and Social Psychology, 1986, 51 (6): 1173 – 1182.

［70］ Barreto I. Dynamic Capabilities: A Review of Past Research and an Agenda for the Future. Journal of Management, 2010, 36 (1): 256 – 280.

［71］ Barney, Jay. Firm Resources and Sustained Competitive Advantage, 1991.

［72］ Bengtsson. M, Kock S. "Coopetition" in business networks to cooperate and compete simultaneously. Industrial marketing management, 2000, 29: 411 – 426.

［73］ Biggadike, R. E. The risky business of diversification. Harvard Business Review, 1979, 57: 103 – 111.

［74］ Boso N. , Cadogan J. W. , Story V. M. Complementary Effect of Entrepreneurial and Market Orientations on Export New Product Success under Differing Levels of Competitive Intensity and Financial Capital. International Business Review, 2012, 21 (4): 667 – 681.

[75] Brouthers, K. D. , Bakos, G. SME Entry Mode Choice and Performance: A Transaction Cost Perspective. Entrepreneurship Theory and Practice, 2004, (spring): 229 – 247.

[76] Brüderl J. , Schüssler R. Organizational mortality: The liabilities of newness and adolescence. Administrative Science Quarterly, 1990, 35: 530 – 547.

[77] Brush C. G. , Greene P. G. , Hart M. M. , Haller H. S. , From initial idea to unique advantage: The entrepreneurial challenge of constructing a resource base. Academy of Management Executive, 2001, 15 (1): 64 – 78.

[78] Chrisman J. J. , Bauerschmidt A. , Hofer, C. W. The determinants of new venture performance: An extended model. Entrepreneur ship Theory and Practice, 1998, 23: 5 – 30.

[79] Chandler, G. N. , Hanks, S. H. Measuring the Performance of Emerging Business: A Validation study. Journal of Business Venturing, 1993, 8 (5): 191 – 209.

[80] Chandler, G. N. , Hanks, S. H. Founder Competence, the Environment, and Venture Performance. Entrepreneurship: Theory &Practice, 1994, 18 (3): 257 – 271.

[81] Covin J. G. , Slevin, D. P. A Conceptual Model of Entrepreneurship as Firm Behavior. Entrepreneurship Theory and Practice, 1991, 16: 7.

[82] Cunha M. P. , Cunha J. V. , Kamoche K. Organizational Improvisation: What, When, How and Why. International Journal of Management Reviews, 1999, 1 (3): 299 – 341.

[83] Davis J. L. Firm Level Entrepreneurship and Performance: An Examination and Extension of Relationships and Measurements of the Entrepreneurial Orientation Construct. Doctoral Dissertation of The University of Texas at Arlington, 2007.

[84] Day G. S. The Capabilities of Market-driven Organization. Journal of Marketing, 1994, 58 (4): 37 - 52.

[85] Delaney J. T. , Huselid M. A. The impact of human resource management practices on perceptions of organizational performance. The Academy of Management Journal, 1996, 39 (4): 949 - 969.

[86] Dess. G. , Beard. D. Dimensions of organizational task environments. Administrative Science Quarterly, 1984 (29): 52 - 73.

[87] Diamantopoulos A. , Hart. S. Linking Market Orientation and Company Performance: Preliminary Evidence on Kohli and Jaworski's Framework. Journal of Strategic Marketing, 1993, 1 (2): 93 - 121.

[88] Eisenhardt K. M. , Martin. J. A. Dynamic capabilities: What are they? . Strategic Management Journal, 2000, 21 (10 - 11): 1105 - 1121.

[89] Eisenhardt K. M. Making Fast Strategic Decisions in High-velocity Environments. Academy of Management Journal, 1989, 32 (3): 543 - 576.

[90] Fishbein M. , Ajzen I, Belief, Attitude, Intention, and Behavior: an Introduction to Theory and Research. NJ: Addison - Wesley Publishing Company, 1975, 53.

[91] Friedman M. , Capitalism and Freedom. Chicago: University of Chicago Press, 1962: 25 - 26.

[92] Gartner W. B. A conceptual framework for describing the phenomenon of firm creation. The Academy of Management Review, 1995, 10 (4): 696 - 709.

[93] Gartner W. B, Bird B. J. , Starr J. A. Acting as if: Differentiating entrepreneurial from organizational behavior. Entrepreneurship theory and practice, 1992, 16 (3): 13 - 31.

[94] Granovetter M. The strength of weak ties American Journal of Sociology, 1973, 78 (6): 1360 - 1380.

［95］ Halle. N, Lars, Johanson, Martin. Integration of relationships and business network development in the Russian transition economy. International Marketing Review, 2004, 21 (2): 158 – 171.

［96］ Heide J. B. , John G. Do Norms Matter in Marketing Relationships? Journal of Marketing1992, 56 (2): 32.

［97］ Hite J. M. , Hesterly W. S. The evolution of firm networks: From emergence to early growth of the firm. Strategic Management Journal, 2001, 22: 275 – 286.

［98］ Hoang. H. , Antoncic. B. Network-based research in entrepreneurship: A critical review. Journal of Business Venturing, 2003, 18 (2): 165 – 188.

［99］ Homburg C. , Pflesser C. A Multiple-layer Model of Market-oriented Organizational Culture: Measurement Issues and Performance Outcomes. Journal of Marketing Research, 2000, 37 (4): 449 – 462.

［100］ James G. Combs, David J. Ketchen. Explaining Inter-firm Cooperation and Performance: Toward a Reconciliation of Predictions from the Resource – Based View and Organizational Economics. Strategic Management Journal, 1999, 20 (9): 867 – 888.

［101］ Jiménez – Jiménez D. , Cegarra – Navarro J. G. , The Performance Effect of Organizational Learning and Market Orientation. Industrial Marketing Management, 2007, 36 (6): 694 – 708.

［102］ Jorde T. M. , Teece D. J. Competition and cooperation: Striking the right balance. California Management Review, 1989, 31 (1): 25 – 37.

［103］ Kiong, Tong Chee, Yong, Pit Kee. Guanxi bases, Xinyong and Chinese business networks. British Journal of Sociology, 1998, 49 (1): 75 – 96.

［104］ Kirk J. , Miller M. L. Reliability and Valid in Qualitative Research, London: sage, 1986, 20.

［105］ Kohli A. K. , Jaworski B. J. Market Orientation: The Construct, Research Propositions, and Managerial Implications. Journal of Marketing, 1990, 54 (2): 1 – 18.

[106] Kotzab H. , Teller C. , Value-adding partnerships and coopetition models in the grocery industry. International Journal of Physical Distribution & Logistics Management, 2003, 33 (3): 268 – 281.

[107] Kwak H. , Jaju A. , Puzakova M. , et al. The Connubial Relationship between Market Orientation and Entrepreneurial Orientation. Journal of Marketing Theory and Practice, 2013, 21 (2): 141 – 161.

[108] Lado, Boyd, Hanlon. Competition, cooperation, and the search for economic rents: a syncretic model. Academy of Management Review, 1997, 22 (1): 110 – 141.

[109] Lisboaa A. , Skarmeas D. , Lages C. Entrepreneurial Orientation, Exploitative and Explorative Capabilities, and Performance Outcomes in Export Markets: A Resource-based Approach. Industrial Marketing Management, 2011, 40 (8): 1274 – 1284.

[110] Li X. C. , Liu L. Embedded Guanxi networks, market Guanxi networks and entrepreneurial growth in the Chinese context. Frontiers of Business Research, 2010, 4 (3): 341 – 359.

[111] Li Y. , Wei Z. L. , Liu Y. Strategic Orientations, Knowledge Acquisition, and Firm Performance: The Perspective of the Vendor in Cross – Border Outsourcing. Journal of Management Studies, 2010, 47 (8): 1457 – 1482.

[112] Li Y. H. , Huang J. W. , Tsai M. T. Entrepreneurial Orientation and Firm Performance: The Role of the Knowledge Creation Process. Industrial Marketing Management, 2009, 38 (4): 440 – 449.

[113] Lumpkin G. T. , Dess G. G. Clarifying the Entrepreneurial Construct and Linking it to Performance. Academy of Management Review, 1996, 21: 135 – 172.

[114] Luo Y. Toward coopetition within a multinational enterprise: A perspective from foreign subsidiaries. Journal of World Business, 2005, 40 (1): 71 - 90.

[115] Luo Y. A coopetition perspective of global competition. Journal of World Business, 2007, 42 (2): 129 - 144.

[116] Luo X., Slotegraaf R. J., Pan X. Cross-functional "coopetition": The simultaneous role of cooperation and competition within firms. Journal of Marketing, 2006, 70 (1): 67 - 80.

[117] McMillan, John, Woodruff, Christopher. Interfirm relationships and informal credit in Vietnam. Quarterly Journal of Economics, 1999, 114 (4): 1285 - 1320.

[118] Miller. D. The correlates of entrepreneurship in three types of firms. Management Science, 1983, 29 (27): 770 - 791.

[119] Milliken F. J. Three types of perceived uncertainty about the environment: state effect and response uncertainty. Academy of Management Review, 1987 (1): 133 - 143.

[120] March J. G., Olsen J. The New Institutional-ism: Organizational Factors in Political Life, NW: American Political Science Review, 1984, 78 (3): 734 - 749.

[121] March J. G. Exploration and Exploitation in Organizational Learning. Organization Science, 1991, 2 (1): 71 - 87.

[122] Michael Tracey, Mark A. V., Lim J. S. Manufacturing technology and strategy formulation: Keys to enhancing competitiveness and improving performance. Journal of Operations Management, 1999, 17: 411 - 428.

[123] Moorman C., Miner A. S. The impact of organizational memory on new product performance and creativity. Journal of Marketing Research, 1997, 34: 91 - 106.

[124] Morgan R. E, Berthon P. R. Market Orientation, Generative Learning, Innovation Strategy and Business Performance Inter-relationships in Bio-science Firms. Journal of Management Studies, 2008, 45 (8): 1329 – 1353.

[125] Morse J. M. , Barrett M. , Mayan M. , Olson K. , Spiers J. Verification Strategies for Establishing Reliability and Validity in Qualitative Research. International Journal of Qualitative Methods, 2002, 1 (2): 13 – 22.

[126] Morris M. , Schindehutte M. , Allen J. The entrepreneur's business model: Toward a unified perspective. Journal of Business Research, 2003, 58 (1): 726 – 735.

[127] Mu. J. F. , Di Benedetto C. A. Strategic Orientations and New Product Commercialization: Mediator, Moderator, and Interplay. R&D Management, 2011, 41 (4): 337 – 359.

[128] Muhammad T. , Rabia I. , Hashim K. A Case Study of Apple's Success with Iconic iPod and iPhone. Interdisciplinary Journal of Contemporary Research in Business, 2011, 3 (1): 158.

[129] Murphy G. B. , Tarile J. W. , Hill, R. C. Measuring performance in-entrepreneurship research. Journal of Business Research, 1996 (36): 15 – 23.

[130] Murray J. Y. , Gao G. Y. , Kotabe M. Market Orientation and Performance of Export Ventures: The Process Through Marketing Capabilities and Competitive Advantages. Journal of the Academy of Marketing Science, 2011, 39 (2): 252 – 269.

[131] Nasution H. N. , Mavondo F. T. , Matanda M. J. , et al. Entrepreneurship: Its Relationship with Market Orientation and Learning Orientation and as Antecedents to Innovation and Customer Value. Industrial Marketing Management, 2011, 40 (3): 336 – 345.

[132] Narver J. C. , Slater S. F. The Effect of a Market Orientation on

Business Profitability. Journal of Marketing, 1990, 54 (4): 20 – 35.

[133] Padula. G. , Dagnino G. B. Untangling the rise of coopetition: The intrusion of competition in a cooperative game structure. International Studies of Management and Organization, 2007, 37 (2): 32 – 52.

[134] Pena I. Intellectual Capital and Business Start – Up Success. Journal of Intellectual Capital, 2002, 3 (2): 180 – 198.

[135] Peng M. W. , Luo Y. D. Managerial ties and firm performance in a transition economy: The nature of micro-macro link. Academy of Management Journal, 2000, 43 (3): 486 – 501.

[136] Peng M. W. Extending research on network strategy in emerging economics. Paper Presented at the Strategic Management Society Mini – Conference (The Chinese University of Hong Kong, Hong Kong), 2003.

[137] Pegels C. C. , Song, Y. I. , Yang B. Management Heterogeneity, Competitive Interaction Groups, and Firm Performance. Strategic Management journal, 2000, 21: 911 – 923.

[138] Pfeffer J. , Salancik G. R. , The external control of organizations: A resource dependence perspective. New York: Harper & Row, 1978.

[139] Philip Kotler, Marketing Management, 14th. NJ: Prentice Hall. Inc, 2000, 12 – 15.

[140] Porter M. E. , Competitive Strategy: Techniques for Analyzing Industries and Competitors. New York: Free Press, 1980: 22 – 25.

[141] Prahalad C. K. , Hamel Gary, The Core Competence of the Corporation. Harvard Business Review, 1990, 69 (3): 79 – 91.

[142] Preacher K. J. , Hayes A. F. , Asymptotic and resampling strategies for assessing and comparing indirect effects in multiple mediator models. Behavior Research Methods, 2008, 40 (3): 879 – 891.

[143] Rauch A. , Wiklund J. , Lumpkin G. T. , et al. Entrepreneurial

Orientation and Business Performance: An Assessment of Past Research and Suggestions for the Future. Entrepreneurship Theory and Practice, 2009, 33 (3): 761 - 787.

[144] Ring and Van deven, A. H.. Structuring Cooperative Relationships Between Organizations. Strategic Management Journal, 1992, 13 (7): 483 - 498.

[145] Robert M. , Grant. The Resource - Based Theory of Competitive Advantage: Implications for Strategy Formulation. California Management Review, 1991, 33 (3): 114 - 135.

[146] Rothaermel F. T, Deeds D. L. Exploration and Exploitation Alliances in Biotechnology: A System of New Product Development. Strategic Management Journal, 2004, 25 (3): 201 - 221.

[147] Rumelt R. Diversification Strategy and Profitability. Strategies Management Journal, 1982 (3): 359 - 369.

[148] S. Dixon, K. Meyer, M. Day. Building Dynamic Capabilities through Organizational Learning: A Framework for Organizational Transformation. Long Range Planning, 2014, 47 (4): 186 - 205.

[149] Seham A. E. , Whose Improve is it anyway? Beyond Second City. MS: University Press of Mississippi, 2001, 100.

[150] Seung, Ho Park, Luo. Y. D. Guanxi and organizational dynamics: Organizational networking in Chinese firms. Strategic Management Journal, 2001, 22 (5): 455 - 477.

[151] Simon H. , Administrative Behavior, New York: Macmillan, 1947: 44 - 50.

[152] Sirmon D. G. , Hitt M. A. , Ireland R. D. Managing firm resources in dynamic environments to create value: looking inside the black box. The Academy of Management Review, 2007, 32 (1).

[153] Shane S. , Venkatar S. The Promise of entrepreneur ship as a field of research. Academy of Management Review, 2000, 25 (1): 217 -226.

[154] Shin S. , Aiken K. D. The Mediating Role of Marketing Capability: Evidence From Korean Companies. Asia Pacific Journal of Marketing and Logistics, 2012, 24 (4): 658 -677.

[155] Slater S. F. , Narver J. C. Market Orientation and the Learning Organization. Journal of Marketing, 1995, 59 (3): 63 -74.

[156] Stam W. , Elfring T. Entrepreneurial Orientation and New Venture Performance: The Moderating Role of Intra-and Extra Industry Social Capital. Academy of Management Journal, 2008, 51 (1): 97 -111.

[157] Soininen J. , Martikainen M. , Puumalainen K, et al. Entrepreneurial Orientation: Growth and Profitability of Finnish Small and Medium-sized Enterprises. International Journal of Production Economics, 2012, 140 (2): 614 -621.

[158] Tajeddini K. Effect of Customer Orientation and Entrepreneurial Orientation on innovativeness: Evidence from the Hotel Industry in Switzerland. Tourism Management, 2010, 31 (2): 221 -231.

[159] Teece D. J. , G. Pisano, A. Shuen. Dynamic capabilities and strategic management. Strategic Management Journal, 1997, 18 (7): 509 -533.

[160] Timmons J. A. New Venture Creation. Boston, MA: Irwin Press, 1994.

[161] Tobias K. , Stckmann C. Antecedents of Strategic Ambidexterity: Effects of Entrepreneurial Orientation on Exploratory and Exploitative Innovations in Adolescent Organizations. International Journal of Technology Management, 2010, 52 (1 /2): 153 -174.

[162] Tony Grundy, Rethinking and reinventing Michael Porter's five forces model. Strategic Change, 2006 (15): 213 -229.

[163] Tsang E. W. K. Can guanxi be a source of sustained competitive advantage for doing business in China? Academy of Management Executive, 1998, 12 (2): 64 – 73.

[164] Tsui A. S. , Farh, J. L. Where Guanxi matters: Relational demography and Guanxi in the Chinese context. Work and Occupations, 1997, 24 (1): 56 – 79.

[165] Venkatraman N. , Ramanujam V. Measuring of Business Performance in Strategy Research: A Comparison approach. Academy of Management Review, 1986, 11 (4): 801 – 814.

[166] Virkkunen J. , Kuutti K. Understanding organizational learning by focusing on "activity systems". Accounting Management & Information Technologies, 2000, 10 (4): 291 – 319.

[167] Wang C. L. Entrepreneurial Orientation, Learning Orientation and Firm Performance. Entrepreneurship Theory and Practice, 2008, 32 (4): 635 – 657.

[168] Watson, A. Modeling the relationship between networking and firm performance. Journal of Business Venture, 2007, 22 (4): 852 – 874.

[169] Weiss L. Start up business: A comparison of performance. Sloan management review, 1981, 23 (1): 37 – 53.

[170] Weick K. E. , Introductory Essay – Improvisation as a Mindset for Organizational Analysis. Organization Science, 1998, 9 (5): 543 – 555.

[171] Wermerfelt B. A. Resource – Based View of Firm. Strategic Management Journal, 1984 (5): 171 – 180.

[172] Wiklund J. , Shepherd D. Entrepreneurial orientation and small performance: a Configuration approach. Journal of Business Venturing, 2005, 20 (1): 71 – 79.

[173] Xin R. K. , Pearce, L. J. Connections as substitutes for formal in-

stitutional support. Academy of Management Journal, 1996, 39 (6): 1641 – 1658.

[174] Yeung, Y. M. , Tung, R. L. Achieving business success in Confucian societies: The importance of Guanxi (connections). Organizational Dynamics, 1996, 25 (2): 54 –65.

[175] Zahra S. A. Environment, corporate entrepreneurship and financial performance: A taxonomic approach. Journal of Business Venturing, 1993, 8 (4): 319 –340.

[176] Zahra S. A, Jennings D. F. , Kuratko D. F. The Antecedents and Consequences of Firm – level Entrepreneurship: The State of the Field. Entrepreneurship Theory and Practice, 1999, 24 (2): 45 –65.

[177] Zineldin M. , Coopetition: The organization of the future. Marketing Intelligence & Planning, 2004, 22 (7): 780 –789.

[178] Zhao L. , Aram J. D. Networking and growth of young technology-intensive ventures in China. Journal of Business Venturing, 1995, 10 (5): 349 –370.

[179] Zhao Y. B, Li Y. , Lee S. H, et al. Entrepreneurial Orientation, Organizational Learning, and Performance: Evidence From China. Entrepreneurship Theory and Practice, 2011, 35 (2): 293 –317.

[180] Zhou K. Z, Li C. B. How Strategic Orientations Influence the Building of Dynamic Capability in Emerging Economies. Journal of Business Research, 2010, 63 (3): 224 –231.

后　　记

　　复杂的现代商业社会对传统战略管理理论产生了现实的冲击。实践表明，企业之间的关系复杂多变，时而竞争，时而合作，竞争与合作并存已经成为企业在处理外部关系时的一个共识。对于新创企业而言，非竞争即合作的"二分法"式的战略导向已经无法有效满足企业持续快速成长的现实需要，竞合已经成为企业成长面临的新常态。

　　以我们浅陋的学术积淀和局限的学术视野，是断然无法敏锐捕捉到企业竞合这一前沿问题的。最初了解并且将我们引入新创企业竞合战略研究的，是中山大学博士生导师田宇教授。田老师非常无私地跟我们分享了他有关竞合战略的最新研究成果，这些宝贵的研究当时才刚刚完成，尚未来得及公开发表就在第一时间让我们学习。捧着这些新鲜出"炉"、沉甸甸的成果，我们深深感受到了田老师对学生和年轻后辈的真切关爱，让我们如沐春风、终身感恩。"春蚕到死丝方尽，蜡炬成灰泪始干"，我们会把田老师提携后进、严谨求实和坚韧进取的风格赓续传承下来，并进一步发扬光大。

　　课题的顺利完成离不开我们三位合作伙伴亲密无间的分工合作，我们一起探讨、交流，一起确定研究框架、提出研究假设、设计调查问卷、收集数据资料。蒋辉教授在研究方向定位、研究方法选择、研究框架确定方面做了大量富有成效的工作；欧阳胜博士冒着酷暑，带领研究生完成了多家企业调研，没有这些扎实的现场调研，就没有我们清晰的研究逻辑和理性感知的初步形成。这本著作的完成不是我们合作的终点，而是我们开启下一个合作的起点，更是我们研究团队和合作友谊进一步巩固深化的见证。研究中我们调查、走访了大量新创企业。感谢曾经给予我们大力支持的朋友、同学、老师们，尤其要感谢贵州铜仁智博众创董事长龙建辉先生和总经理尚博先生、湖南周生堂生物科技有限公司董事长周祖辉先生，湖南星红山农业科技发展集团有限公司董事长谭永峰先生等诸位老总。研究还得到了吉首大学各位领导和同仁的大力关心和支持，吴永清、刘兆阳、杨瑾、黄祥芳等老师更是直接参与了部分调研和写作方面的讨论，对于上述长期以来支持本团队研究工作的领导和老师们谨表诚挚的谢意！

本书由张怀英教授牵头和统稿，参与撰写本书的主要有欧阳胜副教授和蒋辉教授；研究生向敏、李璐、原丹奇、吴天昊参与了部分章节的资料整理和案例撰写工作，向敏、李璐还协助完成了大量书稿校对、编辑和排版工作，苟凯歌、王杉杉协助进行了文字校对。全体课题组研究人员在为期四年的调研、座谈、讨论和成书过程中攻坚克难、同心同德，付出了辛勤的汗水，做出了卓有成效的工作，在此表示衷心感谢。

本书出版得到了经济科学出版社多位编辑的关心指导，他们专业、细致的编校工作为本书质量大为提升，对此，深表谢意！

张怀英

2020 年 8 月 1 日